我国高水平女子竞走运动员年度训练安排研究

Woguo Gaoshuiping Nüzi Jingzou Yundongyuan Niandu Xunlian Anpai Yanjiu

敬艳 著

中央民族大学出版社
China Minzu University Press

图书在版编目（CIP）数据

我国高水平女子竞走运动员年度训练安排研究 / 敬艳著．—北京：中央民族大学出版社，2023.2

ISBN 978-7-5660-2124-3

Ⅰ．①我…　Ⅱ．①敬…　Ⅲ．①竞走—女子项目—运动员—运动训练—研究—中国　Ⅳ．① G821.25

中国版本图书馆 CIP 数据核字（2022）第 173796 号

我国高水平女子竞走运动员年度训练安排研究

著　　者　敬　艳
策划编辑　赵秀琴
责任编辑　王海英
封面设计　舒刚卫
出版发行　中央民族大学出版社
　　　　　北京市海淀区中关村南大街 27 号　　邮编：100081
　　　　　电话：（010）68472815（发行部）　传真：（010）68933757（发行部）
　　　　　　　（010）68932218（总编室）　　　（010）68932447（办公室）
经 销 者　全国各地新华书店
印 刷 厂　北京鑫宇图源印刷科技有限公司
开　　本　787×1092　1/16　印张：16.75
字　　数　232 千字
版　　次　2023 年 2 月第 1 版　2023 年 2 月第 1 次印刷
书　　号　ISBN 978-7-5660-2124-3
定　　价　75.00 元

序

女子竞走作为我国田径传统优势项目，经过数代竞走人的努力，涌现出徐永久、阎红、关平、于和平、王丽萍等高水平女子竞走运动员。但后来由于竞走规则与技术理念的变化，我国女子竞走项目一段时间曾徘徊在“领先被罚，谨慎落后”的困局中。2010年国家体育总局田径运动管理中心实施“请进来，走出去”的备战战略，同时实行内外教组的内部竞争机制，应用与推广先进训练理念、方法和手段，从而培养出刘虹、切阳什姐、吕秀芝、杨家玉、马振霞等奥运会、世锦赛和世界杯冠军。女子竞走项目积累的成功备战经验，对今后女子竞走科学化训练具有可参考的理论价值和实践意义。本书作者通过对里约奥运周期我国三名高水平女子竞走运动员年度训练信息进行整理、分析、挖掘和总结，形成了《我国高水平女子竞走运动员年度训练安排研究》一书。

作者敬艳博士锐意进取、甘于吃苦、追求卓越的精神深深感动了我。她攻读博士的三年时间里，积极主动随我下队伍训练，在比赛现场对运动员的技术、体能和信息等训练方面开展系统的科技保障工作。其扎实的业务功底和丰富的知识储备，得到教练员、运动员及管理人员的高度赞扬。

在竞争日益加剧的竞技体育领域，训练创新是项目永葆发展动力之源，也是保持领先优势的项目训练之魂。运动员竞技能力阶段性主要矛盾和构成要素直接决定着运动训练系统的安排结构，里约奥运会的训练安排作为每名运动员运动寿命训练过程中一个系统的特殊阶段，其重要性不言而喻。本书，从整体与部分的角度对里约奥运会的成功备战训练过程予以研究，从面向未来发展的视角对部分训练理念有一定的创新之处。希冀作者能够继续努力，勇攀科学训练研究的高峰。

特作序与作者共勉。

李厚林

2022年7月7日

目　录

第一章　研究导论

第一节　女子竞走项目发展简史

一、世界女子竞走项目发展现状分析

现代竞走运动起源于英国，项目形式来自徒步行走。其动作发展之初并无特殊的规则要求，只要能做到“步子大，速度快，走得轻松”① 即可。总体来讲，现代竞走项目的发展共分为四个主要阶段。

第一阶段：竞走项目萌芽期（19世纪中期）。此时期，该项目称为徒步旅行走，流行于少数西欧国家②。历经半个世纪的发展，逐渐由娱乐休闲性的活动转化为一项竞技性的竞走运动。据记载，世界上最早的正式竞走比赛为1866年在英国田径锦标赛中举行的一次7 mi（相当于11.265408 km）的比赛，该场赛事是由英国业余体育俱乐部组织的③。英国人托马斯于1870年以2 h 47 min 55 s创造了第一个20 mi（相当于32.18688 km）场地竞走世界纪录④。

---

① 张佳佳. 竞走运动的健身化改造与应用研究[D]. 北京：北京体育大学，2015.

② 敬龙军. 中国优秀竞走运动员训练内容体系研究[D]. 北京：北京体育大学，2010.

③ 许永波. 我国男子20 km竞走运动员技术现状分析与对策研究[D]. 西安：西安体育学院，2014.

④ 王林. 竞走：现代竞走技术与训练[M]. 北京：北京体育大学出版社，2010.

第二阶段：竞走项目兴起期（19世纪末期）。此时期，在欧洲流行城市之间的竞走比赛，英国、法国和德国等欧洲国家相继举办了形式丰富多样的、距离长短不一的竞走比赛。此后，部分国家如苏联、美国、澳大利亚、加拿大等也相继出现少量短距离竞走比赛。但是，此阶段的比赛形式仍以普通步行的方式进行，还未对该项目提出严格的规则要求。

第三阶段：竞走项目蓬勃发展期（20世纪初—20世纪50年代）。这一时期是竞走项目由娱乐休闲性质转化为竞技性质的关键时期。1906年奥运会恢复10周年纪念运动会上，竞走项目首次被列为正式比赛项目，共设置1500 m和3000 m两个项目。1908年第四届奥运会上，竞走被列为正式奥运会项目，当时设有3500 m和10 mi（相当于16.09344 km）的比赛，英国运动员乔·拉尔纳获得金牌。在1912—1924年的四届奥运会中，虽均设置了竞走比赛项目，但是在此期间竞走比赛项目仍未固定，1928年还因项目规则受到质疑从而导致直接被取消，几经周折的缓慢发展，最终20 km和50 km于1952年奥运会上被列为男子正式比赛项目。

第四阶段：竞走项目稳步上升期（1952年至今）。1908—1988年的奥运会中仅设置了男子竞走项目，女子竞走项目依然处于蓄势待发的阶段。直至1991年，国际田联首次将女子10 km项目确定为世界田径锦标赛正式项目。随后，在1992年巴塞罗那奥运会上该项目被列为奥运会正式比赛项目，我国运动员陈跃玲获得首个女子竞走项目奥运冠军。2000年悉尼奥运会，将女子10 km调整为20 km，并将其列为正式比赛项目，我国运动员王丽萍获得首个女子20 km竞走奥运冠军。至此，男子20 km和50 km及女子20 km项目均成为奥运会正式比赛项目，竞技性竞走项目正式步入稳步上升期。历经数代竞走人的探索与钻研，竞走水平日渐提升，技术日益朝着规范化、经济化的趋势发展，如女子20 km竞走成绩由俄罗斯运动员伊万诺娃创造的1 h 26 min 52 s发展到由我国运动员刘虹于2015年创造的1 h 24 min 38 s。

二、我国女子竞走项目发展现状分析

据记载，我国最早的竞走比赛始于19世纪末，是由上海“万国竞走协会”组织的。20世纪80年代以来，竞走运动在我国得以迅速发展，女子竞走仅仅用了五六年的时间就达到世界最高竞技水平并屡次勇夺世界大赛前三名。总体而言，我国女子竞走项目发展主要包括以下四个阶段。

第一阶段：我国女子竞走项目的快速萌芽时期（1981—1989）。这一时期中国女子竞走运动员徐永久、阎红、关平和于和平一举获得世界杯团体冠军。徐永久以新的世界纪录（45 min 13.4 s）获得冠军，成为我国历史上第一个在世界大赛中获得金牌的田径选手。在1984年5月挪威举办的国际竞走邀请赛上，中国运动员阎红和徐永久双双打破女子5 km竞走的世界纪录。这一阶段中，中国女子竞走运动员多次在世界杯、公开赛、世锦赛及亚运会等国际赛场摘金夺银并不断刷新世界纪录。

第二阶段：我国女子竞走项目的巅峰期（1990—2000）。随着女子竞走项目正式加入奥运舞台，我国女子竞走运动加快发展步伐。这一时期，我国女子竞走项目取得了首个女子竞走10 km和20 km奥运冠军、世界杯竞走团体和个人冠军、世锦赛等多项世界冠军，女子竞走整体竞技水平打破1 h 30 min大关。我国女子竞走不仅涌现出数位实力强劲的高水平运动员，同时表现出强大的后备实力。

第三阶段：我国女子竞走发展的低迷期（2001—2008）。该时期是我国女子竞走项目的新旧交替时期，大批优秀运动员由于伤病及年龄的原因选择退役，加之国际田联进一步对竞走技术提出了更加严格的判罚要求，而我国女子竞走传统技术风格又不太符合国际田联规定的规则，从而导致“领先被判罚，谨慎则落后”① 的局面日益突出。该时期中国女子竞走仅有姜静、刘虹等少数年轻运动员偶尔在国际大赛上崭露头角，比赛中中国运

---

① 王文平. 我国女子20公里竞走运动员竞赛技术特征及对后备人才培养的训练启示[D]. 西安：西安体育学院，2013.

动员被罚下的现象屡见不鲜。

第四阶段：我国女子竞走项目重回世界之巅时期（2009—2017）。中国女子竞走队，从2009年柏林世锦赛刘虹获得20 km的季军到2015年北京世锦赛刘虹和吕秀芝分别斩获冠亚军，从2010年墨西哥奇瓦瓦世界杯团体第三名到2016年罗马世界杯团体冠军，从2012年伦敦奥运会切阳什姐获得一枚宝贵的铜牌到2016年里约奥运会的一金一铜、全部参赛运动员进入前八名的辉煌战绩。由此说明中国女子竞走竞技实力重回世界之巅。

第二节 研究背景

一、选题依据

（一）我国女子竞走项目重回世界之巅的发展之实

从伦敦奥运周期以来，国家体育总局田径运动管理中心为了尽快改变我国田径项目长期落后的发展局面，大胆采取“请进来，走出去”的发展战略。一方面，鼓励优势项目高水平运动员可通过参加更多场次国际比赛积累大赛经验；另一方面，借助高水平外籍教练，传播先进训练理念，提升重点与次重点项目成绩[①]。在雅典和北京两个奥运周期中我国竞走项目整体实力急速下滑的状况下，我国教练员积极借鉴意大利教练达米拉诺的训练理念和训练方法，大胆摒弃之前缺乏科学性的训练理念，不断推陈出新、研究竞走项目特征和探索项目的制胜规律，涌现出一大批优秀的运动员。里约奥运会，中国田径队竞走项目再次登顶世界之巅，其成功的经验值得学习与探究。

---

① 中国田径协会官网[EB/OL]. [2016-08-21]. www. athletics. org. cn/.

（二）竞走专项训练理论亟待深化之需

某一个项目若要持续稳定向前推进，理论研究与实践论证需携手并进。从当前我国运动训练学理论研究的发展进程来看，我国运动训练理论研究主要包括三个模块：一般训练学、项群理论和专项训练学。一般训练学仍停留在基础理论研究层面，其研究范式仍是从理论到理论的阐述。项群训练理论在一般训练学理论的基础上，以“项群”为研究视角给同一项群不同项目的训练实践提供了操作性极强的理论指导。然而，我国竞技体育的快速发展不断地对我国运动训练学理论研究提出了新的机遇与挑战。运动员个性化的竞技能力特征及不同的项目赛事安排现状使得一般训练学和项群训练学理论与训练实践矛盾日益尖锐，尤其是缺乏对高水平运动队训练实践有针对性指导意义的理论成果，导致专项训练理论研究与实践的严重脱节，从而阻碍了项目的可持续性发展。因此，只有从训练实践出发，深入研究项目特征，把握项目制胜规律，不断丰富专项训练理论，才能从根本上推动理论研究迈向新高度，从而更好地指导训练实践。那么，如何将我国女子竞走国家队外教组运动员刘虹、切阳什姐和内教组运动员吕秀芝的成功训练经验进行总结，分析探索项目的训练规律并将其进行推广应用，从而推动该项目朝着可持续性的发展道路前进，就成为高水平专项运动训练理论研究中一个亟待解决的命题。

（三）提升竞走项目科学化训练水平的实践之求

田麦久先生在《运动训练学》一书中指出：竞技体育的终极目标就是最大限度地挖掘人类潜能，提高运动员的竞技能力，最终通过运动竞赛的方式将已获得的竞技能力转化为运动成绩[①]。然而，运动训练作为实现竞技体育目标的重要途径，其本质是一个具有复杂性的系统，该系统涉及初始状态的诊断、训练目标的制定、训练计划的组织与实施、训练效果的反馈与评定、训练目标的调整、训练计划的变更等多个因素。著名科学家钱学森曾提出“凡带有复杂性的系统问题，都应该从整体上去研究、去把

① 田麦久．运动训练学[M]．北京：人民体育出版社，2000.

握”的观点[①]。竞技体育目标的实现是运动训练这个复杂系统运行的结果，在系统整个运行过程中，各种因素都会影响整个系统运行，而有效协调系统内部各因素之间的关系，便是实现系统有效运行的过程。那么，对于竞技体育而言，从纵向发展角度理解，如何根据项目的特征及运动员的个性化竞技能力特征有针对性地协调系统运行过程中不同阶段不同训练内容、方法、手段和负荷是保障系统健康有效运行的先决条件。陈小平指出，当前运动训练由“结果”到“过程”的控制是运动训练科学化的一个重要趋势[②]。竞技体育深处社会转型的浪潮中，其本质已不仅仅是使人类身体潜能最大化，而是通过日益白热化的竞争助推竞技体育由粗放型向集约型模式转换。训练安排作为运动训练过程中一个动态的系统运行过程，其构成要素的实时规划与整合直接决定着运动训练系统整体的功能，其科学化程度将直接决定集约型竞技体育模式的形成。因此，在竞争日益加剧的竞技体育领域，试图抢占先机就必须对运动训练过程中的训练安排予以科学化监控。

竞走作为我国田径项目中的传统优势项目，在里约奥运会中两金一银一铜的历史最佳战绩足以证明备战里约奥运会全年训练的成功经验值得借鉴与学习。查阅了近十年以来有关竞走项目的研究成果得知，我国竞走项目科学研究领域主要集中在技术的生物力学分析、训练负荷、战术分析等局部领域，而从整体上对竞走项目训练安排予以科学研究的成果较少，理论研究缺乏对奥运会前八名运动员训练成功经验和规律的总结。因此，本书试图从系统论的视角，按照整体性的思维方式对我国女子竞走运动员备战里约奥运会全年的训练安排进行深入剖析，以三名运动员奥运年的基本情况为起点，以备战目标和参赛安排为基点，从周期划分、训练内容安排、训练方法手段安排、训练负荷安排及训练效果评定等多维度，对外教组运动员刘虹、切阳什姐及内教组运动员吕秀芝备战里约奥运会的个性化

① 胡好．我国20公里优秀竞走运动员年度训练结构研究[D]．北京：北京体育大学，2009．

② 陈小平，褚云芳．田径运动训练经典理论与方法的演变与发展[J]．体育科学，2013，33（4）：91–97．

年度训练安排进行对比分析，对国内和国外优秀教练的成功训练经验予以分析总结，进一步探索竞走项目的本质特征及训练规律，从而助推竞走项目科学化训练水平迈向新的台阶。

二、研究目的与意义

（一）研究目的

里约奥运周期是中国田径“后刘翔时代”转型关键周期，整个周期中国田径实现短、跨、跳、投、走等项目全面崛起，各项目“主角”时代的领军人物得以批量涌现。其中，作为“请进来，走出去”战略实施重点的竞走项目数次摘得奥运会、世锦赛及世界杯桂冠，表现尤为突出。近两个奥运周期以来，我国女子竞走项目发展迅速，刘虹、吕秀芝和切阳什姐等运动员在奥运会、世锦赛及竞走世界杯赛上争金夺银，表现出强劲的个人和团队实力，尤以里约奥运会和北京世锦赛中刘虹两度摘金、吕秀芝摘得一铜一银的表现最为突出。成绩的取得源于训练实践的成功，面对竞争日益激烈的国际赛场，唯有深入进行理论研究与实践探索方能实现项目高水平可持续发展。

因此，本研究主要以里约奥运会冠军刘虹、季军吕秀芝及获得第五名的切阳什姐里约奥运年的训练安排为研究对象，通过观摩并详细记录、整理分析训练过程的实施内容，对三名运动员备战里约奥运会的训练安排进行对比分析。以运动员奥运年基本情况、奥运备战目标和参赛安排为基点，从备战年全年周期划分、训练内容安排、训练方法手段安排及训练负荷安排等多维度对里约奥运会备战年全年训练安排进行分析。遵循整体与部分、共性与个性的指导思想，分别对三名运动员两个周期的训练内容、方法、手段及负荷安排特点进行总结。在此基础上，运用运动训练学、运动生物力学、运动生理学及运动生物化学等学科的基础理论知识，对三名运动员备战里约奥运会全年的个性与共性训练安排特点予以分析与提炼，旨在深层次探索竞走项目专项训练规律，为我国女子竞走项目未来的科学化训练提供理论参考和实践借鉴，从而推动我国女子竞走项目朝着可持续发展道路前进。

（二）研究意义

1.理论意义：进一步丰富我国女子竞走项目专项训练理论知识体系

由我国女子竞走项目发展趋势可知，其成功与失败的根源在于对该项目特征的把握程度及对竞走项目科学化训练理念的认知程度。国家女子竞走队作为国内乃至世界最高水平的训练队伍，其训练实践特征具有高度的代表性，对于国内各省（市）及地方的竞走训练队具有较高的参考与借鉴价值。因此，本研究以国家女子竞走运动员刘虹、切阳什姐和吕秀芝备战里约奥运会全年训练过程的客观数据为依据，运用一般运动训练学理论知识并结合多学科基础理论对我国女子竞走国家队全年训练实践过程进行阐述与分析，促进一般训练理论与专项实践相契合，丰富专项训练理论，旨在促进我国女子竞走项目训练理论与实践的快速发展。

2.实践意义：总结国家女子竞走队训练实践的成功经验

女子竞走项目是我国田径的传统优势项目，自该项目成为奥运会正式比赛项目以来，我国女子竞走曾在巴塞罗那、悉尼和里约奥运会中三度摘取金牌。里约奥运会是中国女子竞走项目的巅峰时期，整个奥运备战周期中，中国女子竞走取得了世锦赛女子20 km冠亚军、里约奥运会的冠季军等系列佳绩。且里约奥运年作为奥运备战中最重要的一年，三名运动员全年的训练周期划分、训练内容安排、训练方法手段安排及训练负荷安排特点等具有较好的参考和借鉴价值。因此，对我国女子竞走项目备战里约奥运会全年的训练安排进行总结与分析，厘清整个备战年两位教练对不同运动员的个性化训练指导思想和训练经验，可以为我国女子竞走项目科学化训练提供一定的参考与借鉴。

三、研究思路

以系统论为本研究的理论指导思想，结合运动训练学、运动生物力学、运动生理学及运动生物化学等学科的基础理论知识，遵循由现象到本质、由个性到共性、由抽象到具体、由局部到整体的逻辑结构方式，从奥运年的能力现状、备战目标、全年参赛安排、全年训练总体安排、各阶段训练安排及全年训练安排效果等维度对我国女子竞走三名参赛运动员备战里约奥运会全年的训练安排特征进行研究分析。研究内容以三名运动员奥运年的竞技能力起始状态、里约奥运会的备战目标和参赛安排为基点，逐步深入细化到三名运动员备战年全年和各个周期的训练实践过程。

第一，从竞技能力的角度出发对三名运动员奥运年的体能和技能现状进行剖析。运用运动训练学、运动生物化学、运动生物力学和运动解剖学等基础理论对我国女子竞走优秀运动员的有氧耐力素质、速度素质及运动技术特点进行分析，旨在对我国三名女子竞走运动员里约奥运会备战关键年的起始状态进行科学诊断。

第二，以三名运动员里约奥运会备战目标和参赛安排为依据，对三名运动员全年训练安排进行宏观把握。

第三，遵循系统论的基本理念，按照整体性思维方式对三名运动员备战里约奥运会全年的训练安排特点进行分析。研究内容主要包括对三名优秀女子20 km竞走运动员备战里约奥运会全年的周期划分、训练内容安排、训练方法手段安排及训练负荷安排整体特点进行分析，从整体的视角探索备战里约奥运会全年训练安排的个性与共性特点。

第四，根据运动员的训练实践安排并结合运动训练学、运动生理学等基础理论知识对三名运动员备战里约奥运会全年不同周期的训练安排进行剖析；分析内容主要包括第一周期和第二周期的训练内容、方法、手段及负荷安排特点，重点挖掘运动员的个性特点，在此基础上探索竞走项目各阶段训练共性规律。

第五，以起始状态分析为参照，以目标状态为依据，运用运动训练学、运动生物化学和运动生物力学等学科知识，从身体素质训练效果、技术训练效果及里约奥运会参赛成绩效果等维度对三名运动员全年训练效果进行检查评定。

研究技术示意图见图1。

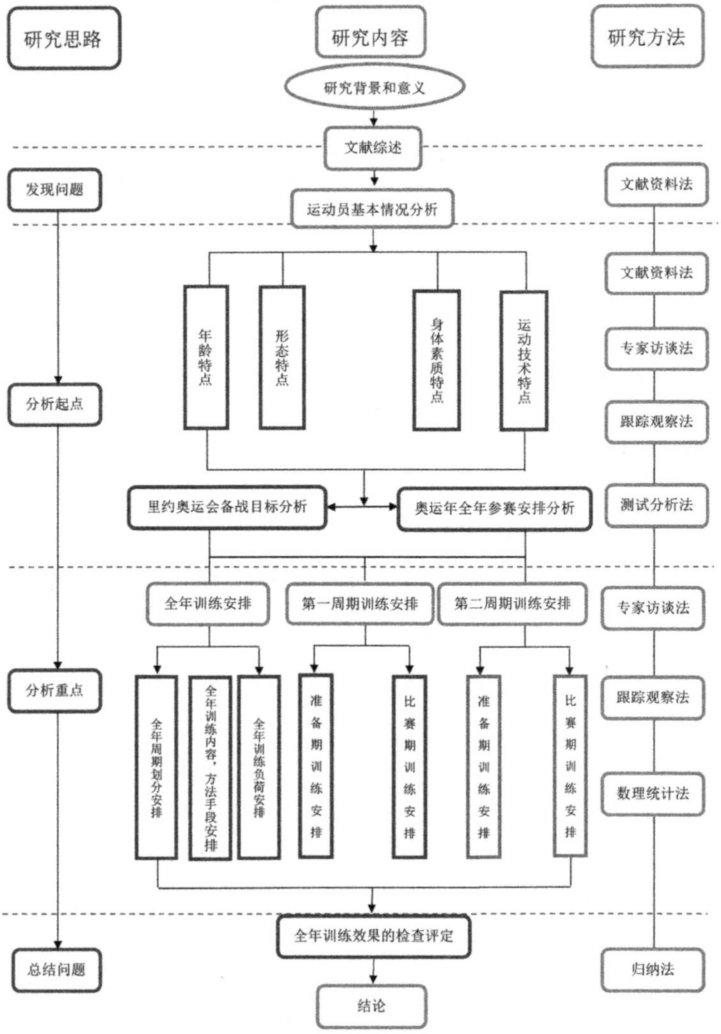

图1 研究技术路线示意图

四、研究的重点、难点与创新点

（一）研究重点

本书以三名运动员里约奥运会备战年全年的训练安排为研究对象，对全年训练周期划分、训练内容、训练方法手段及训练负荷安排特点进行个性特征提炼和共性规律探索，在此基础上总结成功的训练经验。

（二）研究难点

研究的难点包括：

第一，将年度训练安排视为一个动态的运行过程对整个训练实践进行阐释；

第二，对两个教练组的训练计划、训练负荷实际完成情况等信息进行及时收集和整理；

第三，对整个训练过程进行跟踪并与教练员、运动员及时沟通，准确理解和把握教练员的设计理念、实施方案和调控依据；

第四，运用多学科知识对全年训练安排进行理论剖析。

（三）创新点

运用系统论的思维方式，对三名运动员备战里约奥运会全年训练过程中的训练周期划分、训练内容、训练方法手段和训练负荷安排特点进行提炼和总结。在此基础上剖析全年和各个周期训练安排的个性与共性特点，结合适应理论，运用运动训练学、运动生物力学、运动生物化学及运动生理学基础理论知识，对全年及各阶段训练安排的合理性进行剖析。

第三节　研究对象与方法

一、研究对象

2016年里约奥运会备战期间，女子竞走项目国家队队员刘虹和切阳什姐跟随外教达米拉诺进行训练，吕秀芝和杨家玉（里约奥运会替补队员）师从张阜新教练。女子竞走项目科技服务团队对四名运动员全年训练进行跟踪记录。为了保证研究的一致性和可靠性，以女子竞走国家队参赛运动员刘虹、吕秀芝和切阳什姐备战2016年里约奥运会全年（2015年10月19日—2016年8月19日）的训练安排为研究对象，以刘虹、吕秀芝和切阳什姐为调查对象。

二、研究方法

（一）文献资料法

根据研究需要在国家图书馆、北京体育大学图书馆、中国学术期刊网、EBSCO数据库、百度学术、谷歌学术、Web of Science和www.ncbi.nlm.nih.gov/pubmed/等数据库，以“竞走”“训练安排”“技术”“训练负荷”“race walking”“race walk”，以及“race walker”“traning load”等为关键词进行检索并搜集相关书籍、学术报告以及学术论文，文献主要包括一次文献、二次文献和三次文献。查阅国家体育总局体育科学研究所和田径运动管理中心等关于竞走项目相关科技服务的研究成果，积极参与国内高水平教练员培训班学习并研读培训资料。对运动训练学、运动生理学、运动解剖学、运动生物力学、系统论以及形式逻辑学等基础理论知识进行认真研读，分析本研究的发展现状和未来趋势，为本研究的顺利开展提供扎实的理论依据和佐证材料。

（二）专家访谈法

利用2015年10月—2016年8月跟随国家田径竞走集训队科技服务的机会，走访国家竞走集训队教练员、运动员及随队科研人员和医务人员，针对高水平女子运动员竞走技术以及竞走项目全年训练安排等问题进行访谈，了解我国女子竞走运动员的技术和训练特点。并借助参加全国田径高水平教练员培训班、全国竞走项目学术会议、全国及世界高水平田径比赛服务的机会，走访资深的教练员和训练学专家了解本课题相关领域的理论与实践知识，从而提高了研究的客观性与全面性。在此基础上，根据研究需要走访一般训练学、运动生物力学、运动技术诊断学及运动生理生化等学科的专家，对研究内容、思路及框架等进行全面咨询（见表1）。

表1　访谈专家基本信息汇总表

专家姓名	所在单位	职称
张 × ×	北京体育大学	教授
王 ×	北京体育大学	教授
胡 × ×	武汉体育学院	教授
刘 × ×	武汉体育学院	教授
李 × ×	首都体育学院	教授
苑 × ×	国家体育总局体育科学研究所	研究员
达 × ×	国家队教练	意大利籍外教
张 × ×	国家队教练	国家级教练员
陈 × ×	国家队教练	国家级教练员
李 × ×	四川省运动技术学院	国家队外教组队医
戴 × ×	四川省骨科医院	国家队内教组队医

（三）测试分析法

1. 三维定点定位摄像法

本研究技术数据来源于2015年8月28日北京田径世锦赛和2016年3月6日全国竞走大奖赛暨奥运会选拔赛，具体拍摄方案以在安徽省黄山市举行的选拔赛为例进行说明。比赛拍摄地点分别位于起点和终点前100 m处，使用两台CASIOEX–FH25摄像机，定点拍摄女子20 km竞走比赛过程。根据现场情况设定拍摄参数，现场拍摄机位如图2所示：一部置于前进方向的正前面，一部置于右侧面，主光轴夹角为70º。拍摄频率为120 FPS，曝光时间1/1000 s，右侧前面摄像机主光轴高度为1.0 m，摄像机距离拍摄点11 m，相机焦距为49 mm，正前面摄像机主光轴高度为1.0 m，摄像机距离拍摄点为9 m，相机焦距为37 mm。在录像范围内标定标尺如图 2，将标定距离设为运动员步长约二倍的2.5 m，并在两端贴标点标志，每50 cm用胶布贴标记，尽量减少标点的人为误差。由于比赛过程中运动员运动轨迹的不确定性，因此，将标志区的横向距离值贴至马路边沿。贴点所用的材料为双面胶，优点在于黏滞性强，不易脱落，在夏日暴晒后能更好地贴于地面，避免贴点标志被赛前清洁车消除。这一新的方法可以更加准确地标定运动员的运动路径，不会因与录像机的远近问题而产生较大的测量误差。此外，在比赛前、后用爱捷三维DLT辐射标定框架对研究动作范围进行标定。为了更为准确地研究身体及髋部的运动轨迹，将X轴与运动方向平行，Y轴垂直于运动方向，Z轴垂直于地面。三维坐标的设定：以2–3球为坐标原点，以1–3球同原点的连线为X轴，X轴指向运动方向；Y轴是2–3球射出X轴的垂线，水平面是由1–3球、2–3球、7–3球中心连线构成的平面，这三个球中心距离地面的高度相等；Z轴是由X轴、Y轴构成的平面的法线方向。框架稳定后，两个摄像机同时开启，由一位拍摄人员现场指球，报告框架八根杆的号码，拍摄人员按照顺序依次报号记录声音，以备解析时辨别。此外，为防止光线影响，在两个机位的后方用深色方布遮挡，降低解析时的难度，同时记录框架平面简图，以备解析时对照位置。

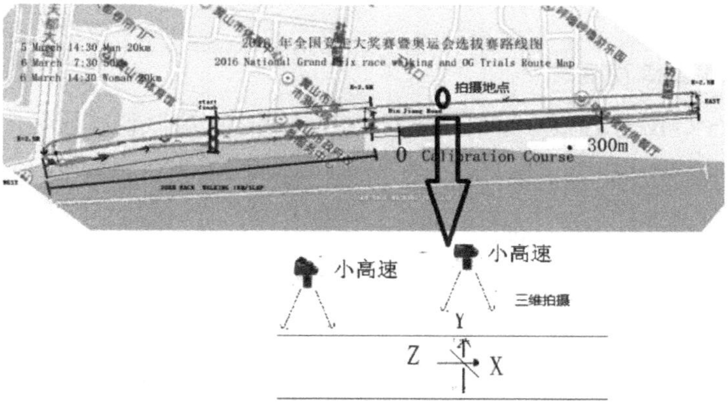

图 2　里约奥运会选拔赛现场拍摄示意图

2. 影像解析法

采用运动生物力学分析系统APAS对拍摄的视频进行定量处理，解析过程中使用松井秀治人体惯性参数模型，并依据研究需要选取21个关节点，采用数字低通滤波法进行平滑，平滑系数为8 Hz，获取运动员的技术环节参数。在处理运动员技术过程中采用Dartfish 8.0图像处理软件对运动员的比赛图像信息进行直观处理，从而从视觉感官角度对运动员技术进行定性和定量评价（见图3）。

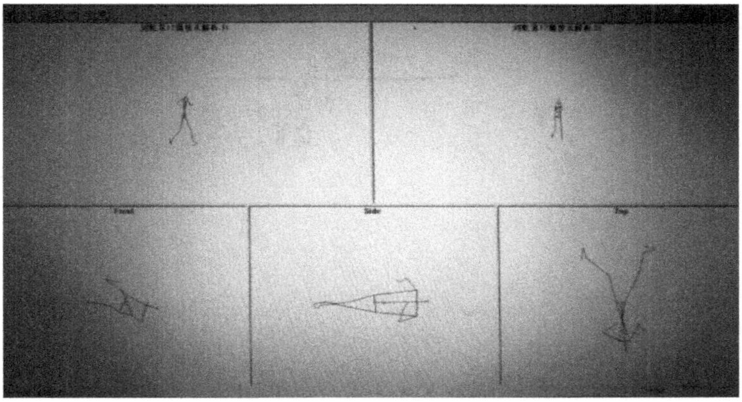

图 3　影像解析示意图

（四）跟踪观察法

2015年10月19日—2016年8月19日，竞走国家队科技服务团队对里约奥运会外教组重点运动员刘虹、切阳什姐和内教组重点运动员吕秀芝的训练实施过程采用统一的方案进行全程跟踪，全面记录和统计运动员全年训练内容、方法、手段及训练负荷、训练生理生化监控等数据资料。

（五）个案分析法

鉴于奥运会备战的特殊性及运动员训练的个性化特征，本研究对刘虹、吕秀芝和切阳什姐奥运年全年的训练内容、方法、手段及训练负荷等安排分别进行专门性研究，目的是为我国高水平女子竞走运动员个性化训练提供理论与实践参考。

（六）对比分析法

本研究对外教组运动员刘虹、切阳什姐与内教组运动员吕秀芝三名运动员训练安排进行横向和纵向比较分析。横向对比主要是对三名运动员相同阶段训练安排的比较，纵向对比主要是对不同阶段训练安排进行比较，从而深度挖掘三名运动员全年训练安排的个性与共性特点。

（七）数理统计法

采用Excel办公软件对运动员的技术分析数据、训练负荷数据及训练监控数据进行集中统一处理，从而为本研究提供切实可靠的数据支撑。

第二章　国内外研究现状

第一节　国内研究现状分析

对查阅的国内100余篇女子竞走项目相关的文献进行整合分析得知，研究主要集中于对竞走技术的生物力学分析、对某一阶段训练负荷的分析、对全年训练分期结构的分析、对身体素质训练的理论与实证分析及训练负荷监控分析，其中对运动技术的生物力学分析占据1/2比例。结合研究需要主要对竞走项目训练分期研究、身体素质训练研究、技术分析及训练负荷研究成果分别进行综述。

一、竞走项目训练周期安排研究

李志宏、周振华和沈信生通过对优秀竞走运动员刘虹和蒋秋艳的训练实践进行总结得知：在当前赛事日益增多的竞技体育界，为了让运动员在高强度参赛条件下保持最佳的竞技状态，都建议采用“长短交替”高强度负荷节奏的“小周期”训练模式[①]。

南萍对国家队外教组优秀女子竞走运动员的训练实施特征进行概括，指出外教组的训练安排具有明显的周期结构，且在每一个小周期训练计划

① 李志宏，周振华，沈信生．高水平竞走运动训练理念的再思考[J]. 沈阳体育学院学报，2009，28（4）：94–98.

安排中，外教针对中国运动员的体能和技能的实际情况（蹬地力量薄弱）有目标导向性地进行了板块训练安排，强调在竞走项目中针对某名运动员某一两项比较薄弱的身体素质应该采用“集中负荷效应”的训练方法进行安排。他认为对竞走项目而言，周期训练理论与板块理论为相互补充、相互促进的关系①。

胡好等人以我国20 km竞走优秀男子运动员年度训练周期结构为研究对象，以参加2008年奥运会所有集训的教练员和运动员为测试对象，通过对集训运动员全年训练周期安排特征进行分析得知：我国20 km竞走优秀男子运动员年度周期一般分为单周期和双周期的大周期结构，以运动员全年训练目标和任务特征为参考，将大周期又分为一般准备期、专项准备期、赛前期、比赛期和恢复期五个中周期，根据运动员训练负荷的安排特征又将中周期分为基本训练周、强化周、调整周和测试周四个类型的小周期②。

杨明、佟彤等人对国家竞走青年队冬训三个阶段的训练负荷结构特征进行剖析，指出俄罗斯外教通常采用“练三调一”，即三周走量一周调整，四周为一个小周期的训练安排模式进行设计，每一个小周期单元采用双循环的训练方式，周一、周二、周三为第一循环，周四为休息日，周五、周六和周日上午为第二循环③。

由上述分析可知，竞走训练中对周期理论的应用认知伴随着训练实践的发展呈现出动态性特点，主要表现为面对比赛日益增加的实际情况，教练员根据已有的训练理念及时更新训练观念，参照全年参赛安排并结合运动员已有的竞技能力和竞技状态对全年训练分期进行整体设计。

---

① 南萍. 中国和意大利竞走运动员小周期训练特征的分析及启示[J]. 体育成人教育学刊，2010，26（5）：45–47.

② 胡好，翟波宇，张英波，等. 我国20 km竞走优秀男子运动员年度不同类型周期训练结构研究[J]. 中国体育科技，2012，48（1）：32–43.

③ 杨明，佟彤，侯广庆，等. 国家竞走青年队冬训训练负荷特点研究[J]. 成都体育学院学报，2015，41（1）：1–6.

二、竞走项目身体素质训练研究

针对竞走项目身体素质训练，已有的研究中主要从宏观理论分析和微观操作层面展开。宏观方向的研究主要是指研究者将身体素质作为一个整体，运用一般训练学的基本理论知识并结合竞走项目的专项特征及其训练规律，系统性地论述该项目的身体素质训练。其成果主要如下。

胡好以优秀竞走运动员年度训练结构中时空操作因素为论域，提出女子竞走运动素质训练内容中重要性训练要素包括专门柔韧性、移动速度，核心性训练要素包括有氧耐力、混氧耐力、力量耐力及无氧能力，辅助性训练要素包括相对力量、一般柔韧、动作速度和专门灵敏性①。

李志宏、周振华和沈信生等认为由于竞走属于田径项目中唯一对其技术有特殊规则要求的项目，运动素质能力的发挥是建立在规范性技术基础之上的，存在于技术形式之中。从自组织理论的系统论角度出发分析得出，运动能力并非运动素质与器官、系统机能的简单相加，它们既非平衡态，也非线性作用关系，而是以一个整体存在于技术形式之中。因此，他们指出竞走项目运动素质训练应技术化，提出了“体能训练技术化”的训练理念，并在此基础上结合竞技体育职业化程度日益深入的情况，提出应尽可能按照实战强度要求设计训练手段。

余维立对现阶段田径项目中进行体能训练存在的认识与实践问题进行深入分析。他根据我国田径教练员对体能训练认识欠缺，以及训练实践与专项技术结合程度尚浅的发展现状，从竞走项目的训练实践出发，提出我国竞走项目体能训练中的注意要点：一是应加强一般身体训练，从整体上提高综合基础力量；二是根据竞走运动的项目特征结合体能训练的设计原理及操作手段进行专项体能训练；三是根据竞走项目的本质特征进行身体局部及各部分身体素质的协调发展，他认为为了达到防伤防病、突出重

① 胡好．我国20公里优秀竞走运动员年度训练结构研究[D]．北京：北京体育大学，2009.

点、抓好细节的整体训练目的，应将一般基础性力量训练与康复性体能训练手段相结合；四是根据竞走项目常年移地训练、无专门训练器械的实际情况，指出应考虑无特殊器材的训练手段①。

张效良通过对我国优秀女子竞走运动员的专项身体素质训练模式进行深入分析得出：女子竞走运动员的基础能力是耐力，训练的核心则是速度耐力；评价女子竞走运动员一般耐力水平、速度耐力水平、专项耐力水平、超长时间耐力水平及速度能力的指标分别为18 km、2000 m、16 km、22 km和400 m、1200 m。他还指出：对女子竞走运动员专项身体素质敏感指标的发现，可以助推在当前板块结构训练模式下集中负荷效应训练方法中快速集中提高某种素质；专项身体素质训练的科学化需要协调优化身体素质与内外部环境的关系，从而从整体上达到训练效果最大化②。

胡好、骆学峰和王传平等人对我国男女竞走运动员的运动素质结构特征进行分析，认为：女子竞走运动员素质特征可以通过10 km、5 km竞走以及10000 m跑等指标测试有氧耐力水平，八级腹桥等指标评定核心力量，400 m竞走反映混氧能力水平及100 m竞走指标评价无氧能力，并运用统计学方法对各个耐力素质进行权重分析。他们的研究对竞走专项能力的累计贡献率依次为有氧耐力因子、核心力量因子、混氧能力因子及无氧能力因子③。

微观操作层面的研究，主要是指部分学者根据竞走专项所需要的力量、耐力以及局部关节的柔韧素质等方面，运用案例分析阐述训练的结构、方法、原则和手段等。

敬龙军、晏瑞琴和周瑾对竞走训练中开展核心力量训练的理论与实践进行分析。他们认为对于竞走运动员来说，强有力的躯干部位力量可以更

---

① 余维立. 体能训练中存在的若干问题与措施：以竞走项目为例[J]. 中国体育教练员，2008（2）：8-11.

② 张效良. 我国优秀女子竞走运动员专项身体素质指标体系的构建及其评价标准的研究[D]. 兰州：西北师范大学，2008.

③ 胡好，骆学峰，王传平，等. 我国20 km优秀竞走运动员运动素质特征及评价研究[J]. 北京体育大学学报，2012，35（1）：125-130.

加稳定且固定竞走运动员的身体姿势，使其身体各个环节有机地结合与发展，上下肢配合更加协调。在竞走项目中开展核心力量训练，应遵循循序渐进、非稳定状态及紧密结合专项本质特征的训练原则。竞走项目力量训练具体训练手段的设计，特别要注重既能增加肌肉力量又能增强肌肉伸展和放松能力的练习（主要包括静力性躯干训练、动力性躯干训练和一般力量训练等方式）①。

任贞玲将一般训练学理论与竞走项目的本质特征相结合，运用理论与实证相结合的方法，针对竞走技术力量训练提出，躯干核心区力量和肢体末端力量的提升有助于优化竞走技术、增强竞走技术的实效性和经济性、有效预防运动损伤发生。竞走项目训练中进行核心力量训练，不仅可以有效锻炼骨盆和躯干部位的肌肉，还可以优化深层小肌肉群、增厚结缔组织、增大肌肉收缩面积、增加肌肉力量，从而形成协调的竞走技术。在对竞走项目力量训练进行系统阐述的基础上提出竞走力量是竞走技术转化行为载体的理念，为后续竞走项目力量素质训练提供了理论参考②。

杨明、佟彤和侯广庆等人对国家竞走青年队的冬训训练负荷结构进行总结，指出外教尼古拉耶在整个冬训的三个阶段中身体训练的比例伴随整个训练阶段的推进依次递减：第一阶段的身体训练安排占总训练课次的33%，每周四次，每次持续1 h 30 min；注重运动员的摆臂训练、髋关节和下肢力量及核心力量训练；主要是借助小重量杠铃练习或者克服自身体重的上肢力量练习，并进行大量重复训练，练习手段主要包括借助橡皮带模仿摆臂练习（将一般力量转换成专项力量）、原地交换腿跳、半蹲起、肩扛杠铃100 m竞走、多面跨栏练习、仰卧起坐、两头起及反身两头起等。第二阶段为高原训练阶段，该阶段的训练目的为发展有氧耐力，其身体训练占总训练课次的17%，每周两次，每次约1 h；以小杠铃力量训练、

① 敬龙军，晏瑞琴，周瑾．核心力量在竞走运动训练中的理论与实践研究[J]．首都体育学院学报，2011，23（3）：263–266.

② 任贞玲．竞走运动员力量训练研究[D]．重庆：西南大学，2013.

摆臂及腰腹肌力量训练为主，强调多次小重量。第三阶段为赛前训练，通常未安排身体训练，身体训练仅占总课次的11%，每周两次，以橡皮带摆臂、俯卧撑及腰腹肌力量练习为主。

三、竞走项目技术运动学研究

竞走属于周期性耐力项目，由于规则对其技术有严格规定，其本质是竞技（技术的规范性与完美性）与竞速（最大化位移速度）的统一，技术是竞走的生命线已成为教练界的共识[①]。以“竞走”“技术”“女子”为关键词，以2007—2017年为时间节点，查阅对女子竞走运动员运动技术分析的体育核心期刊及博士、硕士学位论文共计50余篇。通过对搜集的文献资料进行归类整理得知，国内对女子竞走技术的研究主要集中于对比赛技术的运动生物力学诊断分析，分析内容主要包括对运动员及青少年运动员身体局部环节参数，即髋关节和重心轨迹、前后半程技术分析、足底压力分布等方面，在对运动员技术进行诊断的基础上提出相应的改进措施。刘虹、吕秀芝及切阳什姐为两届奥运会参赛选手，两个奥运周期中对三名运动员的技术分析持续不断。因此，根据研究需要重点对国内研究成果中关于该三名运动员比赛技术的特征进行重点综述，综述主要根据研究需要对关键技术的规范性、实效性及其影响因素等参数分别进行概括总结，试图探索三名运动员比赛技术的纵向动态发展特点。

（一）竞走技术规范性特征研究

国际田联最新规则将竞走定义为：竞走时运动员用双脚向前行走的方式保持与地面的接触，没有（肉眼）可见的腾空，前腿从脚触地瞬间至垂直部位应该伸直（膝关节不得弯曲）[②]。比赛过程中对运动技术进行的评价主要包括评价主体即裁判员、评价对象即运动员的技术、评价依据即竞

---

① 文超. 田径运动高级教程[M]. 北京：人民体育出版社，2013，187.

② 中国田径协会. 田径竞赛规则（2014—2015）[M]. 北京：人民体育出版社，2014.

赛规则。裁判员依据项目的竞赛规则，根据运动员的竞技表现进行合理判罚。那么，从规则视角出发，竞走项目技术的规范性主要依据对特定阶段的膝关节角度参数和特定时相的腾空动作在时间和空间维度上的参数。因此，对前人研究中关于运动员竞走技术的规范性参数进行综述，主要从直膝参数（主要包括支撑腿在着地时刻、垂直支撑时刻及离地时刻的膝关节角度参数和着地时刻的着地角）和特定阶段的腾空参数（主要包括腾空时间、头顶位移以及重心起伏距离和垂直支撑时刻摆动腿膝角等）分别进行。

直膝参数的研究方面：国内众多研究者对直膝技术进行分析主要选择着地时刻、垂直支撑时刻及离地时刻等特定时相的参数[①][②][③][④][⑤]，部分学者着重分析着地时刻膝角和脚掌仰角[⑥]。根据对刘虹、切阳什姐和吕秀芝的直膝技术研究结果可知，三名运动员直膝技术不存在问题，且垂直支撑时刻“反弓”动作明显，但是比赛中仍存在切阳什姐脚掌仰角过小被判罚屈腿犯规的现象。

腾空规范性技术参数的研究方面：相关研究认为，竞走运动中对运动员腾空动作判罚主要是从腾空时间、头顶位移、重心起伏距离及垂直支撑瞬间膝角等参数特征进行分析。竞走项目的判罚主体即裁判员以规则为依据通过视觉进行判罚，因此，对竞走腾空动作的研究主要以生理学上人体肉眼成像时间为42 ms作为依据，对腾空时间的肉眼识别分为清晰辨别、

---

① 董海军，郝勇霞. 刘虹竞走技术分析[J]. 体育学刊，2008，15（9）：89–92.

② 敬龙军，王鹏，苑廷刚，等. 中、外优秀20 km竞走运动员运动技术分析[J]. 中国体育科技，2011，47（1）：21–28.

③ 贾谊，严波涛，李厚林. 对中、外优秀竞走运动员关键动作技术特征的运动学分析[J]. 中国体育科技，2011，47（4）：8–13.

④ 周浩祥. 女子20 km竞走全运会冠军吕秀芝技术动作特征研究[J]. 中国体育科技，2014，50（5）：12–18.

⑤ 苑廷刚，周浩祥，李爱东，等. 中外优秀女子20 km竞走运动员运动技术的比较研究[J]. 北京体育大学学报，2014，37（12）：112–119.

⑥ 王平. 备战2012年伦敦奥运会我国优秀女子20公里竞走运动员技术现状和训练对策研究[D]. 西安：西安体育学院，2012.

模糊辨别和无法辨别等三个层次。根据《1992年奥运会我国竞走项目科研攻关》的科研成果可知，腾空时间小于42 ms为肉眼无法识别的时限，42 ~ 70 ms为肉眼模糊辨别时域，而大于70 ms则为肉眼清晰可见腾空动作时域①②。还有一部分研究者认为人从眼睛观看到动作经视网膜传到大脑再返回视网膜大概需要50 ms的视觉盲区，超过60 ms则可以分辨出腾空动作。此外，还有少部分研究者认为55 ms为腾空判罚的临界值③。根据以往研究成果可知，三名运动员腾空规范性技术均存在不同程度的技术缺陷，后期训练中应充分利用合理腾空时间，视觉上给予裁判员规范的技术动作表象，在此基础上达到技术动作经济且实效。

（二）竞走技术实效性特征研究

竞走是一项以最快速度通过额定距离的周期性耐力项目，对其技术动作进行评价应该是以满足规范性前提基础上追求效益最大化为其终极目标。那么，对竞走技术动作进行实效性评价的唯一指标即速度。速度由步长和步频决定，依据还原论方法可将技术动作实效性特征继续分为影响步长和步频的若干因素的特征，主要包括人体运动时各个环节及关节的时间参数、空间参数及线性指标等特征。根据竞走项目特征可知：速度是其运动成绩的决定性因素；速度由步长和步频决定，以线性思维理解，步长越大，步频越快，则速度越快。由于竞走项目是具有特殊规则限定的向前水平移动的周期性项目，从而导致步长与步频形成相互影响、相互制约的矛盾统一体，即：步长越大则步频越慢，步长越短则步频越快。众多学者通过对三名运动员不同速度下呈现出来的步长和步频特征进行分析，认为：三名运动员的步频特征在两个奥运周期中均有不同程度的改善，“小步高

---

① 李建臣，吴玲敏．我国优秀女子20 km竞走运动员后半程竞走技术的运动学研究[J]．中国体育科技，2007，43（4）：53-59.

② 王文军．我国女子20公里竞走运动员竞赛技术特征及对后备人才培养的训练启示[D]．西安：西安体育学院，2013.

③ 杨金田，张殿亮，杨银田．对竞走技术中腾空犯规临界值的生物力学研究[J]．中国体育科技，1999，35（10）：24-25.

频”的“小步”已有所改进，但是，与国外优秀女子竞走运动员 1.17 m和1.18 m的平均步长差距仍较大；且明显表现出左右不均衡的现象，步长提高导致步频上不去是现阶段亟待解决的技术问题。因此，建议我国运动员在进一步稳定步长的基础上提高步频，寻找步长与步频的最佳结合点。

（三）竞走技术规范性与实效性影响因素研究

由前人研究成果可知：对刘虹、吕秀芝和切阳什姐三名运动员竞走技术规范性与实效性特征影响因素的研究，主要通过着地角、踝角、两腿夹角、躯干前倾角、躯干后仰角及摆臂角等上肢和下肢参数进行分析。

1. 下肢参数特征分析

董海军认为，着地角大则水平速度损失较小，但对步长的影响较大。敬龙军通过对刘虹的踝角进行分析，指出刘虹蹬伸用力效果差是其技术问题之一，并建议增加踝关节的力量、柔韧性和灵活性的训练。周浩祥认为竞走的动力大小主要取决于踝关节蹬伸力量的大小，通过蹬伸角度即可反映踝关节的力量。他通过对吕秀芝全程四个阶段的技术进行解析，发现其左、右踝关节蹬伸角度较小且不均衡，因此建议吕秀芝发展踝关节的力量，尤其是右踝关节的力量。董海军指出两腿夹角在一定程度上反映运动员的步长、髋的灵活程度，并通过解析得知刘虹该参数小于国外运动员近10°，故建议其改善髋关节为核心的力量和柔韧素质。贾谊认为两腿夹角是衡量运动员步幅是否开阔和获得有效步长的重要依据，在一定程度上也反映了运动员步长、髋的灵活程度，刘虹两腿夹角较小，究其原因在于其支撑腿放脚过早。敬龙军认为两腿夹角不仅是动作幅度、步长距离的限定因素，同时也是步频的制约因素：过大则对肌肉用力程度要求较高，过小则影响步长。他通过解析得知刘虹与国外优秀运动员卡尼斯金娜相比差距仍然较大，因此建议从运动员技术外形及身体素质两个维度改善影响运动员动作幅度的两腿夹角。王文军指出：在前摆积极、后蹬有力及其他条件相同的前提下，运动员两腿夹角越大，其步长越长；两腿夹角反映人体蹬地工作距离的长短，工作距离长说明人体在这方面做功时间长，推动力大，但是要求肌肉具备较好的耐受力及较好的能源储备。他通过对三名运动员全程左右单步两腿夹角进行解析，得知三名运动员髋关节活动幅度均较大，认为她们“小步高频”型的技术风格急需得到改善。

2. 上肢参数特征分析

董海军指出：适宜的躯干前倾角可以减少水平制动力，增加水平动力，使动作平稳、协调；合适的后仰角可以减小水平制动力，保持水平速度。他通过解析得知刘虹前倾角偏大、后仰角合理，认为是其重心的上下起伏较大，造成上体前旋引起的，而且过大躯干前倾角对步长也存在一定的影响且增加体能消耗。王平认为，躯干前倾角过大限制了髋关节的灵活性，膝关节前摆受影响，且容易被判罚屈腿犯规，适宜的躯干倾角应控制在1.5 ~ 3°之间。他通过对刘虹、吕秀芝和切阳什姐的上肢技术进行解析，得知三名运动员躯干倾角均保持在合理的范围，认为对躯干倾角过大的技术问题应建议运动员通过加强腹背肌的力量来改善。贾谊指出摆臂角在一定程度上反映肩带肌肉群放松且上肢动作自然、协调，他通过分析得知刘虹支撑过程中肘关节角度的平均值与国外优秀运动员相比差距较大，由此认为刘虹摆臂过程中肩带肌肉放松程度有待改善。此外，王平将摆臂的重要性分为三个方面，即摆臂可以维持人体平衡、调节步长与步频协调发展及能量节省化，从而建议长时间的竞走运动必须重视躯干与肢体的协同与补偿从而达到全身用力。他通过对三名运动员的分析得知：吕秀芝肘角保持90°左右，符合要求；刘虹肘角较小，手臂存在越过身体中线横向摆动动作，过大地向前带动肩带部的肌肉，从而造成晃肩动作形态影响上体的平稳性，进一步影响下肢的摆动；切阳什姐肘角均大于100°，主要在于其摆臂过程中主要依赖于前臂和手腕发力，后摆时肘关节用力不够，易导致上下肢不协调。进而，王平建议：竞走运动员前摆时手臂在身体侧面，向前摆臂不应超过身体中线，肘角保持90°左右或稍大，后摆依靠大臂和肘关节发力。

综上所述，以往对三名运动员技术分析的研究成果中对影响竞走技术实效性的运动参数特征研究，涉及髋、膝、踝、肘、躯干及手臂等身体多个环节。其中，对运动员步长直接影响因素的分析主要是研究两腿夹角的特征。笔者通过对三名运动员不同时期众多纵向研究成果进行归纳可知：三名运动员两腿夹角均有一定程度的改善，但是与国外优秀运动员如西比勒娃、卡尼斯金娜等人相比仍存在较大差距，建议三名运动员后期训练中仍应注意髋关节力量、柔韧性和灵活性的训练。踝关节作为竞走技术实效性因素的重要因素之一，研究成果均重点关注其在蹬伸用力过程中的作用，研究结论表明踝关节蹬伸幅度应保持在35～40°。根据对三名运动员踝关节角度及蹬伸幅度的研究，建议加强踝关节力量、柔韧性和灵活性的训练。肘关节的研究主要通过摆臂角参数特征进行分析，已有研究成果中对三名运动员摆臂角参数的获取均是选取摆臂整个过程中臂角的均值或者是最大幅度参数。通过对三名运动员的摆臂角度参数分析认为，三名运动员肩带肌肉较为紧张，摆臂协调能力有待提升。对躯干倾角主要分析躯干的前倾角和后仰角，研究一致认为躯干前倾幅度过大容易引起上体前旋，从而导致向前送髋技术受限。通过分析得知刘虹、吕秀芝及切阳什姐的躯干前倾和后仰均保持在合理的范围，针对躯干前倾幅度过大的问题，提出应加强腹背肌力量。

四、竞走项目训练负荷研究

现阶段训练学领域对训练负荷的界定仍存在较大争议，不同学者分别从不同视角给予不同的界定。其中，代表性的观点主要是苏联著名训练学学者马特维也夫把训练负荷的概念解释为“机体由完成练习所带来的追加功能活性（对于安静状态或其他初始状态而言）和在这种情况下克服困难的程度”[①]。1986 年过家兴等认为“运动负荷是以身体练习为基本手段对运

① 马特维也夫．竞技运动理论[M]．姚颂平，译．哈尔滨：黑龙江科学技术出版社，2005：292–293.

动员有机体施加的训练刺激”[①]，这一定义被1990年版的全国体育学院教材委员会编订的《运动训练学》[②]一书所采用。1990年徐本力提出了关于运动负荷的另一种概念，即“运动负荷是指运动员在承受一定的外部刺激时，机体在生理和心理方面所表现出来的应答反应程度”[③]，该概念从生理和心理两个角度对训练负荷进行区分。德国训练学专家哈雷认为“竞技能力主要通过运动训练刺激来提高，如果这种刺激能够产生训练效果，即能够发展、巩固或保持训练状态，那么这种刺激就叫作训练负荷”[④]。2005年学者胡亦海认为“运动负荷是指人体运动过程中所承受的负载”[⑤]。综上，多数学者对训练负荷的解释均为运动训练过程实施中人体机体承受的刺激。

在关于训练负荷的组成要素研究中，主要有以下几种观点：著名训练学专家陈小平认为，训练强度、训练量、训练密度、训练频度、训练时间和难度等因素共同构成了训练负荷，这些负荷因子之间本身也存在密切的关系[⑥]。Bompa认为训练的要素包括负荷量、负荷强度、训练密度和训练动作的复杂性等[⑦]。普拉托诺夫认为，所谓运动训练中的负荷量，应当理解为身体练习作用于运动员机体从而使其机能系统产生积极反应的影响过程[⑧]。延峰认为，训练负荷应分为定性和定量两个部分，定性部分主要包括运动负荷的专项性，对供能系统的作用方向和动作的复杂程度，定量部分则主要包括负荷量和负荷强度[⑨]。体育院校通用教材《运动训练学》则

---

① 过家兴．运动训练学[M]．北京：北京体育学院出版社，1986.

② 运动训练学编写组．运动训练学（体育院校通用教材）[M]．北京：人民体育出版社，1990.

③ 徐本力．运动训练学[M]．济南：山东教育出版社，1990.

④ 迪特里希・哈雷．训练学[M]．蔡俊五，郑再新，译．北京：人民体育出版社，1985.

⑤ 胡亦海．竞技运动训练理论与方法[M]．北京：人民体育出版社，2014.

⑥ 陈小平．竞技运动训练实践发展的理论思考[M]．北京：北京体育大学出版社，2008.

⑦ TUDOR O, BOMPA G, HAFF G. Periodization theory and methodology of training 5th edition[M]. Champaign: Human Kinetics Publishers, 2009.

⑧ 普拉托诺夫．竞技运动理论[M]．谢雪峰，唐宏贵，张江南，等译．武汉：武汉体育学院编印，1990：123.

⑨ 延峰．训练中运动负荷的定性及度量[J]．中国体育教练员，1999（4）：8-10.

认为，运动负荷包括负荷量和负荷强度，负荷量定义为“反映着负荷对机体刺激量的大小”。1984 年上海辞书出版社出版的《体育词典》，把负荷量定义为“量是指完成练习的数量、次数、组数、时间、距离和重量等”，认为强度是指“完成练习所用力量的大小和机体的紧张程度，包括动作的速度、练习的密度、间隙时间的长短、负重的重量、投掷的距离、跳高的高度等”①。综上所述，训练负荷主要包括负荷量和负荷强度，二者相互影响、相互制约、互为前提。

对竞走项目训练负荷的研究主要集中于优秀运动员某一阶段负荷量和负荷强度的实施情况。

张庆文从竞走等耐力项群的项目特征出发，指出速度是耐力性项群竞技的决定性因素。他通过对我国雅典奥运会竞走参赛运动员的训练负荷进行调查分析，认为竞走项目训练应该在各个周期中注重保持负荷强度的基础上大负荷量训练，从而保障大赛时能充分发挥竞技实力②。

王丽萍对自己参加悉尼奥运会赛前109天的体能、技术、战术训练及训练负荷安排特征进行概括。她认为，竞走项目尤其重视在赛前利用高原缺氧环境增加训练难度，这样可以深层次提高运动员的有氧与无氧的混合耐力水平，且整个赛前训练专项化程度高。高原训练前的平原准备训练阶段负荷量最大，强度保持中等。高原训练阶段负荷量高低交错，呈现明显的波浪形趋势，负荷强度逐渐增加。高原训练后的平原阶段负荷量再次增加，强度保持中等，负荷安排节奏明显。赛前一周的训练，整体负荷量较低，负荷量和强度均逐渐降低。整个赛前训练体现出明显的减量不减强度的总体思想③。

马硕运用追踪法对参加2011年国际竞走挑战赛（太仓）内教组的陈

---

① 徐本力. 对负荷量、负荷强度和总负荷的概念、结构体系及科学调控中几个问题的再认识[J]. 体育科研，2004，25（6）：29-32.

② 张庆文. 从我国竞走队训练析耐力项群的负荷特征[J]. 上海体育学院学报，2007，31（3）54-58.

③ 王丽萍. 王丽萍备战悉尼奥运会竞走比赛的训练特征研究[J]. 北京体育大学学报，2008，31（12）：1640-1643.

定、高妮与外教组的王镇、刘虹整个备战阶段的训练负荷进行对比分析，根据阶段目标将四名运动员整个备战阶段分为两个小的阶段。内、外教组在第一阶段中均以负荷量及有氧耐力训练为主，以混氧能力训练为辅，负荷量与负荷强度根据运动员的机能状况及健康水平呈现波浪式特征安排。第二阶段内、外教组减小负荷量，加大专项训练课的比例，注重调整训练强度，保证运动员在比赛中发挥最佳竞技状态。整个备战阶段：王镇、陈定和高妮的负荷量呈现出两段式结构，而刘虹则是突出重点课，其他课次负荷量安排较为均匀；内教组的负荷强度安排上下午交替进行，而外教组则是上下午连续安排，训练课的内容变化较大①。

陈栋对切阳什姐、刘虹和吕秀芝伦敦奥运会赛前备战的训练负荷安排进行分阶段阐述，将整个赛前备战阶段分为能力储备阶段、高原强化阶段和赛前调整阶段。整个赛前16—17周的备战训练负荷总体特征包括刘虹的负荷强度安排较大，具有明确的“负荷强度是生命线”的达米拉诺式训练理念，相反，切阳什姐和吕秀芝的负荷安排则更注重强度<75%的负荷量。其中，能力储备阶段集中发展运动员的有氧耐力，混氧能力的训练为辅，注重全面提高身体素质，从而为高原强化阶段积累厚度。三名运动员在能力储备阶段训练负荷量大，强度较小，但相比而言，刘虹的负荷安排强度稍大。高原强化阶段三名运动员训练负荷安排特征都是大负荷量、大强度：切阳什姐和吕秀芝整个高原强化阶段训练负荷呈现出明显的波浪形发展趋势，负荷强度集中于75%以下；刘虹上高原后的前三周负荷量呈波浪式发展，最后三周则逐渐减低，负荷强度先低后高，仍然体现出重强度的核心理念。在赛前调整阶段，赛前一周训练负荷安排均以大负荷量的专项走为主，切阳什姐和吕秀芝的训练强度仍是集中在75%以下，刘虹为80%～86%。整个训练负荷的安排，内教组更加注重有氧耐力的发展，而外教组则在注重有氧耐力厚度的基础上把强度是核心的理念贯穿整个奥

① 马硕．对国家队高水平竞走运动员训练负荷安排的对比研究[D]．北京：北京体育大学，2012.

运赛前训练[①]。

向婷以陕西省三名全运会女子20 km竞走参赛运动员全运会备战冬训阶段的训练负荷为研究对象，将整个冬训期间分为两个阶段。通过对三名运动员在不同阶段训练负荷量与负荷强度的分析与比较得知：三名运动员冬训阶段的训练主要包括一般耐力训练、专项耐力训练、专门技术练习和身体训练。训练模式主要采取上午主课，下午慢跑、身体训练和专门性技术练习。整个冬训阶段中的第一阶段周负荷量和平均强度均呈上升趋势，第二阶段周负荷量逐渐减少，周负荷强度逐渐增大。冬训期间负荷量呈现出中大小的趋势，负荷强度呈现出小中大的趋势，第一阶段以80%以下的强度为主，重点发展专项有氧代谢能力，第二阶段以90%～100%的负荷强度为主，重点提高运动员的混氧能力[②]。

周振华等人认为，高水平竞走运动员训练负荷控制包括数理控制，即训练作业距离（负荷量）、百分比强度控制（负荷强度）及负荷效应控制（通过生理、生化指标对运动员接受训练负荷适应程度进行诊断与监控）。通过对训练负荷的运行机制进行系统科学论述，指出现代高水平竞走运动员体能训练技术化趋势日益明朗，训练负荷控制与竞走专项结合逐渐紧密，高原训练已成为竞走项目大赛前的必要训练，高原训练负荷控制逐渐平原化，训练负荷实施具有个性化特征，训练负荷的施加与恢复过程同时进行[③]。

杨明以刘虹备战2015年北京世锦赛全年训练负荷结构为研究对象，将其全年负荷强度分为<75%、75%～80%、80%～85%、85%～90%、90%～95%、95%～100%以及>105%七个级别。其中，<90%为长距离有氧训练强度，90%～95%为无氧阈训练强度，95%～100%为最大摄氧

① 陈栋. 我国参加伦敦奥运会的女子竞走运动员备战期间的专项负荷分析[D]. 北京：北京体育大学，2013.

② 向婷. 陕西女子竞走运动员12年准备期训练负荷的分析与研究[D]. 西安：西安体育学院，2014.

③ 周振华，冯树勇. 高水平竞走运动员的训练负荷控制过程[J]. 体育学刊，2015，22（4）：121-124.

量强度，100%～105%为一般乳酸能训练强度及>105%为最大乳酸能训练强度。通过对刘虹世锦赛备战年全年各级能力负荷量占比进行分析得知，外教以“M”形为其备战负荷控制训练理念，训练负荷强度安排以训练任务为主，具备显著的阶段性特点：基础准备阶段以长距离有氧训练强度为主，以无氧阈训练强度为辅；专项准备阶段以长距离有氧训练强度为主，以无氧阈强度、最大摄氧量强度及一般乳酸能强度训练为辅；赛前阶段以无氧阈强度训练为主，以最大摄氧量强度和乳酸能强度训练为辅①。

综上，对训练负荷的研究集中于赛前阶段（包括高原准备阶段、高原强化阶段及下高原的平原适应阶段），对负荷的研究主要倾向于从训练学视角对负荷量与负荷强度进行描述性研究，而对各级能力负荷实施的设计理念未做深入剖析。

第二节 国外研究现状分析

对查阅的40余篇与竞走相关的外文文献进行归纳整理发现，国外对竞走项目的研究人员主要为欧洲地区学者，研究的方向集中于运用运动生物力学方法对竞走技术及正常走与竞走进行比较分析，包括对技术的运动学、动力学及肌电等特征的分析。因此，根据研究需要重点关注国外研究中对优秀运动员运动技术进行运动学分析的研究成果。此外，有部分学者对竞走专项技术训练手段、专项训练的生理学特征及心理训练进行少量研究。

① 杨明，梁景超，王迪，等. 刘虹备战2015年北京田径世锦赛年度训练负荷结构特点分析[J]. 成都体育学院学报，2016，42（6）：30-36.

一、竞走项目技术运动学研究

国外研究者普遍以规则为基点（无肉眼可见的腾空和过程性膝关节伸直）对竞走技术进行研究，在此基础上关注竞走项目的实效性特征，即如何在规则允许的范围内以最快的速度通过全程的技术。已有的运动学研究主要集中于腾空时间、膝关节角度、重心平均水平速度、步长、步频、步长身高比、前摆距离、前摆距离身高比、后摆距离、后摆距离身高比、前支撑时间、前支撑时间比、骨盆转动、肩关节转动、髋角、踝角等运动学参数的分析。

腾空时间参数方面：国外研究人员通过对国际大赛优秀运动员的技术进行分析并结合实验室研究得知，竞走运动过程中，随着速度的变化，腾空时间处于0.01 ~ 0.05 s的波动范围①②③④⑤⑥⑦，并指出由于人体生理

---

① CAVAGANA G A, FRANZETTI P. Mechanics of competition walking[J]. Journal of physiology, 1981, 315: 243–251.

② CAINS M A, BURDETT R G, PISCIOTTA J C, et al. A biomechanical analysis of race walking gait[J]. Medicine and science in sports and exercise, 1986, 18（6）: 446–453.

③ DEANGELIS M, MENCHINELLI C. Times of flight, frequency and length of stride in race walking[C]//RODANO R, FRERRIGNO G, SAMTAMBROGIO C. Proceedings of the X international symposium of biomechanics in sports. Milan: Edi–Ermes, 1992: 85–88.

④ NEUMANN H F, KRUG J, GOHLITZ. Coordinative threshold in race walking[C]// SCHWAMEDER H, SRTUTZENBERGER G, FASTENBAUER V, et al. Proceedings of the XXIV international symposium on biomechanics in sports. Salzburg: University Press, 2006.

⑤ NEUMANN H F, KRUG J, GOHLITZ D. Influence of fatigue on race walking stability[C]// KWON Y H, SHIM J, SHIM J K, et al. Proceedings of the XXVI international symposium on biomechanics in sports. Korea: Seoul National University, 2008: 428–431.

⑥ HANILEY B, BISSAS A, DRAKE A. Kinematic characteristic of elite men's and women's 20 km race walking and their variation during the race[J]. Sports Biomechanics, 2011, 10（2）: 110–124.

⑦ HANILEY B, BISSAS A, DRAKE A. Kinematic characteristic of elite men's 50 km race walking[J]. European Journal of Sports Science, 2013, 13（3）: 272–279.

限制导致肉眼对0.04 s以下的腾空动作难以察觉①②。其中Brian 等人最新研究发现：男子20 km竞走运动员在速度为4 m/s时，其腾空时间为0.03 s；女子20 km竞走运动员在速度为3.5 m/s时，其腾空时间为0.02 s；男子50 km竞走运动员在速度为3.6 m/s时，其腾空时间为0.02 s。

膝关节角度参数方面：竞走规则历经多次改革，1996年以前规则强调无腾空且膝关节只要保持一过性伸直瞬间即可，而1996年规则修改后要求膝关节在着地直至垂直阶段必须保持伸直，更加关注膝关节伸直的状态和过程。因此，国外对膝关节的研究多集中于1996年规则修改之后。国外研究者对运动员的下肢关节角度参数进行分析得知，着地时刻下肢保持伸直状态③，膝关节过伸（膝关节逆时针角>180°）的时间占整个支撑时间的70%，且垂直支撑阶段膝角过伸幅度达到10°④。

速度、步长与步频方面：国外研究中关于速度与步长、步频的研究主要集中于对比赛技术的分析和实验室研究。对比赛技术进行分析的主要观点，包括Brian等人通过对国际大赛优秀运动员的技术进行分析认为，步长、步频与竞走速度呈正相关，但是步长与步频之间无相关性，即步长与速度的相关系数$r = 0.882$，$P < 0.001$；步频与速度的相关系数$r = 0.65$，$P < 0.001$。他们认为，男女竞走运动员步长差异大，但步频无显著性差异，并指出速度越快腾空时间越长。男运动员竞走速度的下降首先是步长下降，随后是步频的减慢；女运动员则是速度下降的同时伴随着步长和腾

① PHILLIPS S J, JENSEN J L. Kinematics of race walking[C]//TERANDS J, BAETHELS K, KRIEGHBAUM E, et al. Proceedings of the II international symposium on biomechanics in sports. Del Mar, CA : Academic, 1984: 71–80.

② KNICKER A, LOCH M. Race walking technique and judging–the final report of the International Athletic Federation research project[J]. New studies in athletics, 1990, 5（3）: 25–38.

③ ZHANG D, CAI X. Analysis of lower limb movement in elite female race walkers under new rules[C]// HONG Y D P. JOHNS. Proceedings of the XVII international symposium on biomechanics in sports. Hong Kong: University of Hong Kong, 2000: 1009–1010.

④ DONÀ G, PREATONI E, COBELLI C, et al. Application of functional principal component analysis in race walking : An emerging methodology[J]. Sports biomechanics, 2009, 8（4）284–301.

空时间的下降及支撑时间的延长；男女运动员速度的差异主要受腾空时间的影响，步长主要受身高的影响。由此，他认为在符合规则前提下提高竞走速度的方法是协调步长与步频的关系。其中，步长的增加主要依赖于适宜的骨盆转动幅度（男运动员为20°，女运动员为15°）、髋关节超幅度的伸展及脚趾离地时刻的前进动力，而步频的增加主要依赖于遵守规则前提下减少支撑时间。DeAngelis和Menchinelli等人对男女运动员在同一速度的技术动作进行分析发现，在同等速度下女运动员相对于男运动员而言有步长短（0.09 m）、步频快（0.2 Hz）的特点，腾空时间为0.006 s。Hoga等人认为，竞走速度与步长的绝对值及步长身高比显著相关，步长是腾空距离、前摆距离及后摆距离之和①。另有部分学者认为，随着竞走速度的提高，步长相对于步频的增加，更多的主要与腾空时间的增加、支撑时间的减少相关②。Gaspare Pavei及Drio Cazzola等人对前人关于步长与速度的相关性进行总结归纳得出：步长（SL）$= 0.345v+1.041$，$r^2 = 0.77$③。Brian等人对男子50 km竞走运动员全程不同距离段的技术进行分析发现，在比赛过程中随着速度和步长下降的同时还存在腾空时间的大幅下降，但步频依旧保持。此外，为了进一步挖掘步长随速度的下降的影响因素，部分专家进行了实验室研究。Brisswalter等人在实验室条件下对运动员疲劳状态下的技术进行运动学分析发现，运动员以3.3 m/s的恒定速度竞走3 h

---

① HOGA K, AE M, ENOMOTO Y, et al. Mechanical energy flow in the recovery leg of elite race walkers[J]. Sports biomechanics, 2003, 2（1）: 1–13.

② PADULO J, ANNINO G, D' OTTAVIO S, et al. Footstep analysis at different slopes and speeds in elite race walking[J]. Jounal of strength and conditioning research, 2013, 27（1）: 125–129.

③ PAVEI G, CAZZOLA D, TORRE A L, et al. The biomechanics of race walking: Literature overview and new insights[J]. European journal of sports science, 2014, 14（7）: 661–670.

后其步长和步频并没有变化①②，但是，比赛状态下却出现了相反现象。Padulo、Annino等人进行实验室研究发现，以同样的速度在水平面上和2%～7%坡度的跑步机上竞走时，步长的下降可能是由于跑台的倾斜导致摆动阶段及支撑时间的减少而步频增加。在此之后，Padulo、Annino及Tihanyi等人深入研究发现，当将跑步机的速度下降7%左右时，即为了保持能量消耗的稳定而采取等效速度控制实验，他们发现支撑时间增加，步频减少③。

前、后支撑阶段方面：国外研究者将竞走支撑过程分为制动阶段和后蹬阶段，两个阶段划分的依据是脚在矢状面上与身体重心的相对位置，制动阶段（运动员向前加速时）脚位于身体重心的前方，后蹬阶段则相反，多数研究认为运动员更加注重后蹬阶段的技术。Lafortune等人通过实验室研究得知，前支撑腿距离身体重心投影点的位置（前摆距离）是影响速度的重要因素，着地瞬间着地脚与身体重心投影点连线的距离越短，则越有利于减少制动力。运动员获得适宜的前摆距离主要依赖于适宜的髋、膝、踝关节角度④⑤。

髋关节和踝关节角度参数方面：国外研究者只有少数人对竞走项目中

---

① BRISSWALTER J, FOUGERON B, LEGROS P. Effect of three hours race walk on energy cost, cardiorespiratory parameters and stride duration in elite race walkers[J]. International journal of sports medicine, 1996, 17（5）: 18–186.

② BRISSWALTER J, FOUGERON B, LEGROS P. Variability in energy cost and walking gait during race walking in competitive walkers[J]. Medicine and science in sports and exercise, 1998, 30（2）: 1451–1455.

③ PADULO J, ANNINO G, TIHANYI J, et al. Uphill racewalking at Iso–efficiency speed[J]. Journal of strength and conditioning research, 2013, 27（7）: 1964–1973.

④ MURRAY M P, GUTEN G N, MOLLINGER L A , et al. Kinematic and electromyographic patterns of Olympic race walkers[J]. The American journal of sports medicine, 1983,（11）: 68–74.

⑤ PREATONI E, LATORRE A, RODANO R. A biomechanical comparison between race walking and normal walking stance phase[C]// SCHWAMEDER H, STRUTZENBERGER G, FASTENBAUER V, et al. Proceedings of the XXIV international symposium on biomechanics in sports. Salzburg, Austria: University Salzburg, 2006: 143–146.

的角度参数进行研究。由于受不同速度的影响，国外研究者在角度参数方面仍缺乏对技术较为全面的定量分析。已有的研究中对关节角度的分析主要是对特殊时相，即着地时刻、垂直支撑时刻及离地时刻髋、膝及踝关节在矢状面、额状面及水平面上的角度参数进行分析。对矢状面角度参数的研究主要以Brian等人对国际优秀男女20 km竞走运动员技术特征的分析为主。他们指出，足跟着地时刻，踝关节在矢状面上保持背屈模式，膝关节充分伸展，髋关节屈曲，对侧肩关节伸展，肘关节角度保持79° ± 9°；垂直支撑时刻，踝关节仍保持背屈模式，膝关节转换为过伸模式（幅度达到10°左右），肩关节放松下沉，肘关节角度增大为82° ± 6°；离地时刻，踝关节转为跖屈模式，膝关节屈曲，肘关节角度减小至67° ± 7°。对额状面角度参数的研究主要集中于躯干和骨盆的动作。Murray和Phillips等人认为，髋关节在支撑腿位置处于最高点、在摆动腿位置处于最低点，与之相反，支撑腿的同侧肩则分别是最低点与最高点，从而在竞走中肩轴和髋轴形成一个诸如S形的曲线。Cairns等人指出，当竞走速度为3.6 m/s时骨盆倾斜角度达到7° ± 4°，且随着速度的增加骨盆倾斜角有增加的发展趋势。Gaspare Pavei等人对前人的研究成果进行分析，推测躯干和骨盆动作改进有利于减少身体重心在垂直方向的位移。水平面方面的角度参数研究主要集中于骨盆的转动，但是对该参数的研究出现差异较大的结论。Brian 等人对世界优秀男女20 km竞走运动员骨盆在水平面的转动幅度进行研究，发现其转动幅度在18° ± 3°，而其他研究者认为骨盆的转动角度达到44°和35° ± 8°。

二、竞走项目训练相关研究

Brisswalter等人以优秀50 km竞走运动员为测试对象，对其比赛速度竞走3 h之后的能力消耗、通气能力、呼吸频率、心率、呼吸商、血乳酸浓度、体重及步幅进行测试。测试对象竞走3 h前后均进行一次最大强度跑台走测试，测试速度为（12.2 ± 0.5）km/h，相当于74.7%最大摄氧量速度。研究发现：竞走3 h后运动员在能量消耗、通气能力、呼吸频率、心率、步幅及体重方面存在较大的个体变异性；而训练有素的运动员伴随着能量消耗增大的同时，以恒定速度进行跑台走测试时该运动员均能保持适宜的步幅。研究认为部分运动员对疲劳较为敏感，疲劳可能对其步幅等参数产生影响。但是，经过讨论发现，除疲劳之外，竞走过程中地面的材料（跑台走与普通公路走）、环境温度及机械能的减少均有可能对运动员的步幅产生影响①。

Brisswalter等人以9名50 km优秀竞走运动员为测试对象，对其比赛速度进行3 h长距离竞走之后的能量消耗的步态特征进行分析。测试对象一周内完成最大摄氧量测试之后，在地面竞走3 h前后均进行次最大摄氧量的跑台走测试（跑台走持续6 min，坡度为0，速度为12 km/h）。跑台测试过程中分别在第2 min和第6 min对运动员的竞走技术进行现场二维拍摄，记录第4 min和第6 min的生理参数。结果发现两种特征：一方面，部分运动员竞走过程中能量消耗逐渐增大，但是步态完全符合规则规定；另一方面，部分运动员竞走过程中伴随着耗氧量增加，步长的大小、脚后跟偏移的方向，以及脚趾离地瞬间踝关节跖屈程度，均发生变化。研究表明，高水平竞走运动员运动过程中能量消耗增大，运动疲劳对竞走运动员步态影响较大②。

Antonio等人对两名高水平女子竞走运动员进行为期12周的循环抗阻训练，即将耐力与力量训练相结合组织循环练习进行实验控制。循环抗阻练习每周3次，每次练习20 ~ 30 min，循环练习由8个练习组合而成，其练习顺序为仰卧起坐— 卧推— 仰卧起坐— 胫骨前肌和股直肌抗阻练习—

① BRISSWALTER J, FOUGERON B, LEGROS P. Effect of three hours race walk on energy cost, cardiorespiratory parameters and stride duration in elite race walkers[J]. International journl of sports medicine, 1996, 17（3）: 182–186.

② BRISSWALTER J, FOUGERON B, LEGROS P. Variability in energy cost and walking gait during race walking in competitive race walkers[J]. Medicine and science in sports and exercise, 1998. 30（9）: 1451–1455.

上肢硬拉抗阻练习— 股后肌群抗阻练习— 俯卧撑练习— 蹲杠铃练习。试验后得知，运动员最大摄氧量和跑步经济性代表有氧耐力水平的两个指标并未产生变化，而乳酸阈和5 km的成绩得到明显改善①。

Aleksandar Raković等人对竞走专项技术练习及专项训练方法进行阐述。他们认为，竞走运动员的成功来源于运动员职业生涯每个阶段拥有的能力、知识以及独有的气质特征的结合体，完美竞走技术的实现并非通过经验对错误技术进行评估，而是经过科学的定性与定量分析实现的。研究中所介绍的22种专项技术练习手段，有利于骨盆及腿部动作的改进，从而形成完美的技术，且专项技术练习可以作为每日训练之前热身练习的一部分，但是在训练过程中一定要注意练习的精准化与循序渐进性，且指出比赛中进行适应环境的训练是绝对必要的②。

Padulo对优秀竞走运动员的跑台训练进行实验研究：在跑台上进行一定速度下控制步频的训练，对实验组跑台走的过程进行步频控制，而对照组实行自由步频训练模式，即未对步频进行控制。两组运动员每周进行两次跑台训练，共三周实验，实验条件控制一致。实验结果表明：实验组步长和支撑时间明显增加，而步频与做功则明显下降；对照组却出现截然相反的结果，即步长和支撑时间显著下降，而步频与做功则显著提高。由此他认为，2%坡度的跑台训练实行步频控制使支撑时间增加，产生更大的垂直分力有利于增加步长，从而在不改变技术和能量需求的前提条件下提高运动成绩③。

Fatma Mohamed Abdelbaky以20名青少年20 km竞走运动员为研究对

① TORRE A L, VERNILLO G, FIORELLA P, et al. Combined endurance and resistance circuit training in highly trained/top-level female race walkers: a case report[J]. Sports science health, 2008(4) 51-58.

② RAKOVIĆ A, STANKOVIĆ D, JOKSIMOVIĆ A. Model of specific exercise in race walking[J]. APES, 2011, 1（2）: 243-247.

③ PADULO J. The effect of uphill stride manipulation on race walking gait[J]. Biology of sport, 2015, 32（3）: 267-271.

象，对其意志力训练进行实验室研究：将20名运动员随机分为两个组，即实验组和对照组各10名运动员，设计意志力训练方案对实验组进行为期8周、每周3次的听力训练。由实验结果得知，对20 km竞走运动员实行意志力训练有利于运动员心理技能的获得。通过运用标准化心理量表对实验组运动员进行心理测试，测试结果表明实验组运动员各项指标均表现出积极效应。由此认为竞走的成功是技术与意志力效果相结合的产物①。

第三节　研究述评

综观国内外研究成果发现，国外的研究成果中注重对竞走技术进行运动学分析，研究对象主要集中于比赛技术及实验室研究。对比赛技术的分析更注重技术的实效性，即速度与步长、步频的相关性分析，主要包括对国际优秀运动员某一次比赛中单个复步进行分析及整场比赛不同距离段运动员技术的整体特征进行分析。实验室研究主要包括跑台训练对技术的影响和疲劳对技术的影响等，另有少部分研究注重从生理学视角对竞走训练负荷实施进行机制研究，研究对象多为水平较低的运动员。对耐力训练机制的研究多集中于中长跑及马拉松等同属项群，竞走项目虽同属耐力项群，但国外学者接触高水平运动员群体机会较少，导致国外对竞走训练的基础理论研究较少。

国内研究成果主要以国内举办的国际性及全国性竞走比赛技术的运动学分析为主导，以青少年竞走运动员身体素质训练、某一小周期训练负荷及生物学监控分析为辅。对竞走技术的分析仍停留在竞技的角度，即以规范性为研究依据，多数研究成果仅仅是对运动员直膝和腾空规范性技术进

① ABDELBAKY F M. Impacts of mental toughness program on 20 km race walking[J]. Science, movement and health, 2012, 7（1）: 67–71.

行描述性分析，分析仍停留在以数据论数据和对比研究层面，并未从整体上谈及既规范又实效的技术特征究竟是什么，对技术训练改进的方法与手段涉及较少。对身体素质训练的研究成果更倾向于单一视角的描述性分析，缺乏对高水平运动员身体素质训练的实践总结与理论提炼。对训练实践的分析，主要是对运动员全年训练中某一阶段，如赛前阶段训练负荷量与强度的简单描述，缺乏运用基础理论知识对训练予以科学化阐释。那么，是否应将整个训练过程视作一个动态的系统，整合视角运用基础理论知识对高水平运动员全年训练安排予以总体把握，同时对不同训练阶段的训练实践进行深入剖析，总结并提炼高水平运动员训练安排的个性特点和共性规律，将作为后续研究的关注点。

国内外已有的研究成果为本书的写作提供了丰富的理论素材，从思路设计、总体框架构思及研究内容的深化给予了充分的理论依据。

第三章　里约奥运年备战基本情况分析

第一节　运动员基本情况分析

竞技体育是以时间为纵轴，具有过程性特征的系统运行工程，其始终以追求运动成绩的最优化、资源投入/产出比达到最大值，从而实现体育资源效益最大化为最终目标。

由项目特征可知，竞走是以更少的时间完成规定比赛距离。选手参赛时要尽可能获得更大的比赛平均速度，“竞速”成为该项目的首要特性。另外，依据传统训练理念，竞走运动是以体能主导的耐力性项目，而在众多体能构成要素中，耐力素质又是重中之重。因此，提高耐力素质就成为获得理想比赛速度的关键要素。然而，针对比赛中的竞走技术，又有严格的要求，任何不合乎规则的技术，都将会导致选手在比赛中被驱逐。国际田联对竞走技术的严格要求，造就了“技术是竞走运动的生命”。因此，技术又成为竞走训练的又一核心要素。基于此，本研究从三名运动员的训练年龄、获得国际健将的年龄以及成才年限等维度，对该项目资源利用率进行阐述，对其里约奥运会比赛年的训练起始状态进行分析。

一、年龄特点分析

（一）参赛年龄分析

运动员的年龄代表其在该年龄阶段具备的身体素质和机能水平。表2是对北京奥运会至里约奥运会两个完整奥运周期中，获得奥运会和田径世锦赛女子20 km竞走前八名运动员的年龄统计表。由表中数据可知，三届奥运会中获得冠军的年龄分别为23岁、20岁和29岁，获得奥运会前三名运动员的平均年龄分别为（29 ± 6.557）岁、（22.33 ± 2.517）岁和（26.33 ± 3.055）岁，获得前八名运动员的平均年龄分别为（27.88 ± 5.330）岁、（24.88 ± 4.734）岁和（28.38 ± 3.777）岁。四届世锦赛中获得冠军的年龄分别为33岁、24岁、20岁、28岁，获得前三名运动员的平均年龄分别为（25 ± 7）岁、（25.67 ± 4.726）岁、（22.33 ± 3.055）岁和（24 ± 3.464）岁，获得前八名运动员的平均年龄分别为（27.25 ± 5.120）岁、（28.25 ± 5.849）岁、（25.50 ± 5.264）岁、（26.13 ± 4.291）岁。七次世界大赛前八名运动员中最大年龄均值为（33.71 ± 1.890）岁，最小年龄均值为（20.57 ± 1.272）岁。表3数据显示，三位奥运参赛选手参加里约奥运会时的年龄均值为（26 ± 3）岁（以里约奥运年为年龄计算标准）。其中，冠军刘虹的年龄最大，为29岁，铜牌得主吕秀芝年龄最小，为23岁。而北京奥运会女子20 km竞走冠军卡尼斯金娜和伦敦奥运会冠军拉什马诺娃获得奥运冠军时的年龄分别为23岁和20岁，获得莫斯科世锦赛和大邱世锦赛冠军的年龄分别为24岁和20岁。由此可知，刘虹相对于前两届奥运冠军和世锦赛冠军而言，属于大器晚成型运动员，且综观刘虹三个奥运会周期运动成绩的变化趋势可知，其竞技能力始终处于不断上升提高的过程，在北京奥运会至里约奥运会三个奥运周期中陆续获得世锦赛、世界杯、挑战赛及奥运会等冠军。于奎龙和敬龙军通过对北京奥运会超长距离跑前八名运动员的年龄研究得出：耐力项目前八名运动员的平均年龄为（28.75 ± 4.574）岁，他们认为耐力项目为所有田径运动项目竞技年龄最大的[①]。由此可知，我国三名高水平女子竞走运动员与世界优秀女子竞走运动员比较而言，获得冠军的年龄偏大，总体年龄结构层次明晰，体现出较为明显的项目持续性发展趋势。

表 2 历届世锦赛、奥运会女子竞走前八名运动员的年龄一览表（*N*=56人）

比赛名称	冠军年龄（岁）	前三名平均年龄（岁）	*SD*	前八名平均年龄（岁）	*SD*	最大年龄（岁）	最小年龄（岁）
2008年北京奥运会	23	29.00	6.557	27.88	5.330	36	21
2009年柏林田径世锦赛	33	25.00	7	27.25	5.120	34	20
2011年大邱田径世锦赛	24	25.67	4.726	28.25	5.849	36	21
2012年伦敦奥运会	20	22.33	2.517	24.88	4.734	32	19
2013年莫斯科田径世锦赛	20	22.33	3.055	25.50	5.264	33	20
2015年北京田径世锦赛	28	24.00	3.464	26.13	4.291	31	20
2016年里约奥运会	29	26.33	3.055	28.38	3.777	34	23
$\overline{x}$	25.29	24.95		26.90		33.71	20.57
SD	4.889	2.361		1.398		1.890	1.272

（二）专项始训年龄分析

专项训练的结果是产生特定于该项运动的动作模式、代谢需求、力量收缩类型以及肌肉募集模式的生理性适应。民主德国、美国和苏联的一项长达14年的研究结论认为，大部分运动项目的专项训练不应在15岁之前开始，专项训练计划从15～17岁开始，专项训练进行5～8年达到最佳

① 于奎龙，敬龙军. 29届奥运会田径项目运动员年龄结构与特征分析[J]. 首都体育学院学报，2011，23（5）：462–467.

运动成绩。研究认为，中长跑和超长距离跑项目开始训练的年龄分别为13～14岁和14～16岁，开始专项训练的年龄为16～17岁和17～20岁，达到最佳成绩的年龄为22～26岁和25～28岁。通过研究发现，运动员接受专项训练的年龄越小，越容易在少年时期取得他们的最佳成绩，但当长大成年以后（18岁以后）反而不再出现佳绩，从而导致运动员成年前退役现象[①]。对表3中我国三名参赛运动员开始接受竞走专项训练的年龄特征分析得知，三名运动员从事竞走专项训练的年龄与前人研究的中长跑项目开始专项训练的年龄基本吻合。15～16岁的女孩处于青春发育期，该时期女孩运动能力自然发展较为敏感的身体素质包括最大力量和有氧耐力[②]。此外，在15～16岁这一年龄阶段中，女孩皮质抑制调节机制达到一定强度，分析综合能力明显提高，能较快地建立各种条件反射，掌握复杂的高难动作[③]。因此，根据女孩身心发展规律而言，女孩在15～16岁年龄阶段从事竞走专项训练为宜。但是，从事专项训练时应把握运动员身体发育规律和心理发展特征，遵循循序渐进及区别对待的训练原则开展专项训练，重视运动员身体素质发展敏感期的同时，防止过度训练。

表3　我国里约奥运会女子竞走参赛运动员年龄统计一览表（*N*=3人）

基本信息	出生年月	年龄（岁）	个人最佳成绩	达个人最佳成绩的时间	国际健将至个人最佳的年限（年）	专项始训年龄（岁）	取得国际健将的年龄（岁）	取得国际健将的年限（年）
刘虹	1987年5月	29	1 h 24 min 38 s	2015年6月7日	10	15	18	3

① TUDOR O，BOMPA G，HAFF G. 周期：运动训练理论与方法[M]. 李少丹，李艳翎，译. 熊西北，审译. 北京：北京体育大学出版社，2011：28-30.

② ISSURIN V. 板块周期：运动训练的创新突破[M]. 王乔军，毕业，陈飞飞，译. 陈小平，审译. 北京：北京体育大学出版社，2011：84-85.

③ 王瑞元. 运动生理学[M]. 北京：人民体育出版社，2012.

（续表）

基本信息	出生年月	年龄（岁）	个人最佳成绩	达个人最佳成绩的时间	国际健将至个人最佳的年限（年）	专项始训年龄（岁）	取得国际健将的年龄（岁）	取得国际健将的年限（年）
吕秀芝	1993年10月	23	1 h 25 min 12 s	2015年5月20日	4	15	18	3
切阳什姐	1990年11月	26	1 h 25 min 16 s	2012年8月11日	3	16	21	5
$\overline{x}$		26.00			5.68	15.33	19.00	4.33
SD		3.000			3.786	0.577	1.732	1.155

（三）达到国际健将水平年龄分析

表 4　历届奥运会、世锦赛女子竞走 20 km 前八名达到国际健将水平的年龄一览表（*N*=56 人）

年龄	平均年龄（岁）	*SD*（岁）	最大年龄（岁）	最小年龄（岁）
2008年北京奥运会	25.38	4.373	32	18
2009年柏林世锦赛	24.71	4.199	32	18
2011年大邱世锦赛	23.71	4.029	30	18
2012年伦敦奥运会	21.13	2.748	26	18
2013年莫斯科世锦赛	21.14	2.968	26	18
2015年北京世锦赛	19.80	2.400	24	18
2016年里约奥运会	21.40	3.578	26	18

由表3中我国三名参赛运动员取得国际健将水平（运动成绩为1 h 30 min 00 s）的年龄得知，三名运动员由从事竞走专项训练到达到国际健将水平的年龄均值为（19 ± 1.732）岁。北京奥运会、伦敦奥运会及里约奥运会前八名运动员达到国际健将水平的平均年龄（见表4）分别为

（25.38 ± 4.373）岁、（21.13 ± 2.748）岁和（21.40 ± 3.578）岁，四届世锦赛前八名运动员达到国际健将水平的平均年龄分别为（24.7 ± 4.199）岁、（23.71 ± 4.029）岁、（21.14 ± 2.968）岁和（19.80 ± 2.400）岁。由此可知，我国三名高水平女子竞走运动员达到国际健将水平的平均年龄远远优于世界优秀运动员。由图4可知三名运动员从开始专项训练至达到国际健将水平的平均年限为（4.33 ± 1.155）年。其中，刘虹和吕秀芝仅仅用3年时间就实现了竞技水平质的飞跃，由国际健将水平到个人运动生涯（截至2016年里约奥运会）最佳成绩的年限分别10年、4年和3年。由以上分析可知：我国三名高水平女子竞走运动员由从事竞走专项训练至取得国际健将的平均年龄早于世界优秀运动员；成才年限较短，且保持最佳竞技水平的能力较强。

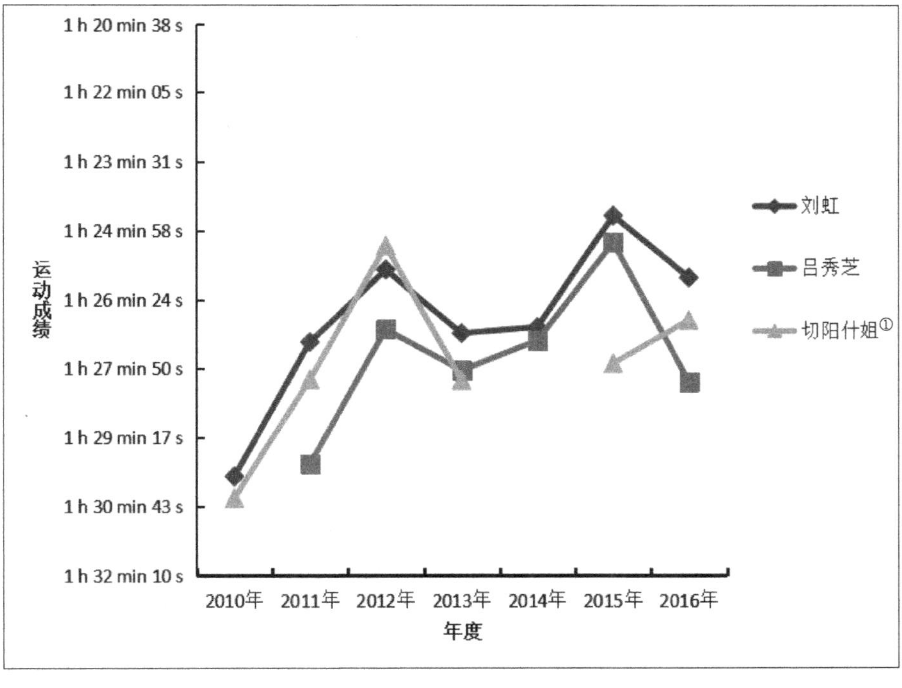

图4　我国里约奥运会女子竞走参赛运动员2010—2016年度最佳运动成绩变化趋势

① 2014年切阳什姐因伤停训未参加比赛。

二、身体形态特点分析

竞走是一项视技术为生命线、有氧耐力和混氧耐力决定竞技水平的体能主导类周期性耐力项目，其制胜因素为速度，即用最短的时间通过额定距离，而速度则是步长和步频二者的统一体。那么，从形态学指标判断，身高条件较优的运动员步长的获取具备较大优势，且由于耐力项目对机体单位体重摄氧量要求较高，体重及体质指数对竞走运动员竞技能力的影响同样较大。因此，选择身高、体重及体质指数（BMI）等三项指标对我国三名高水平女子竞走运动员的身体形态特征进行分析。

表 5　我国里约奥运会女子竞走参赛运动员身体形态指标一览表（*N*=3 人）

形态指标	身高（m）	体重（kg）	BMI（kg/m^2）
刘虹	1.61	46	17.75
吕秀芝	1.56	42	17.26
切阳什姐	1.59	47	18.59
$\bar{x}$	1.59	45	17.87
SD	0.025	2.646	0.672
最大值	1.61	47	18.59
最小值	1.56	42	17.26

由表5可知三名运动员身高平均值为（1.59 ± 0.025）m，而历届奥运会、世锦赛前八名（见表6）的平均身高为（1.61 ± 0.03）～（1.67 ± 0.07）m，其中捷克运动员特霍托娃艾那卡（Anežka DRAHOTOVÁ）身高为1.80 m。但是，北京奥运会冠军卡尼斯金娜的身高也仅有1.59 m 。总体而言，我国三名高水平女子竞走运动员身高条件非最优。我国三名高水平女子竞走运动员体重平均值为（45 ± 2.646）kg，而历届奥运会、世锦赛前八名（见

表6）的平均体重为（47 ± 3.606）～（51.75 ± 3.919）kg，我国运动员体重均值与世界优秀运动员相比偏轻。为了从综合角度评价运动员的形态特征，选取派生指标即体质指数（BMI），对运动员的形态特征进行评价。BMI是Body Mass Index的缩写，其中文意思为“体重指数”，测量的目的是评价人体的肥胖程度。BMI值低于18.5 kg/m^2表示体重过低，BMI值为25.0～29.9 kg/m^2表示超重，BMI值大于30 kg/m^2为肥胖，其正常值为18.5～24.9 kg/m^2。① 由于竞走属于超长距离项目，其对耐力素质要求达到极限范围。从身体机能的角度认为：BMI指数越大，则机体单位体重运输氧的能力越差，摄氧量相对减少；且体重较大，身体负重较大，身体做功增加，消耗大量的能量导致疲劳提前发生。由表5可知，我国三名女子竞走运动员BMI指数最大值为18.59 kg/m^2，最小值为17.26 kg/m^2，均值为（17.87 ± 0.672）kg/m^2。世界优秀竞走运动员BMI指数（见表6）均值为（17.81 ± 0.491）～（19.17 ± 1.183）kg/m^2，最大值为21.19 kg/m^2，最小值为16.61 kg/m^2。我国三名运动员中的刘虹和吕秀芝的BMI指数均低于正常标准，属于偏瘦型。俄罗斯著名运动员伦敦奥运会冠军拉什马诺娃（Elena LASHMANOVA）以及北京奥运会冠军卡尼斯金娜的BMI指数分别为16.61 kg/m^2和17.01 kg/m^2。比较而言，我国高水平女子竞走运动员BMI指数均偏高。

由上述分析可知，三名运动员身高较矮小，但相对体重较大，四肢肌肉线条较为明显且粗大，一方面会影响裁判员的视觉效应，造成技术规范性不太理想；另一方面，在一定程度上对运动员单位体重摄氧能力具有消极作用。其中，切阳什姐的BMI指数最大，处于正常人的标准，而由于切阳什姐属于高原常住居民，其拥有较好的有氧耐力天赋，因此在身体条件稍差的条件下仍然能够取得优异的运动成绩。因此，三名运动员应在身高条件已固定的前提条件下适当控制体重，从而保持体质指数处于相对优

① PAYNE G，耿培新，梁国立. 人类动作发展概论[M]. 北京：人民教育出版社，2008：305–307.

化的状态，使机体单位体重摄氧能力保持最佳。

表 6　历届奥运会、世锦赛女子竞走20 km前八名运动员身体形态指标一览表（N=56人）

形态指标	身高（m）	最大值（m）	最小值（m）	体重（kg）	最大值（kg）	最小值（kg）	BMI（kg/m²）	最大值（kg/m²）	最小值（kg/m²）
北京奥运会	1.64 ± 0.05	1.73	1.57	50 ± 4.66	56	43	18.50 ± 0.93	19.57	17.01
柏林世锦赛	1.64 ± 0.03	1.69	1.61	51.75 ± 3.92	57	46	19.17 ± 1.18	21.19	17.48
大邱世锦赛	1.63 ± 0.03	1.64	1.59	50 ± 3.55	56	46	18.81 ± 3.73	19.71	17.48
伦敦奥运会	1.63 ± 0.05	1.70	1.56	48.25 ± 4.17	56	42	18.09 ± 1.08	19.61	16.61
莫斯科世锦赛	1.67 ± 0.07	1.70	1.61	50.57 ± 4.47	56	46	18.06 ± 1.12	19.61	16.61
北京世锦赛	1.65 ± 0.09	1.80	1.56	48.6 ± 5.55	57	42	17.81 ± 0.49	18.59	17.26
里约奥运会	1.61 ± 0.03	1.64	1.56	47 ± 3.61	52	42	18.20 ± 0.90	19.57	17.26

三、身体素质特点分析

（一）有氧耐力素质特点分析

根据三名运动员2015年10月19日集训后第一次有氧耐力训练课（25 km公路走）的成绩，并结合运动员的血乳酸测试结果，作为集训初期运动员有氧耐力素质能力现状的参考依据（见表7）。刘虹和切阳什姐25 km公路走用时均为2 h 10 min 53 s，血乳酸测试结果差异较大，刘虹结束后即刻血乳酸值达到3.8 mmol/L，而切阳什姐血乳酸值仅为1.6 mmol/L。吕秀芝25 km测试成绩为2 h 30 min 54 s，即刻血乳酸为2.6 mmol/L。相关研究结果表明血乳酸4 mmol/L为有氧—无氧代谢工作的分界值①，因而，可知刘虹该次血乳酸已接近临界值。

表7　我国里约奥运会女子竞走参赛运动员有氧耐力素质测试结果一览表（N=3人）

测试指标	刘虹	切阳什姐	吕秀芝
	25 km走	25 km走	25 km走
时间	2 h 10 min 53 s	2 h 10 min 53 s	2 h 30 min 54 s
平均速度	5 min 14 s	5 min 14 s	6 min 02 s
血乳酸（mmol/L）	3.8	1.6	2.6

（二）速度素质特点分析

竞走是一项以耐力为基础、速度为制胜因素的周期性耐力项目。因此，选取刘虹、吕秀芝和切阳什姐2015年10月19日集训后准备期速度课测试成绩作为三名运动员速度素质能力现状分析的评价指标。由表8可知：刘虹和切阳什姐500 m速度课共进行5组，间歇时间1 min 30 s，速度成绩区间为3.846 ~ 4.200 m/s，1000 m速度课共进行3组，间歇时间为3 min 00 s，速度成绩区间为3.676 ~ 3.953 m/s和3.534 ~ 3.717 m/s；吕秀芝500 m速度课共进行5组，组间间歇1 min 00 s，速度变化区间为3.846 ~ 4.167 m/s，1000 m速度课共进行4组，组间间歇1 min 30 s ~ 3 min 00 s，速度成绩区间为4.040 ~ 4.156 m/s。

表8　我国里约奥运会女子竞走参赛运动员速度素质测试结果一览表（N=3人）

测试指标	刘虹		切阳什姐		吕秀芝	
	500 m	1000 m	500 m	1000 m	500 m	1000 m
速度（m/s）	3.846 ~ 4.20	3.676 ~ 3.953	3.846 ~ 4.20	3.534 ~ 3.717	3.846 ~ 4.167	4.040 ~ 4.156

① 冯连世，冯美云，冯炜权．运动训练的生理生化监控方法[M]．北京：人民体育出版社，2006.

第二节　专项技术特征分析

一、技术段落的选取

奥运会竞走比赛正式项目包括男女20 km及男子50 km，比赛过程中运动员因比赛环境（主要包括比赛地点的海拔高度、坡度、温度及湿度等）、比赛行进过程中能量消耗逐渐增大引起的疲劳以及比赛战术的运用等原因，导致在全程不同阶段的比赛速度出现差异性。因此，为保证研究条件的一致性，并根据比赛的分段成绩选取三名运动员的基础速度走和高速走技术作为研究对象。如图5所示，三名运动员的全程分段成绩表明，其最高速度均出现在最后一圈。根据竞走规则，主裁判有权在比赛最后100 m时取消运动员的比赛资格，技术数据采集过程中拍摄机位摆设位置正值距离终点100 m的位置，且三名运动员在最后冲刺过程均未被判罚。由此说明，运动员最后一圈100 m处的高速走技术是运动员“竞技”与“竞速”完美结合的最佳动作表现。因此，选取第20 km最后100 m处一个复步技术作为高速走技术分析对象。由图5可知，刘虹除起走速度低于4 min 20 s以外，全程速度分布变化幅度较小，可视为匀速走的速度模式。因此，根据其平均速度并结合运动员行进距离，排除拍摄过程中运动员拥挤导致遮挡现象，选取第12 km的一个复步作为刘虹基础速度走技术分析对象。吕秀芝和切阳什姐两位运动员前10 km速度变化幅度较大，第19 km由于体力不支导致非正常降速。因此，为了保证研究对象的动作稳定性，结合运动员的平均速度和行进距离，并排除拍摄过程中运动员拥挤导致遮挡现象，同样选取第12 km的一个复步作为基础速度技术进行分析对象。

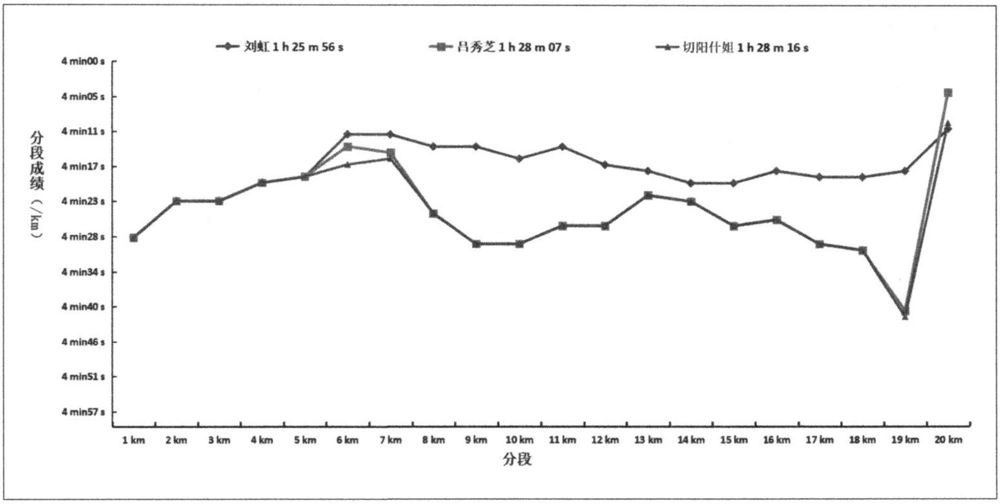

图 5　三名运动员 2016 年里约奥运会选拔赛分段成绩示意图

二、技术动作阶段的划分

竞走运动要求运动员用双脚向前行走的方式保持与地面的接触，没有（肉眼）可见的腾空，前腿从脚触地瞬间至垂直部位应该伸直（膝关节不得弯曲）。从项群理论的视角可知，竞走项目属于对技术有特殊要求的体能主导类周期性竞速项目。从定义的角度出发，竞走技术是建立在符合竞走定义的前提下，人体运用自身能力在快速走中所表现出来的专项动作，且随着竞走运动水平的快速发展，其技术特征表现在符合竞走定义前提条件下的经济性与实效性。因此，从其本质特征来看，竞走项目是“竞技”能力与“竞速”能力的高度统一。由于该项目的制胜因素为比赛过程中遵守竞走定义基础上长时间持续保持高速比赛的能力，对该项目技术分析的对象主要是竞赛技术，那么对竞走技术动作进行分析，首先应着重把握其动作技术的阶段，对其动作阶段进行划分的首要前提是确定动作技术范围，即动作的开始与结束瞬间[①]。目前，教科书中及不同研究者从不同角度对竞走技术动作中一个单步的竞走技术进行阶段划分，主要包括以下几种阶段划分："着地— 直立— 蹬伸— 离地— 后摆— 垂摆— 前摆— 着地"8个阶段[②]，"向前摆腿— 前摆着地（前支撑）— 垂直支撑— 后蹬（后支撑）"4个阶段，"着地— 后蹬— 后摆— 前摆— 双支撑"5个阶段[③]，"前支撑— 后支撑— 双支撑"3个阶段[④]。根据苏联专家班费洛夫研究成果[⑤]，本研究结合研究需要，以及动作阶段划分中人体或其某些环节活动时与周围环节关系的方法，将整个单步技术动作分为前支撑、转换、后支撑和腾空等4个动作阶段，具体如图6所示。

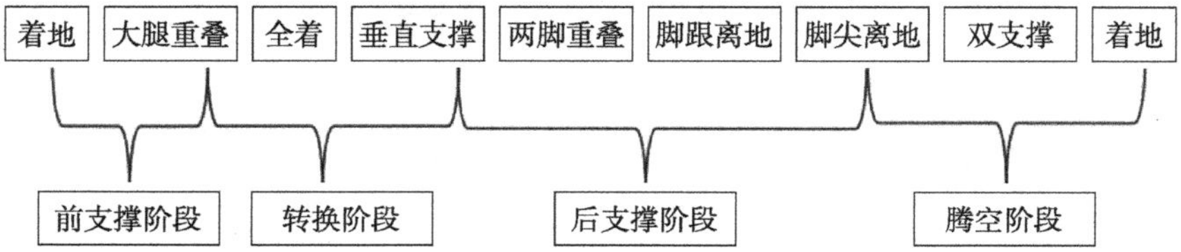

图6　三名运动员竞走技术动作阶段划分示意图

三、技术指标的界定

运用运动生物力学方法对运动技术进行诊断分析，首先应遵循效率原则、效果原则及安全性原则，在此基础上应注意分析的层次性。对运动技

---

① 运动生物力学编写组. 运动生物力学[M]. 北京：北京体育大学出版社，2016：158.

② 孙南，熊西北，张英波. 现代田径训练高级教程[M]. 北京：北京体育大学出版社，2011：36–37.

③ 李老民. 田径运动教程[M]. 北京：北京体育大学出版社，2008：45.

④ 国际田径运动联合会. 跑RUN!跳JUMP!投THROW![M]. 张英波，孙南，译. 北京：北京体育大学出版社，2009：89.

⑤ 卡拉廖夫. 竞走运动：培养高水平竞走运动员的理论与方法[M]. 田克枚，译. 北京：人民体育出版社，2009.

术的生物力学诊断的主要指标包括：运用运动学对动作特征进行分析，运用动力学对技术动作的动力因素进行分析，以及运用肌电图对运动过程中肌肉的用力顺序和程度进行分析①。本研究是借助运动生物力学分析法中的运动学分析，对高水平运动员的比赛技术进行诊断，研究的对象是运动员的技术动作，分析对象是借助高科技仪器对技术动作进行信息采集，对运动员技术动作外在表现形式进行量化分析，根据力学、生物学等技术原理指出技术优点和症结所在。那么，分析的主体就是运动员动作表现的量化数据。因此，对运动学参数进行客观界定与认识是对运动员动作表现特征进行分析的前提条件。根据研究需要，主要对步长、步频、步长/身高比、膝角、脚掌仰角、两腿夹角、离地角、大臂后摆角、大小臂夹角、头顶位移、单步时间、前支撑时间、转换时间、腾空时间和后支撑时间等时空参数进行界定。具体如下：

①步长：一个单步中一侧下肢脚后跟或脚尖到另一侧下肢脚后跟或脚尖的水平距离；

②步频：单位时间内左右腿交替的次数；

③步长/身高比：运动员步长与身高的比例关系；

④膝角：同侧大腿与同侧小腿的连线形成的夹角；

⑤脚掌仰角：脚着地时刻脚掌与水平面形成的夹角；

⑥两腿夹角：支撑腿离地时刻大转子与支撑腿脚尖和摆动腿脚后跟三点连线形成的夹角；

⑦离地角：支撑腿离地时刻踝关节与大转子的连线形成的夹角；

⑧大臂后摆角：支撑腿离地时刻躯干与大臂形成的夹角，解剖站位时后摆角为0°；

⑨大小臂夹角：支撑腿离地时刻大臂与小臂形成的夹角；

---

① 王志强．技术模式与专项力量：短跑支撑摆动动作系统的生物力学研究[M]. 北京：北京体育大学出版社，2011：20–30.

⑩头顶位移：一个单步中头顶起伏的垂直距离；

⑪单步时间：运动员一个完整单步的用时；

⑫前支撑时间：运动员前支撑阶段的用时；

⑬转换时间：运动员转换阶段的用时；

⑭腾空时间：运动员腾空阶段的用时；

⑮后支撑时间：运动员后支撑阶段的用时。

四、运动技术规范性特征分析

（一）直膝规范性技术动作特征分析

竞走定义明确规定：运动员在行进过程中从前脚着地瞬间直至垂直部位应该伸直（膝关节不得弯曲）。从理论上分析，膝关节伸直的含义即膝角必须保持180°，且与1996年规则修改之前相比，规则对膝角保持伸直的限定差异为“一瞬间”和“阶段性”，即新规则要求膝角保持伸直具有时间限定。根据人体解剖生理结构的因素及肉眼的视觉效应，相关研究认为，只要大于175°就可以认为膝关节是伸直的①，且膝角保持伸直的时间必须超过0.07 s，才能给予裁判以直膝视觉效应。

根据表9可知，三名运动员基础速度走和高速走时，着地时刻支撑腿膝角均大于175°，基础速度走和高速走垂直支撑时刻膝角均大于180°，国外研究者将此种膝关节动作表现称之为“hyperextend”，国内研究者称其为“反弓”动作。由此说明，三名运动员着地时刻和垂直支撑时刻直膝技术动作表象基本符合规则规定，与前人对三名运动员着地时刻直膝技术的研究结果一致。

① 苏明理，严波涛，许嵩高. 我国部分田径优势项目运动员专项技术生物力学分析与诊断[M]. 北京：北京体育大学出版社，2011：54.

表 9　三名运动员膝关节规范性技术参数一览表（N=3 人）

运动参数	刘虹基础速度		刘虹高速		吕秀芝基础速度		吕秀芝高速		切阳什姐基础速度		切阳什姐高速	
	左	右	左	右	左	右	左	右	左	右	左	右
着地时刻支撑腿膝角（°）	175.1	179.7	178.7	178.5	177.3	178.7	177.2	179.5	176.1	178.1	175.9	179.3
垂直支撑时刻支撑腿膝角（°）	186.7	187.1	185.7	189.9	187.3	189.1	186.6	188.6	180.8	185.3	184.5	187.1
着地—垂直支撑时刻膝角伸直的时间（s）	0.058	0.058	0.042	0.050	0.058	0.067	0.050	0.058	0.050	0.067	0.050	0.058
整个过程膝关节保持伸直的时间（s）	0.192	0.192	0.175	0.175	0.192	0.208	0.183	0.192	0.192	0.217	0.175	0.183

注：左单步指左腿蹬地至右腿着地，右单步指右腿蹬地至左腿着地

从技术维度视角来看，膝关节过伸动作有利于肌腱存储大量弹性势能。但是，从运动损伤的维度来说：该动作需要腘绳肌长期进行超等长收缩运动实现，长期则易造成腘绳肌相对拉长且紧张，附着点或应力较大处挛缩，形成疲劳结节点，产生疼痛不适；并且逐渐使肌力减弱，股四头肌紧张、无力，大腿前后肌群失衡。长期执行不良的动作模式易造成不良的体姿体态、膝周力线失衡、髌骨关节失稳、髌内侧或外侧过度反复频繁摩擦，从而导致疼痛不适。因此，为有效预防损伤，建议运动员训练后及时做好膝关节放松整理活动。

此外，新规则不仅要求“一瞬性”直膝动作，更强调了“过程性”直

膝技术。而竞走作为田径唯一一项以裁判员的视觉作为判断工具的项目，直膝动作要求应以裁判员的视觉成像为标准。由表9可知，三名运动员基础速度走和高速走时，着地直至垂直部位膝关节保持伸直的时间均没有达到0.07 s的直膝视觉效应时限标准。但是，本次比赛三名运动员均没有受到屈膝判罚，可以理解为，随着竞走速度的提高运动员支撑时间的缩短是必然趋势，从而导致直膝持续时间的线性减少。然而根据前人研究成果，着地直至垂直支撑时刻膝角保持180°的时间不足以说明运动员直膝技术的过程性特征，更强调的是膝关节在整个支撑过程中保持伸直的时间，提出整个支撑阶段膝关节保持伸直的时间达到0.16 s则可认为足以给裁判员视觉直膝效应①。因此，由表9可知，三名运动员基础速度走和高速走时膝关节在整个支撑阶段保持伸直的持续时间均远远超过0.16 s。由此说明，三名运动员的着地直至垂直支撑时刻直膝技术动作完全符合竞走规则。

（二）腾空规范性技术动作特征分析

规则对竞走的定义明确指出：竞走是运动员用双脚向前行走的方式保持与地面接触，没有（肉眼）可见的腾空。由定义可知，规则间接承认腾空动作的存在，规则仅对肉眼可见的腾空动作进行判罚。那么，裁判员在比赛过程中以定义为依据进行主观判断，由于不能借助任何仪器进行观察，因此对运动员腾空动作辨别主要以运动员重心起伏距离、腾空时间、离地时刻支撑腿膝角，以及两大腿重叠时摆动腿膝角等动作表象为观察点。由相关研究结果可知，人体的重心是看不见的，但运动员的头顶是显而易见的，因此裁判员在比赛中通常采用一平面瞄准运动员的头部进行观察。如果运动员头顶上下起伏过大，在模糊腾空时限内很可能被判罚腾空犯规。因此，本研究通过三名高水平运动员比赛过程中基础速度和高速走时的头顶位移、腾空时间、离地时刻支撑腿膝角和两大腿重叠时摆动腿膝角等参数，对腾空技术的规范性特点进行分析。

---

① 宗华敬. 对世界冠、亚军刘宏宇、王妍竞走技术的研究[J]. 体育科学，2000，20（6）：38–40.

表 10 三名运动员腾空规范性技术参数一览表（N=3人）

运动参数	刘虹基础速度		刘虹高速		吕秀芝基础速度		吕秀芝高速		切阳什姐基础速度		切阳什姐高速	
	左	右	左	右	左	右	左	右	左	右	左	右
头顶位移（m）	0.06	0.07	0.08	0.08	0.08	0.07	0.08	0.08	0.06	0.06	0.07	0.07
腾空时间（s）	0.058	0.067	0.075	0.083	0.067	0.058	0.075	0.083	0.05	0.058	0.067	0.058
离地时刻支撑腿膝角（°）	159.4	162.9	163.6	163.9	162.4	158.3	159.6	166.4	164.3	156.2	163.4	159.3
两大腿重叠时摆动腿膝角（°）	99.7	100.8	98.5	96.1	87.1	88.1	82.3	84.9	97.3	94.5	94.2	90.7

注：左单步指左腿蹬地至右腿着地，右单步指右腿蹬地至左腿着地

1.头顶位移特征分析

由表10可知，刘虹基础速度走和高速走左右单步头顶位移分别为0.06 m、0.07 m和0.08 m、0.08 m，吕秀芝基础速度走和高速走左右单步头顶位移分别为0.08 m、0.07 m和0.08 m、0.08 m，切阳什姐基础速度走和高速走左右单步头顶位移分别为0.06 m、0.06 m和0.07 m、0.07 m。根据第17届世界杯竞走比赛的技术调研报告可知，世界优秀运动员身体重心最大垂直位移为0.03 ~ 0.05 m[①]，裁判员眼睛无法识别的身体头顶上下起伏的距离在0.05 m 以下[②]。由三名运动员的头顶位移参数值可知，三名运动员头顶起伏距离均大于0.05 m，存在腾空判罚的可能。但是，根据实

① 张德荣，魏统朋，陈亮．我国优秀女子竞走运动员身体重心运动轨迹的生物力学研究[J]. 天津体育学院学报，2003，18（4）：78–80.

② 郎雪梅，纪仲秋．我国优秀女子竞走运动员竞走技术的生物力学分析[J]. 中国体育科技，2003，39（4）：31–35.

际判罚结果来看，三名运动员全程并未受到腾空判罚警告。由此说明三名运动员技术动作表现整体较为协调，能够给予裁判员符合规则要求的技术视觉效果。由此可见，头顶位移作为腾空动作在空间状态的表象并不能准确判断运动员的腾空动作，应结合运动员腾空动作的时间特征予以评价。

2.腾空时间特征分析

根据表10的数据可知，刘虹基础速度走和高速走左右单步的腾空时间分别为0.058 s、0.067 s和0.075 s、0.083 s，吕秀芝基础速度走和高速走左右单步的腾空时间分别为0.067 s、0.058 s和0.075 s、0.083 s，切阳什姐基础速度走和高速走左右单步的腾空时间分别为0.050 s、0.058 s和0.067 s、0.058 s。根据国内关于腾空时限的部分研究结果可知，对运动员腾空时限的判罚是依据《1992年奥运会我国竞走项目科研攻关》的研究成果进行评价，即：认为腾空时间小于42 ms为肉眼无法识别的时限，42 ~ 70 ms为肉眼模糊辨别时域，而大于70 ms则为肉眼清晰可见腾空动作时限。但是，一部分研究者视人体生理特性为判断依据，即：认为人从眼睛观看到动作经视网膜传到大脑再返回视网膜大概需要50 ms的视觉盲区，超过60 ms则可以分辨出腾空动作。此外，还有少部分研究者认为55 ms为腾空判罚的临界值。而国外研究中有Knicker、Loch等人认为，竞走比赛中运动员腾空时间少于0.04 s时裁判员难以通过肉眼进行判断。另一部分国外学者认为，竞走速度不同，其腾空时间也存在差异：男子20 km竞走运动员在速度为4 m/s时，其腾空时间为0.03 s；女子20 km竞走运动员在速度为3.5 m/s时，其腾空时间为0.02 s；男子50 km竞走运动员在速度为3.6 m/s时，其腾空时间为0.02 s，并指出是由于生理限制导致裁判员无法用肉眼察觉如此短暂的腾空动作①。因此，以国内研究成果为依据，三名运动员基础速度走腾空时间均处于模糊腾空时限内，而刘虹和吕秀芝高速走时左右单步腾空时间均超过70 ms，且处于最后100 m冲刺

---

① 敬艳，刘建国，蒋纯金，等. 刘虹竞走关键技术的运动学特征分析[J]. 成都体育学院学报，2016，42（6）：37–43.

阶段应引起注意。以国外研究成果为评价依据，三名运动员基础速度走和高速走腾空时间均远远超过合理范围。然而，腾空动作瞬间的时空参数作为腾空技术较为模糊的隐性因素，裁判员对其把控存在较大难度。因此，多数裁判员倾向于选择表现出腾空动作产生根源的离地时刻支撑腿膝角和两大腿重叠时摆动腿膝角等较为直观的动作表象作为判罚依据。

3. 支撑腿离地瞬间和两大腿重叠时摆动腿膝角

支撑腿离地瞬间膝角和两大腿重叠时摆动腿膝角，既能给予裁判员判罚腾空的视觉依据，同时又能根据该参数对运动员的髋关节放松能力及摆动技术给予评价。关于支撑腿离地瞬间膝角的研究成果，即：认为该参数保持在160°左右合理，并指出该参数不能作为评价髋关节放松和摆动技术的指标，而应该结合两大腿重叠时摆动腿的膝角及二者之间的变化幅度进行综合评价。根据相关研究成果，支撑腿离地瞬间膝角保持在160°左右，两大腿重叠时膝角保持在100° ~110°，即可认为该运动员摆动技术较为合理。良好的摆动技术要求髋关节放松，大腿带动小腿利用惯性形成长摆运动。那么，髋关节放松首先要求膝关节放松，故支撑腿离地瞬间膝角和两大腿重叠时膝角应保持适宜的自由度。首先，适宜的膝角有利于增大膝关节的摆动半径，提高髋关节的放松摆动幅度。其次，适宜的摆动半径有利于运动员流畅过渡到直膝落地，能有效避免向前上方抬腿形成拍地动作并引发腾空动作肉眼成像导致判罚。最后，适宜的膝角有利于提高运动员行进过程中动作的向前性。

根据表10三名运动员的膝角参数可知：刘虹基础速度走和高速走支撑腿离地瞬间膝角均值均大于160°，两大腿重叠时膝角基础速度走则保持在100° ~110°的合理范围，而高速走则远远低于合理范围，两大腿重叠时膝角随着速度的提高呈现出递减趋势。吕秀芝基础速度走和高速走支撑腿离地瞬间膝角同样均大于160°，而基础速度走和高速走两大腿重叠时膝角均小于90°，且膝角变化幅度较大，具有明显的向后折叠收腿动作。切阳什姐基础速度走和高速走支撑腿离地瞬间膝角均值分别为160°和161°，处于160°的合理范围，其基础速度走和高速走两大腿重叠时膝角均值分别为95°和92°，发展趋势同刘虹和吕秀芝相似。

从三名运动员两个特殊时刻膝角的值及变化幅度可知，三名运动员中吕秀芝膝角动作幅度变化最大，不仅影响动作的规范性，更涉及动作实效性的提升，这也是吕秀芝里约奥运会中遭遇腾空判罚的根本原因所在。根据神经肌肉生物学可知，支撑腿离地前大腿前被动拉长，肌腱储存大量的弹性势能，离地后弹性势能转化为动能，促进摆动腿自由惯性摆动，而离地时刻髋关节放松不足，导致膝关节提前主动用力长摆，破坏了肌腱“牵张反射”神经肌肉生物学机制，从而导致大腿后群肌肉结构性收缩用力，出现屈膝向后折叠小腿的动作。此外，根据“复合钟摆”原理[①]，“后撩”小腿动作易导致运动员形成大腿高抬动作，从而造成摆动腿着地瞬间着地阻力增大、损耗速度。从运动损伤的角度可知，吕秀芝该动作引发腘绳肌过度紧张疲劳，髂腰肌、髋周肌群及后侧筋膜链挛缩紧张、延展性不足。根据机体的本体感觉、平衡觉和视觉等，为了保持头部感受器的平衡，机体需自我调节腰腹核心以上力线，从而中和腰腹核心以下生物力线失衡的状态。此外，长期重复该错误的动作模式导致腰部肌张力高，腰骶部负担过重，代谢过多，代谢产物产生堆积，从而出现疼痛或僵硬不适。

由以上分析可知，三名运动员腾空规范性技术特征主要为基础速度走和高速走头顶位移均较大且随着速度的增加呈现出递增趋势，刘虹和吕秀芝头顶位移较大且基础速度走时表现出左右不均衡的特点，而切阳什姐头顶位移较小且均衡。总体来看，三名运动员基础速度走和高速走腾空时间同样随着速度的增加呈现出递增趋势，基础速度走腾空时限均保持在合理时限内，而高速走时刘虹和吕秀芝腾空时间均超过合理范围，切阳什姐高速走腾空时限仍然保持在合理范围。三名运动员支撑腿离地时刻膝角均处于160°左右，而两大腿重叠时膝角偏小且个体差异较大。刘虹和切阳什

① 李厚林．“复合钟摆”运动生物力学原理在竞走技术创新中的应用研究[J]．西安体育学院学报，2013，30（2）：196–203.

姐基础速度走和高速走两大腿重叠时膝角较大，但与俄罗斯著名运动员卡尼斯金娜102.7°的支撑腿离地时刻膝角相比仍存在较大差距。而吕秀芝两大腿重叠时膝角表现出明显的“后撩”动作，给予裁判员明显的“跑”的动作表象，易导致腾空判罚。里约奥运会中刘虹和吕秀芝均受到1次腾空警告判罚，而切阳什姐并未受到警告，上述分析也再次证实刘虹和吕秀芝在腾空规范性技术方面仍具有改善空间。

（三）运动技术实效性特征分析

步长与步频是竞走速度的决定性因素，两者相互影响、相互制约，构成矛盾统一体。两者反映竞走技术结构的整体特征，是运动员行进过程中各肢体环节及各器官系统协调配合作用的结果，步长合理稳定则技术动作结构合理稳定，步频是合理稳定步长动作的快慢程度①②。对步长、步频的研究结果表明，我国女子竞走步长有所改进，女子步长由雅典奥运周期的1.02 m到北京奥运周期的1.05 m再到伦敦奥运周期的1.08 m，但与国外优秀运动员相比仍属于“小步高频”的技术风格。国内研究中关于速度与步长和步频的相关性的成果较少，而国外研究中相关成果较多，诸如Padulo等人指出，在速度增加的情况下，步长与步频相比增加得更多。Hanley等人指出，竞走速度由步长和步频决定，但步长与步频之间并不存在相关性。他指出，20 km比赛中随着运动员竞走速度的下降，首先是步长缩小，再是步频减慢。本研究对三名运动员技术实效性的分析主要从步长的绝对值、相对值以及步频等参数的特征进行阐述。

---

① 马晓娟．十一届全运会男子20公里竞走运动员摆动技术的三维运动学研究[D]．北京：首都体育学院，2011.

② 纪仲秋，余峰，李旭龙．我国20 km女子优秀竞走运动员竞走技术的生物力学分析[J]．北京师范大学学报，2013，49（6）：645-648.

表 11　三名运动员技术实效性参数一览表（N=3人）

运动参数	刘虹 基础速度		刘虹 高速		吕秀芝 基础速度		吕秀芝 高速		切阳什姐 基础速度		切阳什姐 高速	
	左	右	左	右	左	右	左	右	左	右	左	右
步长（m）	1.11	1.15	1.20	1.25	1.15	1.12	1.26	1.23	1.08	1.12	1.21	1.17
步频（步/秒）	3.534	3.425	3.636	3.534	3.425	3.534	3.636	3.534	3.534	3.425	3.534	3.745
步长/身高比	0.69	0.71	0.75	0.78	0.74	0.72	0.81	0.79	0.68	0.70	0.76	0.74
左右步幅差（m）	0.04		0.05		0.03		0.03		0.04		0.04	
$\bar{x}$ 步长	1.130		1.225		1.135		1.245		1.100		1.190	
$\bar{x}$ 步频	3.480		3.585		3.480		3.585		3.480		3.640	
$\bar{x}$ 步长/身高	0.700		0.765		0.730		0.800		0.690		0.750	
重心移动速度（m/s）	3.891		3.984		3.745		4.082		3.745		4.000	

注：左单步指左腿蹬地至右腿着地，右单步指右腿蹬地至左腿着地

1.步长特征分析

由表11可知，刘虹、吕秀芝和切阳什姐基础速度走（重心移动速度分别为3.891 m/s、3.745 m/s和3.745 m/s）时其左、右单步步长均值分别为1.130 m、1.135 m和1.100 m。三名运动员高速走（重心移动速度分别为3.984 m/s、4.082 m/s和4.000 m/s）时其左、右单步步长均值分别为1.225 m、1.245 m和1.190 m。三名运动员由基础速度走到高速走重心移动速度分别增加了2.39%、9.00%和6.81%，步长分别增加了8.41%、9.69%和8.18%。基础速度走时三名运动员的步长水平与卡尼斯金娜3.788 m/s时1.165 m的步长水平仍存在差距，而高速走时三名运动员平均步长和步频均大于国外优秀运动员西比勒娃速度为4.02 m/s时1.145 m的步长，基础

速度走和高速走时步长均优于伦敦奥运周期我国女子竞走运动员1.080 m的步长。由此可见我国女子竞走“小步高频”的“小步”技术风格已有所改善。

从个体步长相对值即步长/身高比来看，刘虹、吕秀芝和切阳什姐基础速度走时步长/身高平均值分别为0.700、0.730和0.690，高速走时步长/身高平均值分别为0.765、0.800和0.750。根据前期研究结果可知，优秀运动员步长/身高比达到0.7以上较理想。由此可知：三名高水平女子竞走运动员基础速度走时，切阳什姐步长偏小，吕秀芝身高仅有156 cm，步长/身高比却是三名运动员中表现最好的；而高速走时三名运动员的步长/身高比值均大于0.7。从三名运动员步长均衡性视角来看，刘虹基础速度走左、右单步步长相差0.04 m，高速走相差0.05 m，吕秀芝和切阳什姐基础速度走和高速走左、右单步分别都相差0.03 m和0.04 m。刘虹左、右单步差异较2010年国际田联竞走挑战赛总决赛的0.08 m已有较大的改善，吕秀芝和切阳什姐左、右单步差异较小。

由以上分析可知，三名运动员基础速度走和高速走时均表现出左右不均衡的趋势。步长是运动员技术动作结构的反映，运动员技术动作结构由其身体各环节及各器官系统的协调配合形成。而根据力是改变物体运动状态的根本原因可知，运动员行进过程中的受力特征导致运动员技术动作结构表现出差异。由竞走项目是单支撑与双支撑交替进行的周期性项目可知，左、右单步不均衡的根本缘由为其左、右下肢受力不均衡。人体由于受遗传、后天环境、性别、结构复杂性以及发育特征等的影响导致人体的偏侧性，因此，日常训练中应通过对左、右下肢力量不均衡进行后天完善，将左、右单步不均衡的幅度保持在适宜的范围内。

2.步频特征分析

步频的快慢主要取决于人体神经系统的灵活性、运动器官的协调性、肌肉力量、收缩速度及快肌纤维百分比与运动负荷的匹配程度。由表11可知：基础速度走时三名运动员的步频均保持在3.480步/秒，与卡尼斯金娜3.788 m/s的重心平均速度所达到的3.45步/秒相当；高速走时，三名运动员的步频均值分别为3.585步/秒、3.585步/秒和3.640步/秒，大于西比勒娃4.02 m/s的重心平均速度时3.45步/秒的步频水平；三名运动员由基础速度到高速，步频分别增加了3.02%、3.02%和4.60%。由三名运动员左、右单步的步频特征可知，基础速度走和高速走“高频”是我国女子竞走的技术风格，但左、右步频仍存在非均衡性。

综上所述，随着行进速度的提高，三名运动员步长与步频出现双增高发展趋势，其中步长对速度的贡献率均大于步频。基础速度走和高速走步长绝对值和相对值均与世界优秀运动员水平差距缩小，“小步高频”的“小步”技术风格已取得较大进步，但是左右不均衡的问题仍然存在。基础速度走步频与世界优秀运动员相当，而步频同样存在左右不均衡的问题。

（四）运动技术规范性与实效性影响因素特征分析

1.时间参数特征分析

（1）单步时间特征分析

单步时间直接决定了竞走的步频，且单步时间又受到步态结构的影响，直接影响了竞走的技术规范性和有效性①。由表12可知：刘虹、吕秀芝和切阳什姐基础速度走的复步时间为0.575 s，单步平均时间为0.288 s；高速走刘虹和吕秀芝的复步时间为0.558 s，单步平均时间为0.279 s，切阳什姐的复步时间为0.550 s，单步平均时间为0.275 s。从三名运动员的左、右单步时间来看：刘虹基础速度走左、右单步时间为0.283 s、0.292 s，高速走左、右单步时间为0.275 s、0.283 s；吕秀芝基础速度走左、右单步时间为0.292 s、0.283 s，高速走左、右单步时间为0.275 s、0.283 s；切阳什姐基础速度走左、右单步时间为0.283 s、0.292 s，高速走左、右单步时间为0.283 s、0.267 s。由此可知：三名运动员复步时间随着速度的递增而递

① 李厚林，谭正则，敬艳，等. 北京世界田径锦标赛男子竞走20 km冠、亚军技术对比研究[J]. 北京体育大学学报，2017，40（10）：106-112.

减，且三名运动员基础速度走和高速走左、右步频不稳定，可以说明三名运动员技术结构稳定性仍有待完善。

表 12　三名运动员竞走技术时间参数一览表（N=3人）

运动员	速度	左单步（s）	右单步（s）	复步时间（s）
刘虹	基础速度	0.283	0.292	0.575
	高速	0.275	0.283	0.558
吕秀芝	基础速度	0.292	0.283	0.575
	高速	0.275	0.283	0.558
切阳什姐	基础速度	0.283	0.292	0.575
	高速	0.283	0.267	0.550

注：左单步指左腿蹬地至右腿着地，右单步指右腿蹬地至左腿着地

（2）前支撑时间和转换时间特征分析

前支撑时间是指运动员脚后跟着地时刻直至两大腿重叠时刻的耗时。转化时间是指运动员两大腿重叠时刻直至垂直支撑时刻的耗时。前支撑阶段和转换阶段运动员身体重心均处于垂直支撑点后部，根据牛顿第三定律作用力与反作用力原理可知，该阶段为阻力阶段，运动员水平速度损耗率较大。由于竞走规则规定膝关节从着地直至垂直支撑阶段必须伸直，故竞走项目中膝关节缓冲作用几乎为零。因此，从竞走的实效性视角可知：在后支撑时间及腾空时间一定的前提下，前支撑时间和转化时间越短则越有利于步频的增加；前支撑时间和转换时间短，根据牛顿第三定律，阻力的作用时间越短则所受到的阻力越小。但是，根据“复合钟摆”原理，支撑腿蹬离地面后大腿和小腿应折叠摆动，以减小摆动腿的转动惯量，同时充分利用蹬地获得的惯性和腿部肌肉拉长后的弹性回缩力，增加摆动的角速

度[①]，从而形成以髋关节为核心的远端运动。前支撑时间过短，运动员因未能充分放松，惯性利用不足，而只能依靠下肢主动用力前摆缩短支撑时间。而下肢主动用力前摆首先破坏运动员的下肢用力顺序，形成以膝关节为核心的远端运动，膝关节前行将导致运动员高抬大腿从而形成拍地的落地动作，进一步增大落地阻力，从而造成运动损伤。前支撑时间长有利于运动员放松摆动技术的完成，从而助推运动员将支撑腿后蹬过程中肌腱储存的弹性势能转化为前进的动能；身体重心随下肢的自由惯性摆动顺势跟进，从而实现身体整体跟进，形成稳定直立的身体姿势。因此，应根据运动员个体差异将前支撑时间控制在适宜范围。

从动作时相来看：刘虹基础速度走时，左腿蹬地时支撑腿全脚着地与两大腿重叠同时完成，而右腿蹬地时先完成全脚着地动作再两大腿重叠；高速走时，左腿蹬地先完成两大腿重叠动作再支撑腿全脚着地，右腿蹬地则与基础速度走一致。吕秀芝基础速度走时，左腿蹬地时先两大腿重叠再支撑腿全脚着地，右腿蹬地时支撑腿全脚着地与两大腿重叠同时完成；高速走时左、右腿蹬地均是先两大腿重叠再支撑腿全脚着地。切阳什姐基础速度时走左腿蹬地是支撑腿全脚着地与两大腿重叠同时完成，右腿蹬地是先支撑腿全脚着地再两大腿重叠；而高速走时均是支撑腿全脚着地与两大腿重叠同时完成。

由上述分析可知，三名运动员动作时相结构均不合理。前支撑阶段和转换阶段中支撑腿全脚着地和两大腿重叠不能同时完成，均表明运动员支撑腿蹬离地面后主动放松不足，从而导致支撑腿蹬离地面后不能利用惯性完成长摆动作，而是膝关节主动用力前摆，或者是因为未能充分放松而导致利用惯性不足。

从时相时刻角度来看（见表13）：刘虹基础速度走前支撑时间平均为0.0375 s，转换时间平均为0.021 s，高速走前支撑时间平均为0.0335 s，

---

① 赵焕彬，李建设. 运动生物力学[M]. 北京：高等教育出版社，2009：192.

转换时间平均为0.017 s；吕秀芝基础速度走前支撑时间平均为0.0375 s，转换时间平均为0.025 s，高速走前支撑时间平均为0.029 s，转换时间平均为0.021 s；切阳什姐基础速度走前支撑时间平均为0.0375 s，转换时间平均为0.029 s，高速走前支撑时间平均为0.033 s，转换时间平均为0.021 s。

表 13　三名运动员前支撑时间和转换时间参数一览表（N=3人）

运动参数 动作阶段		刘虹 基础速度		刘虹 高速		吕秀芝 基础速度		吕秀芝 高速		切阳什姐 基础速度		切阳什姐 高速	
		左	右	左	右	左	右	左	右	左	右	左	右
前支撑时间（s）	着地—重叠	0.033	0.042	0.025	0.042	0.033	0.042	0.025	0.033	0.025	0.05	0.033	0.033
转换时间（s）	重叠—全着	0.000	−0.008	0.017	−0.008	0.008	0.000	0.017	0.008	0.000	−0.017	0.000	0.000
	全着—垂撑	0.025	0.025	0.008	0.017	0.025	0.017	0.008	0.008	0.042	0.033	0.025	0.017

注：左单步指左腿蹬地至右腿着地，右单步指右腿蹬地至左腿着地

总体而言，三名运动员随着竞走速度的增加，前支撑时间和转换时间均呈现出递减趋势。三名运动员的前支撑时间和转换时间均低于俄罗斯优秀运动员科德亚普金娜重心平均速度为4.07 m/s时0.04585 s的前支撑时间和0.04585 s的转换时间，两大腿重叠与全脚着地（简称“全着”）同时进行[1]。

其中，刘虹基础速度走和高速走的前支撑阶段和转换阶段都用时短，动作速度快。但是从刘虹的技术表象可知，她支撑腿蹬离地面之后出现旋内动作，旋内动作引起髋关节外展影响髋的放松水平，从而导致膝关节主动用力前摆，未能形成整体惯性运动。吕秀芝基础速度走和高速走的前支

① 李厚林，周晓龙，敬艳，等. 我国20 km竞走项目优秀女子运动员技术运动学特征对比研究[J]. 西安体育学院学报，2017，34（6）：747–754.

撑阶段和转换阶段用时也都较短，动作速度快。但是从动作实际表现可知，吕秀芝支撑腿蹬离地面后，脚踝出现后翻引起髋放松不足，摆动半径加大，影响重心快速跟进的速度，从而导致支撑腿全着在两大腿重叠动作完成之后。切阳什姐基础速度走和高速走前支撑阶段和转换阶段的耗时是三名运动员中最大的，且基础速度走和高速走时两大腿重叠和全着几乎同时完成（除基础速度走右腿蹬地外），与世界优秀运动员表现出同样的着地技术。但是，从切阳什姐的技术实际表现可知，她在全着或两大腿重叠时刻均出现头脚在前、髋关节在后的“弓形”前倾姿势。从动力链的视角可知，运动员运动惯量传递出现脱节，从而形成膝关节为主导的远端肢体运动，下肢远端速度超越重心直接影响运动员的水平速度，身体整体向前性较差。

由以上分析可知：三名运动员竞走技术前支撑阶段和转换阶段时相结构个体差异较大，且动作时相顺序不稳定；其原因为运动员支撑腿蹬离地面后髋关节主动放松不足，从而形成不理想的用力顺序。

（3）后支撑时间特征分析

后支撑时间是指运动员后支撑阶段的耗时。后支撑阶段主要包括垂直支撑阶段至足跟离地阶段和足跟离地至足尖离地两个阶段。由表14可知：刘虹基础速度走后支撑时间平均为0.167 s，高速走后支撑时间平均为0.150 s，高速走较基础速度走耗时缩短了0.017 s；吕秀芝基础速度走后支撑时间平均为0.163 s，高速走后支撑时间平均为0.150 s，高速走较基础速度走耗时缩短了0.013 s；切阳什姐基础速度走后支撑时间平均为0.167 s，高速走后支撑时间平均为0.154 s，高速走较基础速度走耗时缩短了0.013 s。刘虹基础速度走和高速走左、右单步后支撑总时间相当，后蹬阶段总体稳定性较好，但是基础速度走和高速走右腿足跟离地均是离开垂直支撑面0.058 s之后，基础速度走左腿足跟离地时在离开垂直支撑面0.067 s之后，而高速走时是在通过垂直支撑面0.05 s之后，左腿用力明显提前。具体看足跟离地至足尖离地阶段的后支撑时间，刘虹的基础速度走和高速走其左腿均为0.100 s，而右腿由基础速度的0.108 s缩短为高速走的0.092 s，由此说明其高速走右腿后蹬用力的速度加快。吕秀芝后支撑两个阶段的时间与刘虹表现出同样的特征，即高速走左腿用力明显提前，右腿后蹬用力加速。切阳什姐基础速度走左腿足跟离地是在通过垂直支撑面0.067 s之后，而高速走是在0.058 s之后，左腿用力明显提前。她的基础速度走右腿足跟离地是在通过垂直支撑面0.058 s之后，而高速走是在0.050 s之后，右腿用力同样提前，基础速度走和高速走时左腿用力的时间明显晚于右腿。从切阳什姐足跟离地至足尖离地阶段后支撑时间来看，她基础速度走和高速走时左腿均为0.100 s，而右腿由基础速度走的0.108 s缩短为高速走的0.100 s，由此说明其右腿后蹬速度明显增加。

表 14　三名运动员后支撑时间参数一览表（*N*=3人）

运动参数 动作阶段		刘虹 基础速度		刘虹 高速		吕秀芝 基础速度		吕秀芝 高速		切阳什姐 基础速度		切阳什姐 高速	
		左	右	左	右	左	右	左	右	左	右	左	右
后支撑时间（s）	垂直支撑—足跟离地	0.067	0.058	0.050	0.058	0.067	0.067	0.058	0.067	0.067	0.058	0.058	0.050
	足跟离地—足尖离地	0.100	0.108	0.100	0.092	0.092	0.100	0.092	0.083	0.100	0.108	0.100	0.100

注：左单步指左腿蹬地至右腿着地，右单步指右腿蹬地至左腿着地

由以上数据可知，三名运动员随着速度的增加后蹬总时间均缩短，刘虹基础速度走和高速走的后支撑时间变化幅度最大，且三名运动员基础速度走和高速走的后蹬时间均明显长于俄罗斯优秀运动员科德亚普金娜4.07 m/s时0.142 s的后蹬时间，说明三名运动员后蹬技术动作与世界优秀运动员相比略慢。

（4）各阶段时间比特征分析

竞走是一项单支撑与双支撑交替进行的周期性项目，不允许出现肉眼可见的腾空。但是，随着速度的增加，整个动作过程中实际上会出现肉眼不可见的腾空动作。因此，将整个动作过程分为支撑和腾空两个主要阶段。由表15可知：刘虹和吕秀芝基础速度走支撑时间占比均值为78.28%、腾空时间占比均值为21.72%，高速走支撑时间占比均值为71.70%，腾空时间占比均值为28.30%；切阳什姐基础速度走支撑时间占比均值为81.17%，腾空时间占比均值为18.83%，高速走支撑时间占比均值为75.62%，腾空时间占比均值为24.38%。由此可知，三名运动员均是随着速度的增加支撑时间缩短、腾空时间增加，与Padulo等人的在竞走中速度增加的情况下伴随着速度的增加导致腾空时间增加、支撑时间减少的研究成果一致。

表 15 三名运动员各阶段时间分配比例一览表（N=3人）

不同速度	单步	支撑时间占比（%）	前支撑时间占比（%）	转换时间占比（%）	后支撑时间占比（%）	腾空时间占比（%）
刘虹 基础速度	左	79.51	11.66	8.83	59.01	20.49
	右	77.05	14.38	5.82	56.85	22.95
	$\overline{x}$	78.28	13.02	7.33	57.93	21.72
刘虹 高速	左	72.73	9.09	9.09	54.55	27.27
	右	70.67	14.84	2.83	53.0	29.33
	$\overline{x}$	71.70	11.97	5.96	53.78	28.30
吕秀芝 基础速度	左	77.05	11.30	11.30	54.45	22.95
	右	79.51	14.72	5.89	58.90	20.49
	$\overline{x}$	78.28	13.01	8.60	56.68	21.72

（续表）

不同速度	单步	支撑时间占比（%）	前支撑时间占比（%）	转换时间占比（%）	后支撑时间占比（%）	腾空时间占比（%）
吕秀芝高速	左	72.73	9.09	9.09	54.55	27.27
	右	70.67	11.66	6.01	53.00	29.33
	$\overline{x}$	71.70	10.38	7.55	53.78	28.30
切阳什姐基础速度	左	82.33	8.82	14.70	58.82	17.67
	右	80.00	17.15	5.71	57.14	20.00
	$\overline{x}$	81.17	12.99	10.21	57.98	18.83
切阳什姐高速	左	76.33	11.66	8.83	55.84	23.67
	右	74.91	12.36	6.37	56.18	25.09
	$\overline{x}$	75.62	12.01	7.6	56.01	24.38

注：左单步指左腿蹬地至右腿着地，右单步指右腿蹬地至左腿着地

由表15中三名运动员的各动作阶段的时相百分比可知：刘虹前支撑时间占比由基础速度的13.02%减少为高速走时的11.97%，减幅为8.06%，转换时间由基础速度的7.33%减少到高速走的5.96%，变化幅度为19.10%，基础速度走前支撑时间与转换时间总占比为20.35%，占单步时间的1/5，高速走占比为17.93%，约占单步时间的1/6，变化幅度为11.89%，后支撑时间占比由基础速度的57.93%减少为高速走的53.78%，后支撑时间占单步时间的1/2，变化幅度为7.16%，腾空时间的变化幅度为30.29%；吕秀芝前支撑时间占比由基础速度的13.01%减少为高速走时的10.38%，减幅为20.22%，转换时间由基础速度的8.60%减少到高速走的7.55%，变化幅度为12.21%，基础速度走前支撑时间与转换时间总占比为21.61%，占单步时间的1/5，高速走前支撑时间与转换时间总占比为17.93%，约占单步时间的1/6，变化幅度为17.03%，后支撑时间占比由基

础速度的56.68%减少为高速走的53.78%，后支撑时间占单步时间的1/2，变化幅度为5.12%，腾空时间的变化幅度为30.29%；切阳什姐前支撑时间占比由基础速度的12.99%减少为高速走时的12.01%，减幅为7.54%，转换时间由基础速度的10.21%减少到高速走的7.6%，变化幅度为25.56%，基础速度走前支撑时间与转换时间总占比为23.20%，占单步时间近1/4，高速走占比为19.61%，约占单步时间的1/5，变化幅度为15.47%，后支撑时间占比由基础速度的57.98%减少为高速走的56.01%，后支撑时间占单步时间的1/2，变化幅度为3.40%，腾空时间的变化幅度为29.47%。

由以上分析可知，三名运动员技术动作各个时相的阶段时间占比变化特征包括：前支撑时间与转换时间总和占单步时间比例最小，变化幅度次之；腾空时间变化幅度最大，占单步时间比例仅次于后支撑时间；后支撑时间占单步时间比例大，变化幅度最小。前支撑时间是竞走运动员速度损耗阶段，其功能主要包括为转换动作做好姿势准备及运动员髋关节放松形成长摆动作。三名运动员基础速度走和高速走的前支撑时间占单步时间比例均较小，且随着速度的增加前支撑时间缩短。由此说明，三名运动员动作姿势准备不充分，髋关节主动放松能力仍有待提升。腾空时间的延长导致前支撑与转化时间的缩短，从而影响竞走技术的规范性，易导致运动员在高速走时遭遇腾空判罚。三名运动员后支撑时间占单步时间的比例均大于1/2，后支撑时间的直接效应是增加步长。因此，在复步时间一定的前提下，步长越大，后蹬时间越短，则后蹬用力实效性越好。与世界优秀运动员科特亚普金娜4.07 m/s时后蹬时间保持0.142 s，左、右步长达到1.18 m相比，我国三名运动员，尤其是切阳什姐后蹬用力的实效性有待进一步提升。综上所述，三名运动员各个动作阶段时相的总体特征表现为：前支撑时间短，动作姿势准备欠充分，髋关节放松腿长摆能力有待提升，腾空时间长，动作规范性应引起注意，后蹬时间长，后蹬实效性仍需改善。

2.空间参数特征分析

（1）脚掌仰角特征分析

部分科研人员认为，着地瞬间脚掌与地面的夹角是裁判员观察运动员直膝技术是否符合规则要求的重要判罚依据①。而众多研究发现我国高水平运动员膝关节规范性技术较好，并指出，通过刻意强调勾脚尖避免屈腿犯规是没有意义的，而且会影响重心水平速度。但是，可以通过脚掌仰角的大小判断运动员是否存在明显的足跟着地动作，从而分析运动员着地技术动作的实效性。由于前支撑阶段是水平速度损耗阶段，根据牛顿第三定律作用力与反作用力的原理可知，运动员脚掌仰角小，足跟着地不明显，易形成拍地动作，从而导致反作用力受力面积增大，反作用力也随着增加。着地反作用力增加，一方面导致水平速度损耗增大，另一方面由于规则限定膝关节不能弯曲，膝关节屈曲缓冲功能受限，而反作用力增加将进一步增大踝关节、胫骨及膝关节的反作用冲力，从而造成关节和肌肉损伤。根据表16可知：刘虹基础速度走脚掌仰角平均值为21.0°，高速走脚掌仰角平均值为20.8°；吕秀芝基础速度走脚掌仰角平均值为24.4°，高速走为23.0°；切阳什姐基础速度走脚掌仰角平均值为18.7°，高速走为18.1°。三名运动员脚掌仰角均是随着速度的增加呈递减发展趋势，且切阳什姐脚掌仰角最小，低于20°。根据切阳什姐的日常训练可知其膝、踝关节损伤确实较多，因此，日常训练及比赛中应保持适宜的脚掌仰角，为了降低水平速度的损失率，应形成足跟领先着地之后由脚的外缘柔和滚动逐渐过渡到全脚掌着地。

---

① 宗华敬，蔡锡元，沈连国．我国现役优秀女子竞走运动员关键技术的运动生物力学研究[J]．天津体育学院学报，2005，20（1）：19–20.

表 16　三名运动员竞走技术下肢关键角度参数一览表（N=3人）

运动员	速度	单步	脚掌仰角（°）	离地角（°）	两腿夹角（°）
刘虹	基础速度	左	20.9	52.6	50.8
		右	21.1	50.8	50.2
		$\overline{x}$	21.0	51.7	50.5
	高速	左	20.1	51.1	53.9
		右	21.4	52.3	49.5
		$\overline{x}$	20.8	51.7	51.7
吕秀芝	基础速度	左	24.9	50.9	55.1
		右	23.8	50.0	54.8
		$\overline{x}$	24.4	50.5	55.0
	高速	左	23.5	51.7	58.4
		右	22.4	50.2	56.9
		$\overline{x}$	23.0	51.0	57.7
切阳什姐	基础速度	左	18.1	48.7	56.3
		右	19.3	51.9	51.6
		$\overline{x}$	18.7	50.3	54.0
	高速	左	17.5	48.9	58.4
		右	18.7	49.0	53.6
		$\overline{x}$	18.1	49.0	56.0

注：左单步指左腿蹬地至右腿着地，右单步指右腿蹬地至左腿着地

（2）离地角特征分析

离地角是指支撑腿离地瞬间踝关节与身体重心连线同水平面形成的前夹角，即图7中a角。由图7可知$F_x = F\cos a$，即：a角越小则水平方向的力越大，反之水平方向的力越小。水平方向的力越大则越有利于运动员控制腾空时间，保持腾空动作合乎规则规定，即肉眼不可见腾空动作。由表16可知，刘虹基础速度走和高速走的离地角均值均为51.7°，吕秀芝基础速度走离地角为50.5°，高速走为51.0°，切阳什姐基础速度走离地角均值为50.3°，高速走为49.0°。三名运动员中切阳什姐的离地角最小，其基础速度走腾空时间均值为0.054 s，高速走腾空时间均值为0.0625 s，均保持模糊腾空时限内。而刘虹和吕秀芝基础速度走腾空时间均值为0.0625 s，高速走腾空时间均值为0.079 s，高速走腾空时间超过腾空犯规时限。再次论证里约奥运会中刘虹和吕秀芝两人均得到一次腾空判罚的技术原因。

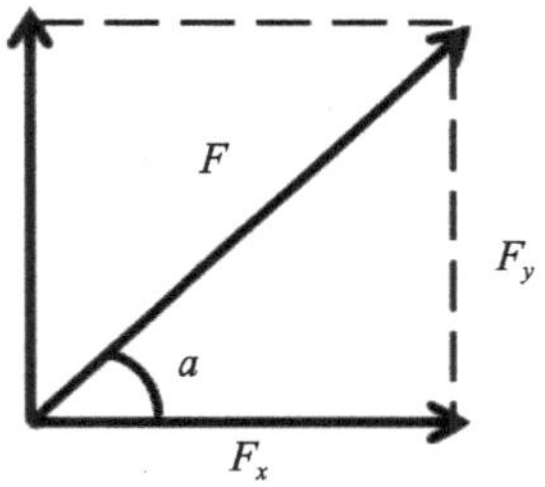

图7 后蹬力的作用图

（3）两腿夹角特征分析

两腿夹角不仅是动作幅度、步长距离的限定因素，同时也制约步频的发展；其不受身高及下肢长度的影响，对于评价运动员的技术动作具有重要意义。两腿夹角作为动作幅度的评价依据之一，并非越大越好，因为两腿夹角过大对于肌肉的用力程度要求过高，导致整体耗时较长，且要求运动员具备较好的力量、柔韧性和协调性等身体素质。因此，应根据运动员的实际技术特点确定适宜的两腿夹角。

由表16可知，刘虹基础速度走两腿夹角均值为50.5°，高速走为51.7°，吕秀芝基础速度走和高速走的两腿夹角均值分别为55.0°、57.7°，切阳什姐基础速度走和高速走的两腿夹角均值分别为54.0°和56.0°。三名运动员两腿夹角均是随着速度的加快、步长的增加呈现出递增发展趋势。但是，三名运动员左、右腿蹬地时两腿夹角均衡性均较差，这也是导致运动员左、右单步步长失衡的重要影响因素。同时两腿夹角是判定髋关节灵活性和稳定性的重要参考指标，三名运动员两腿夹角与国外优秀运动员相比仍较小。因此，在技术动作矫正过程中，应通过强化弱动力链，均衡髌周及髋周力线，在保证髋、膝关节稳定性的同时，优化髋和膝的灵活性，确保各关节各司其职，不因临近关节的功能不良导致过度代偿，从而引发继发损伤和疲劳。

（4）大臂后摆角特征分析

竞走是一项下肢蹬伸与上、下肢协调摆动相结合的高速度耐力性项目，上肢摆动的动作要领为后摆用力、前摆放松及肘关节用力[①]。由三名运动员大臂后摆动作幅度（见表17）可知：刘虹基础速度走大臂后摆角度均值为67.1°，高速走为66.3°，基础速度走和高速走的大臂后摆幅度差异较小，后摆幅度接近世界优秀运动员科特亚普金娜72.8°的后摆幅度，整体稳定性较好；吕秀芝基础速度走和高速走的大臂后摆角度均值分别为57.4°和57.7°，大臂后摆幅度远小于刘虹和科特亚普金娜；切阳什姐基础速度走和高速走的大臂后摆角度均值分别为64.0°和71.7°，大臂后摆幅度随速度变化差异较大。吕秀芝是三名运动员中大臂后摆幅度最小的运动员，且据图像分析可知三名运动员后摆过程中肩关节均出现不同程度的前后扭转动作，其中吕秀芝扭转幅度最大。由人体解剖结构可知，肩带肌肉牵拉肩关节前后扭转迫使肘关节用力支点同时扭转，且竞走运动中肩轴相对髋轴的扭转幅度过大，则容易引起躯干前旋代偿性动作，进一步影响前

① 李厚林．中国田径高水平创新培训工程讲课稿[Z]. 2015.

支撑的稳定性并容易引发膝、踝关节部位损伤。此外，根据三名运动员左、右单步后摆幅度可知：刘虹基础速度走后摆幅度差异4.2°，高速走相差9.2°；吕秀芝基础速度走和高速走的左、右单步后摆幅度差异较小；切阳什姐基础速度走左、右单步后摆幅度差异达11.3°，高速走相差9°。由以上分析可知，三名运动员均呈现出不同程度的左、右后摆幅度非均衡性，而后摆幅度的左右不均衡同样再次说明运动员左、右步长差异原因，从而影响运动员整体技术动作稳定性。

表 17　三名运动员上肢关键角度参数一览表（N=3人）

运动学参数	刘虹 基础速度		刘虹 高速		吕秀芝 基础速度		吕秀芝 高速		切阳什姐 基础速度		切阳什姐 高速	
	左	右	左	右	左	右	左	右	左	右	左	右
大臂后摆角度（°）	69.2	65.0	70.9	61.7	56.8	58.0	55.5	59.8	69.6	58.3	76.2	67.2
$\overline{x}$（°）	67.1		66.3		57.4		57.7		64.0		71.7	
前摆大小臂夹角（°）	38.3	55.4	50.7	61.8	65.9	41.1	63.8	31.2	74.6	68.8	57.9	26.6
$\overline{x}$（°）	46.9		56.3		53.5		47.5		71.7		42.3	

注：左单步指左腿蹬地至右腿着地，右单步指右腿蹬地至左腿着地

（5）前摆大小臂夹角特征分析

根据竞走运动摆臂动作要领可知前摆应放松，由此可知前摆大小臂夹角反映运动员的上肢放松能力。Hanley等人对竞走欧洲杯20名女子运动员在不同距离段的大小臂夹角进行分析，发现女子运动员大小臂夹角从4.5 km处至18.5 km处由69° ± 8°减少至64° ± 3°。王平等人认为，竞走运动员手臂前摆不超越身体中线，且大小臂夹角保持在90°或以上为宜。由三名运动员前摆大小臂夹角（见表17）可知：刘虹基础速度走前摆大小

臂夹角均值为46.9°，左、右臂摆动幅度差为17.1°，高速走前摆大小臂夹角均值为56.3°，左、右臂摆动幅度差为11.1°；吕秀芝基础速度走前摆大小臂夹角均值为53.5°，左、右臂摆动幅度差为24.8°，高速走前摆大小臂夹角均值为47.5°，左、右臂摆动幅度差为32.6°；切阳什姐基础速度走前摆大小臂夹角均值为71.7°，左、右臂摆动幅度差为5.8°，高速走前摆大小臂夹角均值为42.3°，左、右摆动幅度差为31.3°。

综上，三名运动员基础速度走和高速走的大小臂夹角均明显低于世界优秀运动员水平，且左、右侧大小臂摆动幅度均衡性不足。由三名运动员前摆技术图像分析可知：刘虹和吕秀芝前摆技术均存在不同程度的横摆，尤以吕秀芝的横摆动作最为明显，肩部扭转幅度过大导致后摆幅度受限，同时造成前摆过程中肩带肌肉紧张致使前摆放松能力受限，且行进过程中引起肩部晃动幅度大易遭判罚。切阳什姐前摆有明显的前臂发力动作，前臂主动发力一方面增加体能消耗，另一方面前摆过程中前臂发力容易引起摆臂发力顺序不当，从而导致肘关节发力不充分、后摆幅度受限，从整体上影响运动员上、下肢协调摆动的稳定性。

第三节　研究小结

第一，我国里约奥运会女子竞走三名参赛运动员，比世界优秀女子竞走运动员获得奥运冠军的年龄偏大，开始从事竞走专项训练的年龄均值为（15.33 ± 0.577）岁，符合耐力项目开始专项训练的年龄要求，达到国际健将年龄的均值为（19 ± 1.732）岁，早于世界优秀运动员，由从事专业竞走训练到达到国际健将水平的平均年限为（4.33 ± 1.155）年，成才年限较短。

第二，三名女子竞走运动员身高、体重及BMI指数等形态条件并未达到最优，因此，在身高条件已固定的前提条件下应适当控制体重，从而保持体质指数处于相对优化的状态，使机体单位体重摄氧能力保持最佳。

第三，集训初期有氧耐力素质表现为赛季开始前切阳什姐有氧耐力能力优于刘虹和吕秀芝：刘虹和切阳什姐的速度素质表现为，500 m速度成绩区间为3.846 ~ 4.200 m/s，1000 m速度成绩区间为3.676 ~ 3.953 m/s和3.534 ~ 3.717 m/s；吕秀芝500 m速度成绩区间为3.846 ~ 4.167 m/s，1000 m速度成绩区间为4.040 ~ 4.156 m/s。

第四，三名运动员的技术特点表现为：膝关节技术规范，垂直支撑时刻均表现出“反弓”特点；头顶位移较大、腾空时间均处于模糊时限范围内；均具备支撑腿蹬离地面后放松向前长摆的技能；“小步高频”的“小步”技术特点已有所改善，“高频”仍是我国女子竞走运动员的技术风格。

第五，三名运动员里约奥运年集训初期技术症结主要表现为：步长和步频左右不均衡影响技术结构稳定性；左、右单步时间不均衡，技术结构不稳定；前支撑阶段和转换阶段技术时间随速度增加呈现递减趋势，欠缺稳定性；后支撑时间随速度的增加缩短，稳定性待完善；各阶段时间占比特点为前支撑时间短、动作姿势准备欠充分、髋关节放松腿长摆能力有待提升；腾空时间长，动作规范性应引起注意；后蹬时间长，后蹬实效性仍需改善。此外，刘虹、吕秀芝和切阳什姐支撑腿蹬离地面分别出现脚旋内-髋外展动作、脚踝后翻-小腿“后撩”动作以及头在前髋在后“弓形”前倾姿势。刘虹和吕秀芝离地角较大、横摆幅度大，切阳什姐脚掌仰角小、前臂发力动作明显。

第四章 里约奥运年全年训练安排分析

第一节 里约奥运年起始状态分析

一、里约奥运会备战目标确定

目标指引着人们活动的方向，是人类一切行为的归宿，是人们为事物的运动发展所设立的终点。运动训练作为有计划、有组织的行为活动，其本身是一个复杂的运行系统。训练目标的设计对其系统的良性运行具有重要导向作用，它的确定使得训练过程的每一个环节、每次训练活动和比赛都围绕着目标状态的实现而全面地进行和展开，从而为训练计划的制定和实施提供了依据①。但是，运动员个体在其运动生涯中由于受遗传和后天多种因素的影响，导致其在整个运动训练过程中不同阶段均表现出个性化的特点。因此，对训练目标的设计应在全面了解运动员的个人能力、心理特征以及社会环境的基础上，遵循循序渐进及区别对待的原则。

根据国家体育总局田径运动员管理中心关于女子竞走里约奥运会参赛运动员的选拔标准的相关文件可知，里约奥运会参加女子20 km竞走的运动员在达到国际田联1 h 36 min 00 s的奥运A标的基础上，需获得2016年

---

① 田麦久. 论运动训练过程[M]. 四川：四川教育出版社，1988：38.

3月举行的全国竞走大奖赛暨里约奥运会选拔赛前三名，且具有持续保持高水平竞技表现的能力。由此可知，三名运动员2015—2016赛季的第一阶段备战目标则为顺利获取里约奥运会参赛资格。根据选拔赛结果，刘虹与吕秀芝分别获得冠、亚军，顺利获取参赛资格，而切阳什姐仅获得第四名，并未顺利获取里约奥运会入场券。里约奥运会选拔赛结束之后进入本赛季的第二阶段，该阶段三名运动员训练目标存在差异，刘虹与吕秀芝的备战目标锁定里约奥运会，而切阳什姐仍需通过若干场稳定优异的国际比赛表现争取里约奥运会参赛资格。最终，训练管理部门以选拔赛前三名运动员的竞技表现为参考，并结合整个里约奥运周期我国优秀女子竞走运动员的综合表现，于2016年5月罗马举行的国际田联竞走团体锦标赛之后，确定里约奥运会女子竞走正式参赛运动员为刘虹、吕秀芝和切阳什姐，杨家玉为替补运动员。

女子竞走是我国田径中的优势项目：切阳什姐、刘虹和吕秀芝在2012年伦敦奥运会中分别获得第三名、第四名和第六名；2013年刘虹最好成绩世界排名第六；2014年刘虹世界排名第二，吕秀芝排名第六；2015年刘虹在国际田联竞走挑战赛拉科鲁尼亚站以1 h 24 min 38 s的成绩打破世界纪录，而后又携手吕秀芝获得北京世锦赛该项目的金、银牌。因此，参照整个里约奥运周期三名运动员的竞技状态（见表18）并结合2011—2015年历届大赛前八名及年度最好成绩（见表19），将2016年备战里约奥运会的年度的最终名次目标设定为奥运会上实现“保前三争金牌，三人次进入前八名”，将三名运动员的成绩目标设定为1 h 27 min 30 s ~ 1 h 29 min 00 s。根据里约奥运会的最终参赛结果可知，刘虹以1 h 28 min 35 s夺取第31届夏季奥运会女子20 km竞走冠军，吕秀芝以1 h 28 min 42 s获得季军，切阳什姐以1 h 29 min 04 s的成绩获得第五名，顺利实现奥运备战目标。

表 18　三名运动员里约奥运周期年度最好成绩一览表

运动员	2013年	2014年	2015年	2016年
刘虹	1 h 27 min 06 s	1 h 26 min 58 s	1 h 24 min 38 s	1 h 25 min 56 s
吕秀芝	1 h 27 min 53 s	1 h 27 min 15 s	1 h 25 min 12 s	1 h 28 min 07 s
切阳什姐	1 h 28 min 05 s	停赛	1 h 27 min 44 s	1 h 26 min 49 s

表 19　女子竞走项目2011—2015年历届大赛及年度最好成绩一览表

成绩排名	2011年大邱世锦赛	2012年伦敦奥运会	2013年莫斯科世锦赛	2015年北京世锦赛	2013年年度最好成绩	2014年年度最好成绩	2015年年度最好成绩
1	1 h 30 min 00 s	1 h 25 min 02 s	1 h 27 min 08 s	1 h 27 min 45 s	1 h 25 min 49 s	1 h 26 min 31 s	1 h 24 min 38 s
2	1 h 30 min 13 s	1 h 25 min 16 s	1 h 27 min 11 s	1 h 27 min 45 s	1 h 25 min 59 s	1 h 26 min 58 s	1 h 24 min 47 s
3	1 h 30 min 44 s	1 h 26 min 00 s	1 h 28 min 10 s	1 h 28 min 13 s	1 h 26 min 00 s	1 h 27 min 02 s	1 h 25 min 03 s
4	1 h 31 min 14 s	1 h 26 min 26 s	1 h 28 min 32 s	1 h 29 min 29 s	1 h 27 min 00 s	1 h 27 min 03 s	1 h 25 min 04 s
5	1 h 31 min 26 s	1 h 27 min 10 s	1 h 28 min 41 s	1 h 29 min 34 s	1 h 27 min 06 s	1 h 27 min 05 s	1 h 25 min 12 s
6	1 h 31 min 36 s	1 h 27 min 36 s	1 h 29 min 00 s	1 h 30 min 06 s	1 h 27 min 08 s	1 h 27 min 15 s	1 h 25 min 38 s
7	1 h 31 min 40 s	1 h 27 min 56 s	1 h 29 min 05 s	1 h 30 min 20 s	1 h 27 min 11 s	1 h 27 min 25 s	1 h 26 min 15 s
8	1 h 31 min 46 s	1 h 28 min 03 s	1 h 29 min 17 s	1 h 30 min 32 s	1 h 27 min 36 s	1 h 27 min 27 s	1 h 26 min 17 s

二、里约奥运年全年参赛安排分析

“练得出比不出”及“国外比赛水土不服”是田径项目较为普遍的现象，对此教练员总结认为运动员心理素质较差、国外参赛少及大赛经验不足是主要原因。稳定的训练水平是较高竞赛水平的前提，2016年里约奥运会备战期间女子竞走项目的比赛体系对训练体系起到了决定性作用。

准备期有比赛、比赛期有训练的组织安排，改变了以往准备期无比赛的状况。三名运动员冬训阶段未安排参加正式比赛，但是达米拉诺教练共安排两场20 km测试赛，张阜新教练安排一场10 km测试赛。夏训阶段准备期，刘虹参加两场正式比赛、两场5 km比赛，切阳什姐参加三场正式比赛、两场5 km比赛（比赛地点均为国外），而吕秀芝选拔赛结束之后参加一场正式比赛。在“以赛带练，赛练结合”理念的指导下，运动员参赛能力不断提高。

由表20可知，三名运动员2016年正式参赛场次分别为四、三和五场。从比赛名次来看，刘虹四站比赛均获得第一名，全年保持高水平的竞技状态。由比赛成绩来看，刘虹整个冬训阶段保持非常系统的训练，负荷量和负荷强度循序渐进增加，且选拔赛比赛地点为黄山，气候适宜，湿度、温度等均适合竞走比赛，加上国内选手较为熟悉，战术实施干扰较少，故黄山选拔赛成绩为全年最优。吕秀芝全年参赛场次较少，黄山选拔赛个人成绩与刘虹的相差近4 min，且罗马竞走团体锦标赛仅获得第六名，由此说明她整个冬训阶段训练效果相对较差，比赛成绩再次印证其冬训阶段疲劳累积较为严重，而在夏训阶段通过较为系统的高原强化训练及赛前调整，里约奥运会中基本实现参赛目标。切阳什姐五场比赛的名次分别为第四名、第二名、第三名、第二名和第五名，其中两场挑战赛由于国际高水平参赛选手较少，名次表现较好，而其他比赛名次较为稳定，由此说明在2014—2015赛季因伤停训影响训练系统性导致其仍处于竞技能力提高阶段，未能实现最佳竞技状态。

表 20　三名运动员里约奥运年全年参赛情况一览表

运动员	参赛时间	赛事名称	比赛成绩
刘虹	2016-03-05	全国竞走大奖赛暨里约奥运会选拔赛（黄山）	1 h 25 min 56 s
	2016-05-07	国际田联竞走团体锦标赛（罗马）	1 h 25 min 59 s
	2016-05-28	国际田联竞走挑战赛（拉科鲁尼亚）	1 h 27 min 43 s
	2016-08-19	第31届夏季奥运会田径比赛（里约）	1 h 28 min 35 s
吕秀芝	2016-03-05	全国竞走大奖赛暨里约奥运会选拔赛（黄山）	1 h 28 min 07 s
	2016-05-07	国际田联竞走团体锦标赛（罗马）	1 h 28 min 36 s
	2016-08-19	第31届夏季奥运会田径比赛（里约）	1 h 28 min 42 s
切阳什姐	2016-03-05	全国竞走大奖赛暨里约奥运会选拔赛（黄山）	1 h 28 min 16 s
	2016-04-09	国际田联竞走挑战赛（葡萄牙里奥马约尔）	1 h 27 min 52 s
	2016-05-07	国际田联竞走团体锦标赛（罗马）	1 h 26 min 49 s
	2016-05-28	国际田联竞走挑战赛（拉科鲁尼亚）	1 h 28 min 30 s
	2016-08-19	第31届夏季奥运会田径比赛（里约）	1 h 29 min 04 s

第二节　里约奥运年全年训练安排分析

一、全年训练周期安排分析

备战里约奥运会，从2015年10月19日集训至2016年8月19日比赛结束，全年运动员集训时间共约44周（308天）。我国女子竞走运动员全年训练计划以奥运会选拔赛（2016-03-05）和奥运会正式比赛（2016-08-19）为主要竞赛期，以双周期组织实施。第一周期起止时间为2015-10-19—2016-03-14，该周期训练持续时间约为20周（140天），比赛结束后全体放假休息一周，整个周期共计21周（147天）。第二周期起止时间为2016-03-15—2016-08-19，该周期持续时间约为23周（161天）。每一个周期根据不同的训练任务又划分为不同的训练阶段。

（一）第一周期训练阶段的划分

1.准备期训练阶段的划分

（1）一般准备阶段

一般准备阶段，刘虹、切阳什姐和吕秀芝的训练时间共持续5周，训练地点为北京、丽江和秦皇岛。刘虹和切阳什姐的训练主要任务为：借助恢复性训练快速调动运动员的心肺功能，并通过高原训练强化运动员的有氧耐力能力；同时加强下肢力量耐力和专项技术，为后期专项强化训练奠定基础。她们的主要训练内容包括中长距离跑（5 ~ 10 km）、跑台走、低强度的长距离（> 10 km）和超长距离（> 20 km）走、少量大强度的快速走、爬山训练、髋关节灵活性、下肢后蹬力量及分解技术练习。而吕秀芝该阶段的主要训练任务为，通过恢复性训练调动运动员心肺功能、提高基础耐力水平，并在通过多种力量训练手段调动全身力量耐力能力的基础上强调专项技术练习。她的主要训练内容包括低强度的技术走、中距离和长距离走、后蹬练习、皮筋牵拉跑台走、挺举、腹背肌等身体素质练习。

（2）专门准备阶段

专门准备阶段，刘虹和切阳什姐训练时间共持续11周，而吕秀芝该阶段持续12周。该阶段分别包括专项能力提高和专项能力强化两个子阶段。刘虹和切阳什姐专项能力提高阶段持续6周，训练地点为南京、萨卢佐和圣洛伦佐；吕秀芝该阶段持续5周，训练地点为丽江和南京。三名运动员训练任务为在强化有氧耐力能力厚度的基础上发展混氧能力和无氧能力，提高专项能力训练，进一步强化专项身体素质训练和技术，快速调动专项转化能力。三名运动员专项能力强化阶段分别持续5周、7周和5周，刘虹和切阳什姐的训练任务为巩固前一阶段沉淀的专项能力，而吕秀芝为拔高专项能力，她的训练内容主要包括中等强度的长距离（> 10 km）和超长距离（> 20 km）走、快速走、爬山训练、皮筋牵拉跑台走、技术走以及协调性等身体素质练习等。

三名运动员第一周期各阶段训练安排见表21和表22。

表 21 刘虹、切阳什姐第一周期各阶段训练安排一览表

阶段	分阶段	训练地点	训练任务	训练时间	周数
准备期	一般准备阶段	北京、丽江	通过恢复性训练调动运动员有氧耐力、加强下肢力量耐力等素质和专项技术练习	2015-10-19—2016-11-22	约5周
	专门准备阶段	南京、萨卢佐、圣洛伦佐	强化有氧耐力能力厚度、提高混氧能力和无氧能力、调动专项转化能力、巩固和强化专项身体素质训练和技术	2015-11-23—2016-02-07	约11周
比赛期	赛前阶段	南京	赛前两周增大负荷强度、赛前减量强化竞赛速度能力	2016-02-08—2016-02-28	3周
	比赛阶段	黄山	调整状态、进入正式比赛	2016-02-29—2016-03-06	1周
恢复期	调整阶段	回家	消除生理和心理疲劳	2016-03-07—2016-03-14	1周

表 22 吕秀芝第一周期各阶段训练安排一览表

阶段	分阶段	训练地点	训练任务	训练时间	周数
准备期	一般准备阶段	北京、秦皇岛	通过恢复性训练调动运动员有氧耐力、强调力量耐力等素质练习和辅助技术练习	2015-10-19—2015-11-24	约5周

（续表）

阶段	分阶段	训练地点	训练任务	训练时间	周数
准备期	专门准备阶段	丽江、南京	提升有氧耐力能力累积厚度、提高混氧能力和无氧能力、进一步强化力量耐力素质和专项技术	2015-11-25—2016-02-14	约12周
比赛期	赛前阶段	南京	适当减量、调整强度进行适应性训练	2016-02-15—2016-02-28	2周
	比赛阶段	黄山	调整状态进入正式比赛	2016-02-29—2016-03-06	1周
恢复期	调整阶段	回家	消除生理和心理疲劳	2016-03-07—2016-03-14	1周

2. 比赛期训练阶段的划分

竞赛是运动员竞技能力转化的重要手段，通过比赛一方面对前期的训练效果进行检查，另一方面为后期训练的实施提供设计依据。刘虹和切阳什姐选拔赛比赛期共持续4周，训练地点为南京；吕秀芝的比赛期持续3周，训练地点为南京。三名运动员该阶段的训练任务为强化专项耐力和巩固技术能力，从而提升比赛能力；在此基础上，调整身心疲劳状态进入最佳竞技状态，并对冬训的训练效果进行阶段性检查。刘虹和切阳什姐的训练内容主要包括中短距离走（5～10 km）、大强度的中长距离走（15～25 km）、大强度短距离走（2～8 km）、技术走、放松走、髋关节灵活性及协调性等身体素质练习。吕秀芝该阶段的训练内容主要包括中等强度的中长距离走（10～25 km）、大强度的短距离走（2～4 km）和慢跑等。

3. 恢复期训练阶段的划分

黄山比赛结束后三名运动员均放假一周，放假时间为2016年3月7日—3月14日。刘虹和切阳什姐于2016年3月14日返回北京，吕秀芝于2016年3月15日返回北京。教练员要求放假期间注意控制饮食并适当进行运动，防止体重增加。三名运动员在该阶段的训练任务主要是通过调整消除身心疲劳，为第二周期的训练做好充分的生理和心理准备。

（二）第二周期训练阶段的划分

第二周期持续时间共 23 周，训练内容和负荷安排方面与第一周期差异较大。从训练内容上来看：一方面在进一步强化有氧能力的基础上混氧和无氧能力训练比例大幅提升；另一方面通过“以赛带练，赛练结合”强调专项转化和比赛能力的训练。

1. 准备期训练阶段的划分

由表23和表24可知：刘虹和切阳什姐第二周期准备期持续时间为14周，该阶段包括两个子阶段，即集训后至世界杯阶段和世界杯后至上高原前阶段；主要训练任务均为提高有氧耐力、混氧能力、无氧能力、力量、速度、灵活性及协调性等专项身体素质和技术水平，并通过测验和检查性比赛形成良好的竞技状态。这一阶段的训练内容主要包括中高强度的中、长距离公路走和场地走、大强度变速走和高速走、蹬自行车、皮筋牵拉跑台走、爬山等身体素质练习。此外，为了促进运动员竞技能力向竞技状态的转化，刘虹该阶段共参加三场正式比赛，而切阳什姐由于2014年因伤病停休、2015赛季参赛次数较少及黄山选拔赛的失利，该阶段共参加四场正式比赛。

表 23　刘虹第二周期各阶段训练安排一览表

阶段	分阶段	训练地点	训练任务	训练时间	周数
准备期	夏训集训初—世界杯前阶段	北京、萨卢佐、罗马	提高有氧耐力、混氧能力和无氧能力，强化专项身体素质、技术水平和整体竞技能力，形成良好的竞技状态	2016–03–15—2016–05–08	约8周
	世界杯后— 高原训练前阶段	萨卢佐、拉科鲁尼亚	提升有氧代谢能力，重视高原训练前的力量素质训练，为高原训练做好充分准备	2016–05–09—2016–06–17	约6周

（续表）

阶段	分阶段	训练地点	训练任务	训练时间	周数
比赛期	赛前高原强化阶段	昆明、萨卢佐	强化有氧耐力能力，为正式比赛做好充分准备	2016–06–18—2016–07–19	约4周
	正式比赛阶段	萨卢佐、里约	适应环境，倒时差，调整保持最佳竞技状态，为正式比赛做好充分准备	2016–07–20—2016–08–19	约5周

表 24　切阳什姐第二周期各阶段训练安排一览表

阶段	分阶段	训练地点	训练任务	训练时间	周数
准备期	夏训集训初—世界杯阶段	北京、萨卢佐、里奥马约尔、罗马	提高有氧耐力、混氧能力和无氧能力，提高专项身体素质、技术以及整体竞技能力，并通过参加多次世界大赛形成良好的竞技状态	2016–03–15—2016–05–08	约8周
	世界杯后— 高原训练前阶段	萨卢佐、拉科鲁尼亚	提升有氧代谢能力，重视高原训练前的力量素质训练，为高原训练做好充分准备	2016–05–09—2016–06–17	约6周
比赛期	赛前高原强化阶段	利维尼奥、萨卢佐	强化有氧耐力能力，全年提升专项能力，提高竞技能力	2016–06–18—2016–07–12	约3周
	正式比赛阶段	萨卢佐、里约	适应环境，倒时差，形成最佳竞技状态，为正式比赛做好充分准备	2016–07–13—2016–08–19	约6周

由表25可知，吕秀芝第二周期准备期包括集训后至世界杯阶段和世界杯后至上高原前两个阶段，主要训练任务为提高有氧耐力、混氧耐力、无氧能力、力量、速度、灵活性及协调性等专项身体素质，进一步巩固运动技术，从而形成良好的竞技状态。这一阶段吕秀芝的主要训练内容包括中高强度的中距离和长距离公路走和场地走、大强度的高速走和变速走、

腹背肌练习、皮筋牵拉跑台走、功能性训练、髋关节灵活性等技术练习。由于在第一周期身体疲劳累积较多，该阶段吕秀芝仍处于边练边调整阶段，因此，该阶段只安排她参加2016年5月7日罗马举行的国际田联竞走团体锦标赛一场正式比赛。

表 25 吕秀芝第二周期各阶段训练安排一览表

阶段	分阶段	训练地点	训练任务	训练时间	周数
准备期	夏训集训初—世界杯阶段	秦皇岛、罗马	提升有氧耐力能力，提高专项身体素质和技术水平，形成良好的竞技状态	2016-03-15—2016-05-08	约8周
	世界杯后— 高原训练前阶段	秦皇岛、罗马	强化有氧代谢能力，为高原训练做好充分准备	2016-05-09—2016-06-20	约6周
比赛期	高原能力强化训练阶段	多巴	强化有氧耐力的厚度，提升竞技能力	2016-06-21—2016-07-30	约6周
	正式比赛阶段	里约	适应环境，倒时差，形成最佳竞技状态，为正式比赛做好充分准备	2016-07-31—2016-08-19	约3周

2. 比赛期训练阶段的划分

第二周期比赛期共持续9周，主要包括赛前高原强化阶段和正式比赛阶段，主要目的为强化有氧耐力能力，提升竞技能力，消除身心疲劳，确保在奥运会比赛中实现最佳竞技状态，取得优异运动成绩。

刘虹赛前高原强化阶段训练时间为4周，训练地点为昆明，训练任务主要为通过高原训练强化有氧能力，训练内容主要包括：大负荷量、大强度的长距离匀速走，大强度的短距离变速走、技术走及少量的身体素质练习。其正式比赛阶段主要从下高原至里约奥运会结束，共持续5周。该阶段的主要训练任务为：调整高原训练累积的疲劳状态，强化专项耐力和比赛能力，充分调动机体潜能，最大限度发挥自身竞技水平。该阶段的主要训练内容包括：大强度的短距离变速走，比赛强度的中距离走，中等强度的长距离走、技术走、放松走及少量的力量练习。

切阳什姐赛前高原强化阶段持续3周，训练地点为利维尼奥，该阶段训练的主要任务为强化有氧能力，最大限度挖掘竞技能力，主要训练内容为：大量中等强度的中长距离走，高强度的中距离走、技术走及少量的身体素质练习。其正式比赛阶段主要从下高原至里约奥运会结束，共持续6周，该阶段的主要任务为：在调整身心疲劳状态的基础上强化专项能力，保持最佳竞技状态参加正式比赛。该阶段的主要训练内容为大强度的短距离变速走，中等强度的长距离走、技术走、放松走及少量的力量练习。

吕秀芝赛前高原强化阶段训练地点为青海多巴高原训练基地，集训时间约6周，训练任务为：通过高原强化有氧耐力训练进一步提升竞技能力，为正式比赛做好充分的身心准备。该阶段的训练内容主要包括中等强度的中距离和长距离的场地走、公路走，大强度的短距离变速走、高速走及少量的身体素质练习。其正式比赛阶段主要训练地点为里约，训练共持续约3周，训练任务主要为调整赛前状态，保持身心最佳竞技状态以应对正式比赛，主要训练内容为短距离高速走、大强度变速走、中等强度的中距离走及慢跑等。

二、全年训练内容、方法和手段安排分析

训练内容是解决运动训练中“练什么”的问题，以训练目标为导向，以训练任务为指导方针，以运动员不同阶段的现实状态为依据，是运动训练活动的旗帜性环节，对整个训练活动的具体实施具有引领作用。训练方法手段是训练内容得以实施的策略与媒介。由项群训练理论[①] 可知，竞走属于体能主导类耐力性项群。借鉴黎涌明等[②] 人对人体运动本质的论述，即：人体运

① 田麦久. 项群训练理论[M]. 北京：人民体育出版社，1988：20–25.

② 黎涌明，纪晓楠，资薇. 人体运动的本质[J]. 体育科学，2014，34（2）：11–17.

动的外在本质为动作，内在本质为能量代谢。结合竞走项目的竞赛方式可知，竞走项目的本质特征为竞技与竞速的完美结合。竞技，即以符合规则要求的动作参与竞赛，竞速则指以最合理化的能量代谢方式支撑合规动作的效益最大化实现。此外，比赛过程中运动员坚韧不拔的意志品质、心理稳定能力及战术实施能力等是决定运动员动作与能量代谢效益最大化的辅助要素。因此，以运动训练的目的，即提高运动员于重大比赛中创造优异成绩的竞技能力为基准点，结合竞走项目的本质特征和两位教练员的训练实践安排可知，竞走项目的训练内容、方法和手段主要包括体能、技能、心理能力和战术能力训练4个方面。其中，体能训练主要包括耐力、力量、速度、柔韧及身体功能训练等，技能训练主要包括形式多样的完整技术练习及分解练习，心理能力训练主要包括运动员承受单一负荷刺激的意志品质及赛前心理稳定能力的提升，战术能力训练主要包括先慢后快、先快后慢及全程匀速跟随走和领先走等战术策略能力的应用能力训练。

（一）体能训练安排

1. 耐力素质训练安排

（1）耐力素质训练内容安排

从能量代谢的视角可以将耐力分为有氧耐力和无氧能力。有氧耐力是指人体长时间运动的能力，也可称为低强度运动耐力。无氧能力或称为高强度运动耐力，是指重复进行高强度耐力练习的能力。肌肉做功的能量供应来自三种途径：磷酸盐供能系统（该系统功率大，做功快，但供能时间短）、糖酵解供能系统（该系统产生乳酸，做功时间为60 ~ 90 s）和有氧氧化供能系统（该系统功率小，做功时间长）。根据不同功能系统的代谢特点，在运动过程中主要采用何种供能方式取决于运动训练的强度。低强度有氧训练主要目的是提高运动员机体的有氧能力，高强度训练能同时提高运动员有氧和无氧能力，但是过量的高强度训练会导致机体有氧能力下降。由竞走的项目特征可知，女子20 km竞走用时在1 h 30 min左右，能量供应主要为有氧供能。有氧供能能力主要依赖体内糖和脂肪的储备量，主要表现形式为有氧耐力。但是，由于竞走项目成绩水平的不断提升，在冲刺阶段存在一定比例的无氧糖酵解供能参与运动，在竞走项目中主要表现为速度耐力等有氧与无氧混合代谢能力和无氧能力。因此，有氧供能能力是决定竞走项目成绩的主导因素，无氧糖酵解能力是该项目胜败的辅助因素。结合对两位教练员的访谈可知，其耐力训练内容主要包括基础有氧能力、专项有氧能力、混氧能力和无氧能力训练四个部分。

竞走训练实践中耐力训练内容安排方面，基础有氧能力主要集中安排于冬训初期和调整阶段。专项有氧能力贯穿全年训练过程，且随着训练阶段递进，教练员根据运动员的竞技状态并结合训练阶段任务，循序渐进地安排不同强度的专项有氧能力训练。混氧能力训练主要集中安排在竞技能力强化阶段。无氧能力训练主要集中安排于赛前阶段，冬训初期安排较少，恢复阶段均不安排速度耐力训练课。

（2）耐力素质训练方法、手段安排

训练方法是指运动训练活动中提高竞技运动水平、完成训练任务的途径和办法。在运动训练过程中，运动训练方法是教练员进行训练工作、完成训练任务、提高运动员竞技能力的应用工具。耐力项目训练方法主要包括持续训练法（短时、中时和长时）、间歇训练法（高强性、强化性和发展性）及重复训练法（短时、中时和长时）等。耐力项目教练员根据不同阶段的训练任务及发展不同能力的要求选取适宜的方法。

匀速持续法有利于促进大脑皮层神经过程均衡性和机能稳定性的提高，有利于使参与运动的有关中枢间的协调关系得以改善，有利于促进心肺功能和最大摄氧量提高，有利于促进慢肌纤维选择性肥大现象和肌红蛋白增多。因此，在一般准备阶段中，教练员倾向于运用匀速持续训练法调动运动员的心肺功能。

大量的变速持续训练法使得心血管系统、血液循环系统、呼吸系统及中枢神经系统机能得以改善。具体表现为：交感－肾上腺髓质系统兴奋和下丘脑－垂体－肾上腺皮质系统活动加强，心脏泵血功能增强（每搏输出量增加，心输出量增大）；呼吸肌能力增强，呼吸深度增加，频率减慢，从而增大肺通气量；毛细血管增加、线粒体数目增多和体积增大、氧化酶活性增强等。根据适应理论，运动训练过程本质是机体在接受适宜应激原的基础上不断打破平衡和建立新的平衡的过程，从而逐步提高运动员的竞技能力。故在能力提高阶段选择负荷强度实施模式难度更大的变速持续训练法，其目的是通过给予机体更大的刺激，促使机体神经内分泌不断做出迅速、精细的调节，各系统机能和组织细胞结构产生更符合专项需要的应激适应，进而促进机体产生更适用于比赛实际需要的变速能力。因此，专门准备阶段教练员更倾向于变速持续训练法。

赛前阶段教练员更倾向于间歇训练法和重复训练法，从训练学维度来看，其目的是发展运动员的高强度变速和加速能力。从生理适应视角可知，间歇训练法和重复训练法能够提高内脏器官机能，具体表现为：间歇期内运动器官处于休息状态，而呼吸系统和心血管系统等仍处于高速运转中。因此，该训练方法一方面可以通过大负荷强度训练促使心肺机能快速运行，另一方面借助一定时间的间歇休息使得机体运动器官得以休息，为下一组高强度刺激做好充分准备的同时改善心血管系统机能，尤其是提供心脏工作能力及最大摄氧能力。

根据对两位教练员训练实践的总结归纳（见表26和表27）得知，刘虹、吕秀芝和切阳什姐耐力训练方法均包括：匀速、加速和变速持续训练法，间歇训练法和重复训练法等，具体训练差异体现在各级能力训练负荷强度的组合和强度节奏实施模式的应用上。外教达米拉诺更强调通过多样化的段落距离组合模式提升运动员的有氧和无氧混合供能的能力，突出不同阶段负荷实施的差异性，注重能力训练过程中建立相应的技术节奏感；张阜新教练更倾向于相对固定的变速段落。

表 26　刘虹和切阳什姐全年耐力训练内容、方法和手段汇总表

训练内容	训练方法	训练手段	训练目的和要求
基础有氧能力	匀速持续训练法	低强度慢跑（5 ~ 10 km）和放松走（5 ~ 10 km）	目的：调动心肺功能，主要安排于能力恢复、调整、放松、例假过渡以及热身活动中。 要求：负荷强度保持在5 h 10 min ~ 5 h 30 min/km，心率控制在130 ~ 140次/分
专项有氧能力	匀速、加速持续训练法	（1）全程匀速走； （2）逐渐加速走； （3）前半程匀速后半程加速走	目的：发展运动员长时间保持持续高速走的能力。 要求：负荷强度控制在4 min 50 s ~ 5 min 10 s/km，心率控制在140 ~ 160次/分，血乳酸保持在2 mmol/L以下（1.2 ~ 1.7 mmol/L最理想）；感觉走得轻松，呼吸顺畅，动作自然放松，训练中强调轻松和自然，走时不要有吃力感
混氧耐力	变速持续训练法和间歇训练法	（1）段落距离恒定的间歇走，（2 km/5 km/6 km）×3组 ~ 5组、（200 m+300 m+500 m）×5组等； （2）段落距离递增或递减或节奏不一致的变速持续走，如负荷节奏为2 km — 1 km — 2 km — 1 km、5 km — 4 km — 3 km — 2 km — 1 km、10 km — 8 km — 5 km — 2 km等，负荷节奏为0.5 km慢+1 km快交叉变速、1 km慢+2 km快交叉变速、1 km快+0.5 km慢+3 km快+0.5 km慢+4 km快 、2 km慢+4 km快+1 km慢+3 km快+1 km慢+2 km快、2 km慢+3 km快交叉变速、5 km慢+5 km快、10 km匀速+5 km快+3 km匀速+2 km快的长距离和超长距离变速走等	目的：发展有氧代谢为主的混氧供能能力，其主要目的是提升运动员缓冲乳酸的能力。 要求：（1）间歇走需严格控制间歇时间，间歇时间一般在1 ~ 4 min不等，距离短的30 s左右，小组的间歇时间相对短，大组的间歇时间相对长，距离长间歇时间相对长，距离短间歇时间相对短；强度要求因人而异，基本强度保持在4 min 30 s ~ 4 min 40 s/km，血乳酸为2.4 ~ 6.5 mmol/L。 （2）变速走时慢走强度控制在4 min 50 s ~ 5 min 05 s/km，快走控制在4 min 40 s ~ 4 min 20 s/km，快走时心率保持在160 ~ 180次/分，一般不超过180次/分，血乳酸控制在1.7 ~ 3.2 mmol/L；强调慢走时要充分放松，调整动作和呼吸，快走时控制动作的平稳性，压低重心，加大动作幅度，不主张快走时竭尽全力地完成，虽然是快走，但是仍然要求保持轻松感

（续表）

训练内容	训练方法	训练手段	训练目的和要求
无氧能力	重复训练法	50 m × 10组、500 m × 10组、1000 m × 6组、（4 × 1 km）× 5组 、（200 m+ 300 m）× 5组等	目的：发展运动员冲刺能力及缓冲乳酸的能力。 要求：中后期和赛前安排较多，间歇时间一般在1 ~ 3 min，有时更短，500 m的间歇时间在30 s左右，强度要求因人而异，视离比赛时间长短而定。离比赛时间长强度相对低，离比赛时间短强度稍高、运动量较小；强度基本控制在3 min 50 s ~ 4 min 20 s/km，血乳酸保持2.8 ~ 7 mmol/L

表 27　吕秀芝全年耐力训练内容、方法和手段汇总表

训练内容	训练方法	训练手段	训练要求
基础有氧能力	匀速持续训练法	5 ~ 10 km慢跑和不同距离段落的慢走、慢跑	目的：调动心肺功能，主要安排于能力恢复、调整、放松、例假过渡及热身活动中。 要求：负荷强度保持在>5 min 30 s/km，心率控制在130 ~ 140次/分
专项有氧能力	匀速、加速持续训练法	中— 长— 超长距离（距离段落为5 ~ 30 km）的匀速走、加速公路走和场地走。其中，加速走主要包括以5 km为加速段落、前程匀速后程加速走等，要求运动员速度递增	目的：用于发展长时间持续快速走的有氧代谢能力。 要求：负荷强度控制在4 min 50 s ~ 5 min 10 s/km，心率保持在140 ~ 160次/分

（续表）

训练内容	训练方法	训练手段	训练要求
混氧能力	变速持续训练法和间歇训练法	（1）恒定距离段落间歇走，如5 km×3组； （2）递增距离段落变速走，如1 km—3 km—5 km—8 km； （3）递减距离段落变速走，如4 km—3 km—2 km—1km—500 m； （4）不同段落距离的变速走，如5 km—2 km—1 km—2 km—1 km、5 km—4 km—1 km—4 km—1 km、3 km—2 km—1 km—2 km—5 km、2 km快+1 km慢、3 km快+1 km慢+2 km快+1 km慢+1 km慢+2 km快+1 km慢+2 km快、3 km快+400 m慢、3 km快+1 km慢的中长距离公路走和场地走	目的：用于发展有氧代谢为主的混氧供能能力。 要求：（1）各段落负荷强度逐渐增大，负荷强度保持在4 min 30 s ~ 4 min 40 s/km，心率保持在170 ~ 180次/分，且严格控制间歇时间，5 km段落间歇时间为3 min，段落距离越长间歇时间越长；（2）快走强度控制在4 min 30 s ~ 4 min 40 s/km，心率保持在170 ~ 180次/分，慢走强度控制在4 min 50 s ~ 5 min 00 s/km，心率控制在150 ~ 160次/分
无氧能力	重复训练法	（200 m/400 m/500 m/1000 m）×6组 ~ 10组	目的：用于发展运动员的起走和冲刺能力。 要求：间歇时间充分，负荷强度保持在3 min 50 s ~ 4 min 20 s/km，心率控制在180次/分以上

2. 力量素质训练安排

（1）力量素质训练内容安排

力量素质是指人体神经肌肉系统在工作时克服或对抗阻力的能力，根据练习部位分为上肢力量、躯干力量和下肢力量训练。竞走属于体能主导类耐力项目，多年来竞走教练员对力量素质的重要性存在认知偏差，教练员普遍认为采用力量训练可能导致运动员肌肉横断面积增大，引起运动员体重增加，导致额外体能消耗，从而在我国竞走训练界一度出现“豆芽菜”运动员和力量素质不如常人现象。力量训练对长距离项目运动员的重要性目前仍存在认识差异。反对者认为力量训练导致的受伤风险比训练收益更多，且对长距离项目运动员的有氧与无氧转换能力并无影响。相反，支持长距离项目运动员进行力量训练的人认为力量训练有助于预防运动损伤和提高运动成绩。他们认为，力量训练有助于预防运动损伤：其原因为长距离项目运动员长时间过度重复使用相同肌肉和关节位置，易导致关节和肌肉劳损，而良好的肌肉力量能减小结缔组织的压力，降低关节受伤或过度使用而产生的肌肉紧张；通过加强相关肌肉、肌腱、肌膜、韧带和骨骼的锻炼能有效预防胫骨骨裂、应力性骨折、下背痛、膝关节及髋部损伤等长距离项目运动员损伤；此外，力量训练能够提高长距离项目运动员的肌肉耐力和稳定性的步长①。

近年来，随着“请进来”和“走出去”的发展理念及借助世界体能训练日益科学化理念的推行，竞走教练员对力量素质的认识逐渐转变。技术是竞走项目的“形”，而力量则是竞走的“神”，力量训练为技术成绩腾飞插上“有形有神”翅膀的训练理念逐渐深入人心。此外，教练员由注重下肢后蹬力量的单一维度转变为注重运动员的全身协调用力，更加强调腰腹肌、背肌等核心力量和核心稳定性能力。根据对三名运动员训练实践的观察发现，其力量素质训练内容主要包括上肢力量、核心力量及下肢力量。上肢力量训练主要训练内容为摆臂力量，给竞走技术以腾飞的翅膀；核心力量主要指对竞走身体姿势控制起主导作用的核心区域力量，给竞走技术以强壮的体魄；下肢力量主要指下肢支撑、摆动和后蹬力量，给竞走技术以坚韧的灵魂。由竞走项目的本质特征可知，力量耐力是该项目力量素质训练的核心，因此教练员进行力量训练在强调动作质量、动作发力顺序与用力结构具备专项性和专门性之外，更加注重采用将多种练习手段组合，遵循循环训练方法，且严格控制运动员力量训练负荷。

① CISSIK M. Srtentgh & conditioning principles for track and field athletes[J]. Moden athlete & coach, 2014（1）: 29–31.

在针对各个训练阶段力量训练安排方面，两位教练各有特色。

达米拉诺教练的安排为：在一般准备阶段，周一至周六下午均安排皮筋牵拉跑台走等下肢力量练习；在高原强化阶段，均在每周一上午安排爬山，周一至周六安排2～3次健身房全身力量练习，练习时间控制在1～1.5 h，由8～10种力量练习手段进行循环练习，共完成3～4次循环；在专项能力提高阶段，力量练习安排较少，周一仍然是安排爬山训练，周一至周六均安排2～3次皮筋牵拉跑台走及全身力量练习，练习时间为1 h左右，8～10种力量练习手段进行循环训练，共完成2～3次循环；在赛前阶段，力量素质训练安排更少，训练频率保持一周三次，训练时间为30 min，上肢+核心区+下肢力量组合练习手段进行循环训练。

张阜新教练的安排为：在一般准备阶段，周一至周六下午均安排下肢力量练习，身体状况欠佳的情况下甚至上午也安排力量练习，练习时间控制在1.5～2 h，由6～8种力量练习手段组成循环，共完成5～6次循环；在能力提高和高原强化阶段，力量练习安排频次减少，周一至周六安排2～3次力量练习课，注重下肢和腰腹力量练习，力量练习时间控制在1～1.5 h，由4～6种力量练习手段组成循环，共完成3～5次循环；在赛前阶段力量练习次数最少，以3～5种腰腹力量练习手段组合进行循环练习，一周保持一次力量练习，持续时间为1 h。

（2）力量素质训练方法、手段安排

两位教练依据不同的训练思想对三名运动员的力量训练主要部位包括腰腹肌、背肌、股四头肌、大小腿前后肌群、膝关节、踝关节和肩关节等，主要采用的训练方法为循环训练法。

达米拉诺教练较少安排专门的上肢力量训练，主要强调核心力量和下肢力量练习及全身协调用力。

刘虹和切阳什姐上肢力量训练手段主要包括沙袋负重摆臂、拉橡皮筋摆臂、俯卧撑等手段，目的是对上肢摆臂力量进行训练；躯干部位的力量训练手段主要包括静力侧撑、俯撑、仰卧起坐、收腹举腿、背肌、俯撑单腿后抬、仰卧倒腿、仰卧收腿左右倒、侧卧单腿上抬、俯卧撑、联合器械腰腹背肌练习、瑞士球核心力量练习、悬吊核心力量练习及健腹轮腰腹力量练习等；下肢力量训练手段主要包括坡道走、皮筋牵拉跑台走、负重大小弓箭步、负重上下台阶、负重站立骑自行车、悬吊力量、单腿平衡垫力量、联合器械前群和后群力量练习等。

张阜新教练主要借助沙袋摆臂、拉橡皮筋摆臂、俯卧撑及挺举（负重20 kg）等手段对运动员的上肢力量进行训练。躯干部位的力量主要采用联合器械腰腹肌和背肌力量练习、俯撑和侧撑静力练习、仰卧起坐及收腹举腿等各种变换形式的徒手腰腹力量练习手段；下肢力量训练手段主要包括皮筋牵拉跑台走、跨跳练习、单腿行进间跳、跑台阶练习、纵跳练习、后蹬练习、蹬自行车、杠铃杆半蹲练习、克服自身体重静蹲练习等。

在针对各种力量练习手段负荷控制方面，两位教练员的安排包括以下几个方面。上肢力量练习手段，如，挺举练习保持负重20 kg×10次 ×3组，哑铃摆臂练习5 kg×100次 ×3组 ~5组，皮筋牵拉摆臂练习（皮筋长5 m）50次 ×3组，俯卧撑20次 ×3组等。核心力量练习手段，如仰卧或俯卧、瑞士球核心力量、核心稳定性练习，一般安排20 ~ 30次 ×3组 ~5组（间歇1 min）。下肢力量练习手段，如，上台阶练习1 ~ 2 min×3组 ~5组，跳绳练习一般采用单脚或双脚及两脚交换跳 ×10 min×1组 ~2组。橡皮筋牵拉跑台走距离段落为5 ~ 10 km（力量控制在2 kg左右，用弹簧秤进行测量，橡皮带控制在1.5 m长），训练模式主要包括5 ~ 10 km匀速训练、5 ~ 10 km逐渐加速训练、5 km拉皮筋+坡度训练等。拉皮筋训练负荷量一般为5 km，训练模式为第1 km技术走，第2 ~ 3 km用12 km/h的速度拉皮筋走，最后1 km以200 m为一个段落，以0.5 km/h的速度逐渐递增负荷强度，其主要目的包括体会技术（特别是髋关节的上下和前后转动）和注重下肢力量。爬坡距离段落为7 ~ 10 km（速度为5 min30 s ~ 6 min 30 s），爬坡训练中要求强调蹬地用力和大步走，不主张小步快频率的走法，爬坡的距离根据训练条件而定。功率自行车采取（5 min坐姿快骑+

10站姿加力骑）×2组。杠铃弓步后蹬走一般采取负重20 kg×200 m×3组。联合器械抗阻练习分为单腿和双腿×4组×25～30次。各力量练习过程中要求注意动作的规范性，并略有停顿或控制瞬间。

由两位教练员的力量训练内容安排和负荷要求特点可知，两位教练员对运动员的力量训练均以技术性小力量为主导理念（目的为紧密结合专项）。力量训练中，以克服自身体重、注重专项性、上下肢均衡性及动作质量前提条件下，追求多次重复练习，提高速度力量和力量耐力为发展目标（目的是发展慢肌纤维力量的同时避免快肌纤维肥大），强调核心力量或功能性力量对竞走姿态控制的重要性（目的是通过多关节、多维度、多方向的力量训练帮助运动员协调四肢用力的同时防伤防病），处理好传统力量训练与核心力量训练或功能性力量训练之间的关系，并且关注预防运动损伤。

此外，两位教练员全年力量训练安排具有明显的阶段性特点。冬训阶段初期力量训练安排较多（3～4次/周），主要以下肢后蹬和摆动力量及腰腹力量为主，基本保持隔天进行力量训练的节奏。训练中期力量训练频次保持在2～3次/周，强调上肢力量、核心力量和下肢力量练习手段进行组合训练，发展运动员全身协调用力能力。而临近比赛期力量训练安排较少（1～2次/周），主要以克服自身体重且专项性较强的上下肢蹬摆力量为主，且随着训练的推进力量训练安排频次减少。

两位教练员力量训练的差异之处表现为：达米拉诺教练的力量训练理念更注重全身力量素质的协调发展，尤其注重躯干部位核心力量和核心稳定性等功能性力量；张阜新教练坚持传统训练思想，即以下肢后蹬力量训练为主导，但是技术性小力量训练比例增大，且大胆采用轻负重的半蹲和挺举等杠铃力量练习。此外，达米拉诺教练选取的手段与专项特征结合得更为紧密，力量练习手段更具多元化特征，而张阜新教练则更倾向于集中化的专门性力量训练手段，力量练习的时间长于达米拉诺教练的安排。

3.速度素质训练安排

速度素质指人体快速运动的能力，主要包括反应速度、动作速度和移动速度。竞走属于超长距离耐力项目，以有氧耐力为主导、混氧能力为核心，以持续保持高速走的能力为制胜关键。由竞走项目特征可知，其以发展动作速度和移动速度为核心。竞走项目中发展动作速度有利于提升运动员大强度、快节奏走时动作的规范性和动作协调能力，从而使得运动员在动作符合规则的前提下具备高速走的能力。而移动速度对于竞走项目而言有利于运动员起走时抢占有利位置、中程时具备提速能力及终点时具备较强的冲刺能力。

竞走项目中速度训练内容主要包括动作速度训练和移动速度训练，训练方法主要包括循环训练法和重复训练法。其中，动作速度训练主要包括运动员下肢快速后蹬、前摆及上肢快速摆动训练，主要训练手段包括借助跑台进行极端频率拔高训练、形式变化多样的小步高频走及快速摆臂练习，如以12 km/h的速度开始跑台走，每隔200 m增加一个速度，即以12 km/h—200 m–13 km/h—200 m–14 km/h— …… 的节奏在跑步机上进行训练。一方面，培养运动员中枢神经系统对快肌运动单位的快速募集能力；另一方面，通过不同节奏走培养运动员高速走时的技术节奏感。移动速度训练的方法主要包括恒定段落距离间歇走，如50 m、200 m、400 m、500 m、1 km和2 km等短距离恒定段落间歇走，间歇时间控制在1 min 30 s至2 min左右，重复次数5组 ~ 10组，心率保持在170次/分以上，即刻血乳酸大于4 mmol/L。

根据三名运动员全年速度训练课安排可知，准备期速度训练平均周课次均小于比赛期。其中原因有三方面：一是由于准备期的主要任务是基础性训练，因此有氧耐力和力量训练是该阶段的主要训练内容，故未安排专项性大强度的速度能力训练课；二是由于准备期距离正式比赛时间较长，多数教练员选择利用该阶段进行专项技术动作的改进与强化，而如果进行大强度的快速走易导致错误动作动力定型的同时因肌肉发力顺序错误易导致运动损伤；三是由于准备期是运动员的基础训练阶段，运动员心肺系统、神经肌肉均处于调动状态，若安排大量的速度训练则不利于神经肌肉的快速动员。

此外，速度素质的发展主要受能量系统、神经肌肉系统及技术系统等多因素的影响。能量系统主要包括酶活性、能量底物的储存以及疲劳与代谢产物的堆积。神经肌肉系统主要包括肌肉的组成、神经因素、肌肉激活程度、牵张反射及神经疲劳等。技术系统主要是指，对于技术有特殊规定的竞走项目而言，速度的快慢控制前提为技术的合规性，即保持技术符合规则要求前提下的高速走。竞走训练实践中，通过长期的有氧耐力训练使得竞走运动员逐渐产生有氧代谢酶活性高、线粒体数量多且体积大、毛细血管网丰富、慢肌纤维发达且慢肌纤维的募集能力强等良性生理适应。而速度训练对无氧代谢酶活性（如磷酸酶活性和乳酸脱氢酶活性）要求较高，能够保证糖酵解系统快速提供ATP供应能量，且要求神经对肌肉中快肌纤维募集数量多、速度快。由此可见，大量有氧代谢能力训练使得机体已形成的良性生理适应与发展速度能力时应需具备的生理能力失衡。因此，竞走项目中速度素质训练的前提条件是技术合规，同时应满足速度能力所需要的能量代谢系统和神经中枢激活模式。此外，需注意把握速度训练课安排时间及课次比例，避免机体因大量的高强度速度训练导致细胞线粒体破裂、氢离子增长、骨骼肌横桥循环速度降低，从而导致血液中乳酸大量堆积产生疲劳，且因糖原大量耗竭进一步影响机体的有氧代谢能力。

4.柔韧素质训练安排

柔韧素质是指人体关节在不同方向上的运动能力及肌肉、韧带等软组织的伸展能力。柔韧性的优劣直接影响关节活动自由度，进而影响动作幅度，同时影响神经肌肉系统对肢体各环节的精确整合协调能力。此外，良好的柔韧素质有助于运动员防伤防病。竞走是一项要求运动员以合规的技术、最快的速度通过额定距离的耐力性项目，流畅、放松、经济且实效性强的技术动作是竞走项目中持续高强度保持合规技术能力的基础，且具备良好的柔韧性有助于运动员以最小的能量消耗实现比赛能力最大化。因此，要求运动员肩、髋、膝及踝关节等具备保持多方向、多维度、多平面自由度的能力。

三名运动员全年训练实践中均在课前热身及课后放松训练中安排大量的柔韧性训练，训练方法主要包括动力性拉伸法、静力性拉伸法及神经肌肉本体感受性拉伸法，强调训练中将多种训练手段循环、有序组合进行。其中，达米拉诺教练采取的主要拉伸方式包括两人一组的相互拉伸、瑞士球拉伸、木棍绕环拉伸、猫式弓腰动作等。其中，木棍绕环拉伸是外教常用方式，瑞士球的拉伸主要是腰、肩的拉伸，猫式动作主要是大运动量后对腰的放松、伸展，并结合深呼吸进行练习。张阜新教练更倾向于静力性拉伸和动力性拉伸，在条件许可的情况下还邀请瑜伽老师进行大负荷量课后的拉伸放松训练。动力性拉伸主要包括缓慢增加身体某一关节移动的幅度，具体手段如大腿前后肌群牵拉练习；静力性拉伸手段主要包括髋周肌群、大腿前群、股后肌群、内收肌、髂胫束及比目鱼肌等全身肌肉前链、后链及侧链等的多形式静力性牵拉练习。神经肌肉本体感受性拉伸常用的方法为收缩— 放松— 再收缩模式，该方法主要在队医的协助下完成。

5. 身体功能训练安排

身体功能训练是为了适应职业体育发展需要而创立的新型训练理论和方法体系，包括运动功能训练（Athletic Performance）和物理治疗（Physical Theraphy）两个方面[①]。其中，运动功能训练是针对无运动障碍的运动员进行的身体运动能力训练，也是身体功能训练的主体内容；物理治疗主要是用于运动员开始训练之前的运动功能障碍诊断，并根据诊断结果有针对性地进行运动功能障碍矫正，目标在于通过系统地计划和特定的技术达到重建、维持和提高受损人体的功能和结构[②]。

三名运动员日常训练中均在准备活动、整理活动及身体训练课中注入

① 尹军，袁守龙．身体运动功能训练[M]. 北京：高等教育出版社，2015：1–5.

② 杨涛，朱学雷．康复体能锻炼方法与评定[M]. 北京：北京体育大学出版社，2016：25.

身体功能训练内容，采用的主要训练方法为循环训练法，主要训练内容包括在对运动员进行功能筛查的基础上，有针对性地进行矫正练习，如肌筋膜松解、牵拉练习、反射性神经肌肉练习（激活技术）、本体感觉训练及康复性力量练习等。

其中，肌筋膜松解训练过程中应注意将需要放松的肌肉置于泡沫轴或者网球上，利用自身体重反复在泡沫轴或者网球上滚动1 ~ 2 min，滚动过程中如果有疼痛的感觉应在疼痛点上停留20 ~ 30 s，直到疼痛程度下降。运动员在完成动作过程中，需要保持腹部收紧以确保在做动作的过程中核心部位的稳定，并且注意完成动作过程中呼吸通畅。肌筋膜松解的训练手段主要包括背部和上背部自我松解、比目鱼肌和腓肠肌自我松解、同侧内收肌和髂胫束自我松解及侧小腿三头肌、股二头肌和梨状肌自我松解等。牵拉练习主要包括静力性牵拉和动力性牵拉练习，主要手段包括背阔肌和胸肌的拉伸、静态拉伸斜方肌上束和肩胛提肌、腓肠肌/比目鱼肌/屈髋肌群和腹部肌群的主动静态牵拉、同侧内收肌/髂胫束和对侧腓肠肌/比目鱼肌的静力牵拉、对侧股二头肌和梨状肌的静力拉伸及同侧内收肌和对侧腓肠肌/比目鱼肌的神经肌肉拉伸等。神经激活是通常借助迷你弹力带完成的激活性练习，练习过程中既需要保持姿势，又要关注平稳呼吸，更要处理好力量方向的改变。神经激活练习手段主要包括迷你带蹲起、单腿外展、单腿后伸、单腿站立屈腿外旋及侧向移动等。本体感觉训练可减少运动损伤的发生，同时可以有效地提高灵活性和力量；本体感觉训练强调信息的“输入”和恰当的神经肌肉“输出”，也就是动作控制。本体感觉训练常用的方法为平衡训练，但与平衡训练不同的是本体感觉更加强调使用肌肉、骨骼等自身的本体感受器来维持身体平衡，训练中尽可能地排除视觉信息及前庭平衡感受器对机体平衡的影响。此外，还可以使用一些器材起到增加外界干扰的作用，从而最大限度地刺激本体感受器。其训练手段主要借助平衡板、半球、平衡盘、软踏及落地训练完成。康复性力量练习主要目的在于通过提高薄弱肌肉的力量以达到预防运动损伤的目的，主要训练手段包括借助瑞士球、悬吊带及弹力带等完成的核心力量练习，如借助瑞士球的单臂前伸俯桥、负重支撑俯桥及俯姿收腿等，借助悬吊带的单腿支撑俯桥、两臂交替支撑和俯姿收腿等，以及借助迷你带的上抬侧桥和阻力背桥等。

随着国际化训练理念的不断推广和深化，康复性体能训练理念逐渐为广大竞走教练员所认可。吕秀芝在整个奥运周期中身体功能训练课安排较少，仅在大强度训练课后调整阶段安排。吕秀芝腰伤导致技术动作模式不正确的问题再次提醒竞走项目教练员，在对运动员实施高强度、大负荷量训练过程中，一定要注重运动员防伤防病，强调在正确、全面对运动员进行诊断的基础上，注重运动员的身体功能训练。

（二）技能训练安排

1.技术训练内容安排

我国在21世纪初多次大赛上出现运动员“领先— 被罚下，谨慎— 落后”的尴尬比赛局面。因此，在“请进来，走出去”发展战略的指导下，国家体育总局田径运动管理中心通过邀请国外著名竞走教练来华讲课，传播正确的竞走技术理念。近年来俄罗斯竞走技术风格日益为广大裁判员所认可，其技术风格经过国内教练员和科研人员的消化吸收逐渐形成了如下认识：对竞走技术整体动作要求是立腰、沉肩、头要正、用髋走。具体要求包括：

①摆动腿：（摆动腿蹬完）放得松，（重心）跟得上，（摆动髋）送得去，（摆动腿前摆）摆得动（向前踢脚跟）；

②支撑腿：压得下，撑得住，蹬得出；

③摆臂技术：后摆用力、前摆放松、肘用力的技术要领①。

根据对刘虹、吕秀芝和切阳什姐技术训练实践进行观摩发现，三名运动员技术训练内容主要包括摆臂训练、立腰训练、沉肩训练、松髋训练、

① 李厚林．中国田径高水平教练员培训班讲义[Z]. 2015.

后蹬训练、跟重心训练、摆腿训练及形式变化多样的完整技术练习等。

技术训练内容安排主要表现为：在训练初期，达米拉诺教练注重加强髋关节柔韧性、灵活性和协调性等素质练习，强化运动员用髋走的意识，各种髋关节练习通常安排10 min/组 ×2组，而完整技术训练则更注重通过跑步机训练进行，跑步机训练采用不同速度模式，训练初期以10.5 km/h的速度开始匀速走，中后期以11.5 km/h的速度匀速走，强调体会后蹬用力、前摆放松技术。在训练后期，达米拉诺教练在注重髋关节柔韧性、灵活性训练的基础上，更加注重技术能力的建构，通过各种变换形式的技术、不同速度技术走，以及不同疲劳程度下的技术走等手段强化运动员的专项技术动作模式。在技术训练过程中达米拉诺教练重点强调通过各种协调性练习充分体会合理、规范的技术感觉，使得神经系统高效精确支配相应的神经元，从而促使兴奋与抑制在运动中枢内有序、有规律且有严格时间间隔地交替发生，助推规范又实效的技术感觉在运动系统中形成动力定型，并要求在日常训练和比赛中表现出来。在训练初期，张阜新教练则更侧重速度为5 min 30 s ~ 6 min的中长距离完整技术走，辅助性技术练习包括髋关节练习等均安排在晚上，科研教练根据每日技术练习反馈结果有针对性地设计相应的技术训练手段。在训练后期，张阜新教练一般在调整阶段安排技术完整走练习，进行专项耐力训练的同时更加注重技术的稳定性训练，尤其是针对吕秀芝加速走时后蹬垂直分力大导致小腿后撩、头顶起伏大的技术缺点，有针对性地采用多种松髋练习手段纠正错误动作。

两位教练对技术训练时间安排主要表现为：课前安排分解技术+完整技术组合练习提高运动员整体技术协调能力，训练时间控制在10 ~ 20 min；课中借助高速相机记录运动员不同阶段的技术；课后教练员与科研人员借助高速视频反馈系统，有针对性地根据运动员的技术症结设计纠正练习，训练时间为30 min。两位教练技术训练安排的差异主要表现为：达米拉诺教练技术训练中强调通过形式多样的变换练习提高运动员的整体技术协调能力，而张阜新教练技术训练中突出在对吕秀芝的技术症结进行矫正的基础上建立个人技术风格，训练手段突出集中性，即集中解决吕秀芝松髋技术不完善的问题。

2.技术训练方法、手段安排

根据竞走的项目特征，对专项技术是其生命线已达成共识，教练员进行技术训练的方法包括分解与完整相结合法。具体技术训练手段包括以下八个方面：

①前摆放松、后摆用力、肘用力的摆臂技术练习手段。规范的摆臂技术有利于形成舒展、协调的下肢摆动技术，从而给予裁判员较好的视觉表象。其主要训练手段有：原地沙袋负重摆臂，要求保持身体平衡，避免身体重心起伏过大；摆臂转髋模仿，要求体会上下肢与腰髋配合运动；拉橡皮筋摆臂，要求体会摆臂的发力点，增强摆臂的力量；立腰摆臂，要求肩关节放松，腰腹收紧。

②沉肩技术训练手段。肩部的放松是躯干放松的保证，也是“沉肩”技术的关键点。为了提高肩部放松技术，一方面应通过转肩练习提高肩部的灵活性和动作幅度，另一方面强调通过直臂放松走改善肩部放松程度，提高“沉肩”技术能力。沉肩技术训练主要练习方法包括徒手肩前后左右绕环、借助木棍进行肩部灵活性练习及直臂放松走等。

③腰部“立得住”技术训练手段。腰部是上连躯干、下连下肢的动力链传递枢纽部位，腰部力量不足导致塌腰、圆背等错误动作，易引发腰部、髋部肌肉出现功能代偿动作，从而导致运动损伤。此外，塌腰动作导致腰背肌肉过度紧张，增大能量消耗；圆背动作容易触发前摆着地时重心远离着地点，导致着地阻力增大，增加能量消耗并连带性引起胫骨损伤。“立得住”的腰部技术训练手段主要包括多种核心力量训练手段、核心稳定性训练手段（前面力量训练部分已经详细介绍，此处省略）及辅助性立腰意识练习。

④后蹬“蹬得出”的技术训练手段。由竞走规则可知，膝关节从着地直至垂直支撑阶段必须伸直，竞走运动中膝关节缓冲储存弹性势能再转

化为前进的动能功能弱化，运动员只能借助蹬摆提供动力。后蹬动作适宜，有益于最大限度增加向前的动力，且避免重心位移大导致判罚的风险。因此，后蹬作为竞走运动员的主要动力来源，其效益主要取决于蹬的效果。现阶段后蹬“蹬得出”技术主要从提升踝关节力量着手，训练手段包括爬坡、提踵练习、单足跳练习、单双脚跳绳练习、小幅度单/双脚跳绳练习、小台阶左右跳上跳下练习、提踵双脚跳练习以及皮筋牵拉跑步机练习等。

⑤“放得松”的技术练习手段。放松主要是支撑腿蹬离地面后能够主动放松形成长摆运动，便于运动员积极前摆技术的完成，并形成“复合”钟摆的摆动技术。放松的动作要求主要是针对髋关节的放松，因此要求髋关节具备较好的灵活性和柔韧性，其主要训练手段包括：原地转髋交叉竞走，目的为提高髋转动的幅度和力量；行进间转髋交叉竞走，目的是提高髋转动的幅度和上下肢协调配合能力；栏架绕髋练习，目的是发展髋关节的灵活性和髂腰肌力量；晃板髋部练习，目的是增加髋关节的灵活性；仰卧交叉摆腿送髋，目的是提高髋转动的幅度和上下肢协调配合能力。此外，还包括借助栏架的各种髋关节练习、瑞士球髋关节灵活性练习以及放松节奏走等多种手段。各种形式的髋部牵拉练习，主要目的都是增加髋关节在三个运动平面的自由度。

⑥重心“跟得上”的技术练习手段。前摆着地后，重心投影点与着地点距离太远，则造成较大的着地阻力，一方面造成额外能量损耗大，另一方面不利于髋关节放松。重心“跟得上”主要是要求运动员支撑腿着地后，摆动腿髋关节放松顺势摆动，将储存的弹性势能能够最大化于前摆阶段。主要训练手段包括单脚跟重心练习，借助该练习体会髋关节主动放松，保证支撑腿全着之后两大腿完全重叠，有利于前摆动作的快速有效完成。

⑦摆动髋“送得去”的练习手段。摆动腿髋关节送出能力强有利于形成长摆运动和重心的快速跟进，便于运动员快速将储存的弹性势能转化

为动力势能作用于前摆阶段。“送得出”的髋部技术一方面要求髋关节的灵活性和柔韧性，另一方面要求运动员具备较强的髋关节主动放松意识，其主要训练手段包括放松走练习和板凳中立位送髋练习等。

⑧完整技术走练习手段。通过将上述各种技术要求贯彻于完整的技术走练习中，借助各种变化形式走帮助运动员改进、完善并巩固技术。刘虹和切阳什姐采用的完整技术练习手段主要包括协调练习+踩点走+正常走、协调练习+小步走+大步走、协调练习+擦地走+加速走、脚踩线大步走、脚踩点大步走、大步+小步交叉走、脚跟擦地走+正常走交叉训练、弯道跑+直道加速走、跑10步+走10步交叉训练、8字走以及摆臂练习等组合练习。完整技术练习中主要强调髋关节的上下、前后运动，髋关节形成“车轮转动”的动作，强调踝关节的落地柔和及滚动动作、后蹬到脚拇指的动作及后摆幅度。吕秀芝完整技术训练手段主要包括：臂下垂大步竞走、上体平衡左右侧松髋前摆等，目的是体会竞走中以髋带腿的送髋动作；足跟直腿走，目的是增加胫骨前肌力量；双臂前后绕环走、双手上下摆动行进间松髋，目的是体会竞走送髋走；单臂向前、向后走，目的是发展异侧髋关节送髋走；后蹬沉髋走，目的是体会后蹬结束后快速沉髋；剪交步走，目的是体会后蹬送髋的练习；绕8字走，目的是提高髋关节转动幅度和上下肢的协调配合；沿直线抱头走，目的是提高竞走的直线型和腰髋转动幅度；绕直线S走，目的是发展髋关节左右转动幅度，加强髋关节灵活性。

根据两位教练员的技术训练手段及技术训练安排特点可知，随着教练员对技术的认识程度深化，技术训练理念不断科学化，逐步形成技术训练系统化、体能化以及技术与速度协调配合的理念。

其中，技术训练的系统化，即逐渐形成课前技术训练、课中技术要求、课下研讨改进的技术训练作风。技术训练系统化还包括不同训练阶段技术训练要求差异化，避免盲目追求大幅度改进。一般准备阶段以纠正技术为主，同时发展有氧能力，将技术训练与有氧训练紧密结合，既有走的速度要求，又有技术要求。专门准备阶段通过加强快速力量能力，提高混氧能力，从而促进技术与速度同步提高。赛前阶段根据运动员的个人特点，采用短段落走提高和改进比赛技术，将技术训练与走的能力训练融为一体，实现了能力与技术的统一。恢复阶段以技术能力为主，提高身体关键环节的柔韧性、灵活性和协调性。

技术训练体能化是指根据竞走专项要求设计专门性的、以发展专项动作模式为目标的体能训练手段。其表现形式包括：如，根据竞走项目的特点（要求运动员具备用髋走的能力），设计形式变化多样的髋关节柔韧性、灵活性和协调性练习；又如，依据速度训练过程中强调技术规范性前提下神经肌肉快速动员运动单位，设计借助快频率足跟直腿走等手段发展运动员的动作速度。

技术与速度协调配合是指根据不同技术训练阶段的任务，有针对性地将技术训练与能力训练相结合。具体表现为：纠正技术阶段，要求速度控制在5 min 5 s ~ 5 min 15 s/km进行匀速走，训练量10 km至25 km不等；改进技术阶段，要求速度控制在4 min 45 s ~ 5 min 5 s/km进行匀速走，保持技术稳定性的同时按规定速度走，提高竞走技术节奏感和速度感，强调训练过程中将纠正后的技术转化到训练中去，保证技术的合理性同时提高有氧基础能力，从而提高运动员的整体竞技能力；优化技术训练阶段，要求进行比赛速度的技术训练，通过短距离段落走，帮助运动员在高速变化中提高比赛技术能力，强调针对性和变化性，运动员在不断的适应中完成改进技术。

（三）心理能力训练安排

心理能力是指运动员与训练和竞赛有关的个性心理特征，以及依训练和竞赛的需要把握和调整心理过程的能力。在高度开放的现代社会中，训练处于公开透明状态，训练理论及方法的传播极为迅速，再加上高水平运动员在体能和技能等方面差异极小，比赛结果之所以往往差之毫厘，正是由于临场比赛过程中心理能力的差异所致。竞走属于对技术具备特殊规则规定的体能主导类超长距离耐力项目，日常训练以及比赛过程中需要运动员具备良好的个人和社会动机、运动动机以及坚韧的意志品质力，从而保证运动员具备最佳的心理稳定能力以完成赛程长且动作单一的训练和比赛。

在整个运动训练过程中，教练员都会根据刘虹、吕秀芝和切阳什姐不同训练阶段的目标和任务以及她们不同心理状态下的个性心理特征有针对性地安排调整心理过程的训练。一般准备阶段由于重视运动员基础有氧和全面身体训练，训练内容丰富多样，负荷量和强度相对较小，因此该阶段主要以一般心理训练为主，主要内容集中于深化对竞走运动的认识，通过思想教育、爱国主义教育及宣读奖励机制等手段强化运动员具备良好的个人动机和社会动机，培养运动员坚定竞走训练的信心，形成符合该项目特征的个性心理特征。进入专门准备阶段之后，负荷量和强度持续增大，训练内容集中于较为单一的专项训练，运动损伤时有发生，再加上大赛临近等综合因素致使运动员心理刺激的深度和幅度均大幅提高。因此，该阶段主要以专项心理训练为主，着重培养运动员面对困难时坚定信念、顽强拼搏的精神，形成良好的适应和承受负荷应激的自我控制能力，如：该阶段训练过程中针对训练情绪激昂的刘虹和切阳什姐，达米拉诺教练通过增加训练难度（包括增加竞争的难度），以及与男运动员同场竞技等方式来激发她们的训练动机；而针对训练情绪较为消极的吕秀芝的个性心理特征，张阜新教练通过适当降低训练难度，增加训练之后的奖励等方式强化运动员的训练动机。比赛期，运动员除需承受大负荷量和大强度刺激之外，还需承担赛前的焦虑和紧张，有时还要适应恶劣的比赛环境，赛中还要面对观众和对手，有多重心理刺激，故该阶段心理训练内容主要注重比赛期心理训练，注重培养运动员调整心理的能力。此阶段的训练方法主要包括诱导训练法、模拟训练法、表象法、自我暗示放松法以及音乐调节法等。如针对赛前焦虑紧张想象，张阜新教练通过确定适宜的期望值、回忆过往成功的战例、呼吸调节法及音乐调节等训练对吕秀芝进行赛前心理诱导。此外，由于运动员长期固定在一个环境训练，产生了相应的适应和依赖，当突然处于一种新异的环境中，可能引起生理和心理状态的波动。因此，两位教练员针对里约奥运会自然环境的特点（里约属于热带草原性气候，年平均气温达25℃），采取提前抵达里约进行适应性模拟训练的方法，且在抵达里约之后多次强调运动员面对新环境要从心理上认同环境的变化，并且坚信“大家都在同一赛场上比赛，条件一致，关键在于谁能尽快适应环境、进入比赛状态，谁就能占据主动”。比赛过程中遭遇技术判罚时，两位教练员通过表象法、注意焦点策略以及自我暗示放松法等方式引导运动员保持信心，坚定自己制定的比赛方案，逐渐回归并保持训练中已经形成的专项动作模式。

（四）战术能力训练安排

战术能力是指在比赛中为战胜对手或表现出期望的比赛结果而采取计谋和行动过程中所表现出的能力，最佳的战术执行能力是建立在良好的体能、技能和心理能力储备的基础之上的，合理有效地发挥战术能力能够使运动员的竞技能力最大化，从而保障运动员在重大比赛中创造佳绩。

两位教练员训练过程中的战术训练安排主要集中于专门准备阶段和赛前阶段，战术类别主要包括跟随走和领先走战术等，战术训练的方法主要包括程序训练法、减难与加难训练法以及模拟训练法等。两位教练员在专门准备阶段的前期主要通过大量的变速以及加速能力训练培养运动员的速度感、节奏感和变速能力，为后期战术行动的具体实施奠定能力基础；战术训练手段，如在专项训练过程中采取3 km快+1 km慢的节奏持续走25 km的训练发展运动员的变速能力，采用1 km×5组 ~ 10组发展运动员的加速冲刺能力和技术速度节奏感等。专门准备阶段后期的战术训练过程中，主要是通过树立战术观念和战术指导思想，运用奥运会、世锦赛及世界杯等大型赛事战术实际案例讲解战术知识和战术形式，帮助运动员树立战术意识。赛前阶段的战术训练主要是指教练员、科研人员及运动员在认真客观评估自身具备的竞技实力的基础上，根据对手的竞争实力及参赛环境、裁判等要素，以参赛目标为依据，制定切实可行的战术指导方案，并在比赛过程中根据对手战术变换的特点及红卡的反馈情况及时调整临场战术。

里约奥运会比赛前，两位教练员根据三名运动员2016年参加世界大赛的比赛成绩表现并结合对手冈萨雷斯等优秀运动员的实力分析，再结合比赛当天赛道的气温、湿度及风向等环境要素，认为三名运动员在里约奥运会中均能够表现出1 h 28 min 00 s ~ 1 h 28 min 30 s的成绩。此外，刘虹和切阳什姐技术较为稳定且具备实力强劲的加速和变速能力，故在赛前的战术方案制定的过程中确定比赛中采用领先与跟随战术相结合的方案：如果比赛开始阶段第一集团速度较慢，则可以保持4 min 20 s ~ 4 min 25 s/km的速度领走，且赛中根据红卡的情况适当调整比赛速度和位置，如有红卡应退回至大部队中，在比赛最后的2 km全力加速，以4 min 10 s/km以内的速度全力完成比赛。里约奥运会比赛中前2 km我国运动员走在队伍中，平稳地进入比赛状态，第3 km刘虹与吕秀芝走领先走，第4 km结束后三名运动员和墨西哥选手冈萨雷斯控制整个比赛速度，第5 km吕秀芝领走，至第6 km速度提高到4 min 26 s/km，第8 km进入队伍调整，刘虹与冈萨雷斯并驾齐驱，第10 km刘虹领走，到第12 km刘虹的速度提高到4 min 22 s/km，形成了8名运动员领先集团。意大利运动员乔治是最大对手之一，因加速后技术变形被取消比赛资格。第14 km后切阳什姐超越领先走，又把速度提高到了4 min 23 s/km，刘虹处在第4位进行调整，第15 km后切阳什姐继续领走，吕秀芝跟进，形成5人领先集团，3名中国运动员交替领走。我国三名运动员持续的变速直接破坏冈萨雷斯企图控制比赛节奏的战术策略。该阶段中，吕秀芝和帕尔马萨诺先后被腾空警告，被迫回到大队伍中。在第18 km处冈萨雷斯开始主动加速，比赛速度提高到4 min 17 s/km，冈萨雷斯受到技术腾空警告，此时基本形成了刘虹与冈萨雷斯并驾齐驱、吕秀芝和切阳什姐跟进保护的比赛局面。第19 km切阳什姐没有能力继续加速拉开距离，刘虹和吕秀芝一左一右形成对冈萨雷斯的夹击，速度达到了4 min 15 s/km，刘虹腾空被裁判黄卡警告，竞争进入白热化；在第19 km处冈萨雷斯再次加速被警告，三人依然加速前进，500 m用时2 min 5 s。冈萨雷斯在整个比赛最后500 m再次加速，250 m折返用时56 s，吕秀芝被拉开，刘虹与冈萨雷斯形成齐肩并进的竞争局面，在终点线前50 m，刘虹通过加大摆动技术幅度突然发力超越冈萨雷斯，53步完成最后冲刺走，以2 s优势夺取金牌。从比赛视频来看，刘虹加速超越冈萨雷斯并内切占据前面位置只用10步完成，形成了前后局面，后者要想超越必须从侧面通过，极大增加了超越难度，这一技术性超越，彻底打垮了冈萨雷斯冲击金牌的最后信念。另外，在最后超越阶段刘虹是通过加大摆动幅度实现的超越，在第19 km加快步频提速受到警告给她很大的警示：通过加大动作幅度加速，保证了超越冲刺技术的规范性。在最后冲刺阶段还能找到突破之道，反映出运动员在赛场上的沉着和冷静、敏锐和智慧。从整个比赛过程来看，吕秀芝和切阳什姐起到了超越、控制和包夹的作用，扰乱冈萨雷斯企图求稳的比赛节奏，对其竞技状态产生了极大的影响，切阳什姐冒着被拖垮的危险在第13 km加速赶超超前领走，速度提高至4 min 20 s/km，没有给冈萨雷斯任何放松调整的机会。交替领先和作战目标的变化，影响到了冈萨雷斯的心理稳定性，加之速度的变化，造成体力和心理的极大消耗，第11 km开始冈萨雷斯面部就表现出紧张，三名运动员的团队作战体现得淋漓尽致。刘虹在稳定的比赛节奏中沉着应战，最后50 m技术性超越彻底击碎冈萨雷斯夺冠梦想。

由三名运动员里约奥运会整个比赛过程战术实施特点可知，基本遵循赛前制定的领先与跟随走相结合的战术策略，运动员比赛过程中交换轮流变速领走充分发挥出日常训练过程中速度节奏的战术能力，比赛的最后阶段吕秀芝和切阳什姐的包夹与控制能力，以及刘虹冲刺过程中的技术稳定性，也再次说明战术行动是建立在良好的体能、技能及稳定的心理调控能力的基础之上的。

（五）恢复再生训练安排

恢复是通过适当的身体活动和适宜的补给，帮助运动员在生理和心理上解决大负荷量训练和比赛所导致的身体和心理疲劳问题，帮助机体得以恢复。再生是通过有目的、有计划的训练，帮助运动员从大负荷量的训练中恢复过来，相当于维修和保养。运动后的恢复再生发生于运动终止之后，并与代谢产物的消除、能源储备补给、组织修复等相关。没有疲劳就没有训练，但是如果训练后疲劳消除不了，会直接影响训练的效果和下一步训练计划的执行。如果疲劳逐渐积累，还有可能出现过度疲劳，使训练不能取得积极的效果，从而产生负面影响。

由于项目特征，竞走项目中需要根据气候特点以及特殊训练要求更换训练场所，移地训练给运动员的恢复再生训练带来较大限制。根据对三名运动员全年训练中恢复再生训练进行观察可知，平原训练恢复再生的方法主要包括主动与被动两种，主要的手段包括主动休息、按摩、水疗、热疗、交替疗法、使用非类固醇的抗炎症药物、使用压缩衣、拉伸活动及饮食干预等。高原训练期间，由于承受运动和高原的双重缺氧刺激，所以身体比较容易疲劳，特别是当训练推向极限负荷的边缘时，更需要采取综合消除疲劳的措施，使机体较快复原，以便承受更大负荷的训练，并在下到平原后顺利进入良好的竞技状态。此外，高原训练中由于人体的适应能力具有循序渐进的特征，因此，高原训练中不同阶段出现相应不同的高原反应。如高原训练初期，易出现晨脉高、运动后心率恢复慢、消化不良、食欲不振及睡眠质量严重下降等问题。高原训练中期，由于负荷量和负荷强度的变化容易导致肌肉酸痛、体重下降且伴有血红蛋白的下降。高原训练后期，疲劳恢复速率减慢①。因此，刘虹和切阳什姐高原训练阶段恢复再生训练方法主要是主动恢复法与被动恢复法相结合。其中，主动恢复手段主要借助于物理疗法和药物疗法，如人工按摩、水疗、冷热交替以及充分

---

① 翁庆章，钟伯光. 高原训练的理论与实践[M]. 北京：人民体育出版社，2002：346–347.

的整理活动等，被动恢复手段主要为睡眠。下高原之后的平原训练以及正式比赛阶段，刘虹和切阳什姐的恢复再生训练方法仍以主动恢复为主，被动恢复为辅。主动恢复的手段包括人工按摩、水疗及牵拉练习；被动恢复仍主要为睡眠。吕秀芝高原阶段恢复再生训练方法为主动恢复与被动恢复相结合，主动恢复手段包括物理疗法、药物疗法及心理恢复法等，如人工按摩、水疗、牵拉练习、增加营养补剂、放松训练和音乐疗法等，被动恢复主要为睡眠。吕秀芝正式比赛阶段恢复再生的方法同赛前高原阶段，但是由于移地里约参加比赛，导致主动恢复主要以人工按摩、牵拉、营养补剂及自我暗示为主，被动恢复仍然为睡眠。

三、全年训练负荷安排分析

运动训练过程是一个系统工程，教练员从时空多维度视角将训练过程的各个组成要素以最佳的配置方式不断组合优化，其目的为实现运动训练各要素整体功能最大化。其中，训练负荷是作为运动过程具体化的关键环节，是训练计划得以实施的核心要素，其实施效果将直接决定运动训练过程整体功能的实现，具体包括负荷量和负荷强度两个维度。负荷量反映着负荷对机体刺激的量的大小，负荷强度反映着负荷对机体刺激的深度。根据适应理论可知，训练过程是机体内、外环境相互作用影响下形成稳态被破坏而产生“变化”的过程，在连续适宜负荷的作用下又实现新的平衡，即一个从量变积累作用到质变的“适应”的过程[①]。运动员机体在训练负荷刺激影响下会产生相应的适应性变化，并且适应性变化程度在一定范围内同运动训练负荷的大小成正比关系；逐渐增加训练负荷最终能提高运动能力，如果突然增加训练负荷，运动员则需要更长时间来形成生理适应和实现运动成绩目标。本研究对全年训练负荷安排的分析主要从竞走项目训

① 陈小平．德国训练学热点问题研究述评[J]．体育科学，2001，21（3）：121-124.

练负荷结构的界定、全年训练负荷整体安排、不同周期训练负荷安排，以及全年重要训练课（大负荷量课和大强度课）的负荷安排等多维度展开。

（一）竞走项目训练负荷结构分析

竞走属于体能主导类耐力项目，训练内容主要包括体能和技能。但是，不同训练阶段的任务、各个部分的训练内容形成不同的配比组合关系，从而形成不同的结构特点。由于不同训练负荷强度对神经肌肉系统动员不同，以及各器官系统的适应形成在时间顺序上的不同，从而导致不同的配比组合，产生相应的不同的训练效果。竞走训练负荷结构，是指构成训练负荷的负荷量与负荷强度两者之间相互作用、相互制约的方式，其性质直接决定各个阶段的训练内容以何种表现形式和特点发展。对竞走项目中训练负荷量的界定主要通过距离和训练时间来反映，距离负荷量包括慢跑、有效强度走、跑台走、坡道走和功率自行车等完成的负荷量，力量、速度、柔韧性、身体功能、心理等训练及辅助技术练习均以完成的训练课次和时间为统计单位。负荷强度分级常用的指标包括速度、吸氧量和最大摄氧量百分比①，本研究中对负荷强度的分级主要根据目标强度设计理念进行划定，以每km速度为负荷强度划分依据，以10 s为划分区间将三名运动员耐力训练分为以下四个等级（具体见表28）。根据对两位教练员的访谈可知：速度为> 5 min 30 s/km至5 min 10 s ~ 5 min 20 s/km三个速度等级主要用于发展基础有氧能力，主要安排于恢复性和调整性训练中；速度为5 min 00 s ~ 5 min 10 s/km至4 min 40 s ~ 4 min 50 s/km三个速度等级主要用于发展专项有氧能力，主要安排于有氧耐力能力储备训练中；速度为4 min 30 s ~ 4 min 40 s/km至4 min 10 s ~ 4 min 20 s/km三个速度等级主要目的在于发展有氧能力为主的混氧能力，主要安排于竞技能力强化阶段；速度为4 min 00 s ~ 4 min 10 s/km至< 3 min 50 s/km三个速度等级主要用于发展无氧能力，主要安排于竞技能力强化阶段以及赛前阶段的速度

① 刘英辉. 各种运动强度分类的比较研究[J]. 山东体育科技，2001，23（4）：20–22.

耐力训练课中。

表 28　三名运动员里约奥运年全年耐力训练负荷结构一览表

耐力分类	速度（/km）	心率（次/分）	血乳酸（mmol/L）	强度等级
基础有氧能力	＞5 min 30 s	140～150	＜2.0	低负荷强度
	5 min 30 s～5 min 20 s			
	5 min 20 s～5 min 10 s			
专项有氧能力	5 min 10 s～5 min 00 s	150～160	2.1～3.0	中等负荷强度
	5 min 00 s～4 min 50 s			
	4 min 50 s～4 min 40 s			
混氧能力	4 min 40 s～4 min 30 s	160～170	3.1～4.0	高负荷强度
	4 min 30 s～4 min 20 s			
	4 min 20 s～4 min 10 s			
无氧能力	4 min 10 s～4 min 00 s	＞170	＞4.0	超大负荷强度
	4 min 00 s～3 min 50 s			
	＜3 min 50 s			

（二）全年负荷量安排分析

1.全年负荷量总体安排分析

刘虹、吕秀芝和切阳什姐备战里约奥运会全年集训时间共44周（43周训练+1周放假），共计308天，完成的负荷总量分别为4783.0 km、4632.0 km和4686.5 km，与伦敦奥运会备战关键年的4738.0 km、4677.0 km和4490.0 km比较而言基本相当①，全年平均周负荷量分别为111.20 km、107.72 km和109.99 km。三名运动员分别完成474次、442次和473次训

① 李厚林. 我国20公里竞走项目训练负荷的再认识[C]//2015年第十届全国体育科学大会论文摘要汇编，2015.

练课，除恢复期特殊情况之外，训练周课次基本保持在10～12次。整个备战期间，刘虹和切阳什姐除伤病、移地训练及因公请假等特殊情况之外，基本保持周一至周六一天两练、周日下午半天休息的时间安排模式。吕秀芝基本保持周四下午和周日全天休息、其余时间按照一天两练的时间安排模式。其中，身体训练课次分别为122次、107次和105次，占总训练课次比分别为25.74%、24.21%和22.20%，身体训练总时间分别为5205 min、6630 min和4510 min。

根据表29可知，刘虹、吕秀芝和切阳什姐全年训练中第一周期周平均训练课次、周平均负荷量及周平均身体训练课次和时间均大于第二周期。由此说明女子竞走项目冬训阶段注重大负荷量积累和全面身体训练。

表 29　三名运动员里约奥运年全年训练负荷量完成情况一览表（N=3人）

负荷量	全年			第一周期			第二周期		
	刘虹	吕秀芝	切阳什姐	刘虹	吕秀芝	切阳什姐	刘虹	吕秀芝	切阳什姐
负荷总量（km）	4783.0	4632.0	4686.5	2444.0	2236.9	2268.0	2339.0	2395.1	2418.5
平均周负荷量（km）	111.20	107.72	109.99	122.20	111.85	113.4	101.70	104.13	105.15
训练总课次	474	442	473	237	211	221	237	231	252
周平均训练课次	11.02	10.28	11	11.85	10.55	11.05	10.30	10.04	10.95
身体训练总课次	122	107	105	73	65	66	49	42	39
身体训练周平均课次	2.81	2.58	2.42	3.65	3.25	3.30	2.13	1.83	1.70
身体训练总时间（min）	5205	6630	4510	3300	3900	3090	1905	2730	1420
身体训练周平均时间（min）	121.05	154.19	104.88	165.00	195.00	154.50	82.83	118.70	61.74

2. 全年不同周期训练负荷量安排分析

（1）第一周期负荷量安排分析

三名运动员第一周期共持续21周，包括训练时间20周和放假时间1周。刘虹、吕秀芝和切阳什姐分别完成237次、211次和221次训练课，周平均训练课次分别为11.85次、10.55次和11.05次。三名运动员完成的负荷总量分别为2444.0 km、2236.9 km和2268.0 km，平均周负荷量分别为122.20 km、111.85 km和113.40 km，身体训练总课次分别为73次、65次和66次，身体训练总课次占第一周期总训练课次比分别为30.80%、30.81%和29.86%，平均周训练课次分别为3.65次、3.25次和3.30次，身体训练累积时间分别为3300 min、3900 min和3090 min，平均周身体训练累积时间分别为165.00 min、195.00 min和154.50 min。

由表30可知，三名运动员第一周期准备期负荷总量占据全年负荷总量的2/5以上，周平均负荷量均大于全年的平均值，身体训练课次占据全年身体训练总课次的1/2以上。比赛期日平均负荷量、日平均身体训练课次和时间均大幅度下降。由此说明，第一周期准备期三名运动员均注重大负荷量的积累以提升有氧能力，且强调全面身体训练，其目的是提高竞技能力，培养并促进竞技状态的形成，从而为比赛期最佳竞技状态的形成奠定基础。

表30　三名运动员里约奥运年第一周期训练负荷量完成情况一览表（*N*=3人）

运动员	第一周期			准备期			比赛期		
	刘虹	吕秀芝	切阳什姐	刘虹	吕秀芝	切阳什姐	刘虹	吕秀芝	切阳什姐
负荷总量（km）	2444.0	2236.9	2268.0	1987.0	1938.4	1876.0	457.0	298.5	392.0
平均周负荷量（km）	122.20	111.85	113.40	124.19	114.02	117.25	114.25	99.50	98.00
训练总课次	237	211	221	190	181	174	47	30	47
周平均训练课次	11.85	10.55	11.05	11.88	10.65	10.88	11.75	10.00	11.75

（续表）

运动员	第一周期			准备期			比赛期		
	刘虹	吕秀芝	切阳什姐	刘虹	吕秀芝	切阳什姐	刘虹	吕秀芝	切阳什姐
身体训练总课次	73	65	66	62	64	53	11	1	13
身体训练周平均课次	3.65	3.25	3.30	3.88	3.76	3.31	2.75	0.33	3.25
身体训练总时间（min）	3300	3900	3090	2880	3840	2520	420	60	570
身体训练周平均时间（min）	165.0	195.0	154.5	180.0	226.0	148.0	105.0	20.0	142.5

（2）第二周期负荷量安排分析

第二周期共持续23周，刘虹、吕秀芝和切阳什姐分别共完成237次、231次和252次训练课，周平均训练课次分别为10.30次、10.04次和10.95次。三名运动员第二周期完成的负荷总量分别为2339.0 km、2395.1 km和2418.5 km，平均周负荷量分别为101.70 km、104.13 km和105.15 km，身体训练总课次分别为49次、42次和39次，占第二周期总训练课次比分别为20.68%、18.18%和15.48%，平均周训练课次分别为2.13次、1.83次和1.70次，身体训练累积时间分别为1905 min、2730 min和1420 min，周平均身体训练时间分别为82.83 min、118.70 min和61.74 min。

由表31可知，刘虹和切阳什姐第二周期准备期日平均负荷量和训练课次均低于比赛期，而吕秀芝基本保持相当。准备期日平均负荷量低于比赛期的原因为，刘虹（参赛3场）和切阳什姐（参赛4场）该阶段均以通过参加大赛的方式将已具备的竞技能力转化为比赛能力，赛前和赛后均出现不同程度的减量调整。而比赛期赛前阶段教练员注重借助高原大负荷量训练强化运动员有氧能力，从而导致准备期训练负荷量整体低于比赛期。三名运动员准备期身体训练周平均课次和时间均大于比赛期，究其原因，一方面是赛前高原强化训练阶段运动员的主要目标为强化有氧能力，且因高原训练期间能量代谢中琥珀酸脱氢酶受缺氧的影响而下降，从而影响肌肉质量，具体体现为肌纤维横切面减小，这些组织结构上和生化的变化在功能的变化上主要表现为肌肉力量的消减，故高原环境的特殊性导致赛前高原强化训练期间仅安排少量的力量素质训练防止力量素质的大量丢失，另一方面是正式比赛阶段运动员的训练重点为提高完成比赛强度负荷的能力，身体素质训练课仅以少量力量素质训练为主。因此，整个比赛期身体训练课次和时间大幅下降。

表 31　三名运动员里约奥运年第二周期训练负荷量完成情况一览表（*N*=3人）

运动员	第二周期			准备期			比赛期		
	刘虹	吕秀芝	切阳什姐	刘虹	吕秀芝	切阳什姐	刘虹	吕秀芝	切阳什姐
负荷总量（km）	2339.0	2395.1	2418.5	1342.0	1467.1	1387.0	997.0	928.0	1031.5
平均周负荷量（km）	101.70	104.13	105.15	95.88	104.79	99.07	110.78	103.11	114.60
训练总课次	237	231	252	141	140	148	96	91	104
周平均训练课次	10.30	10.04	10.95	10.07	10.00	10.57	10.67	10.11	11.56
身体训练总课次	49	42	39	34	36	29	15	6	10
身体训练周平均课次	2.13	1.83	1.70	2.43	2.57	2.07	1.67	0.67	1.11
身体训练总时间（min）	1905	2730	1420	1380	2190	1080	525	540	340
身体训练周平均时间（min）	82.83	118.70	61.74	98.57	156.43	77.14	58.33	60.00	37.78

（3）各周期不同阶段负荷量的变化特点分析

由刘虹、吕秀芝和切阳什姐全年不同周期、不同训练阶段的日平均负荷量变化特点（见图8）可知，整体呈现出“M”形的逐渐递增趋势。但是，三名运动员负荷量变化的转折点存在差异，吕秀芝和切阳什姐转折点均为第二周期集训初，而刘虹为世界杯后—高原训练前阶段。吕秀芝和切阳什姐负荷量变化的原因为两名运动员在选拔赛结束之后经过短暂的调整，身体各项机能水平均处于恢复阶段，故日平均负荷量较低，其目的是恢复心肺功能。而刘虹在世界杯后—高原训练前阶段，受其他非训练因素影响导致该阶段负荷量出现非常规调整。

由三名运动员日平均身体训练时间变化特点可知，刘虹和切阳什姐全年身体训练时间安排呈现出逐渐递减趋势，且比赛期仍保持一定比例的身体训练，而吕秀芝则表现出波浪形趋势，比赛期身体训练比例大幅度降低。根据对两位教练员的访谈并结合对训练实践的观摩可知：达米拉诺教练认为，赛前训练可以通过大强度的专项能力刺激，促使运动员提升接受比赛强度刺激的能力，但是力量训练也是赛前保持神经快速动员运动单位接受高强度刺激的重要手段，故比赛期应适当保持一定比例的身体素质训练，尤其要重视小力量的训练；而张阜新教练认为比赛期一方面是通过提高专项训练比例增加大强度刺激，促进运动员形成最佳竞技状态，另一方面也需要对前期积累的疲劳进行调整，从而保证前期的训练效应能够在比赛中充分转化，而赛前进行大量的力量训练易导致神经疲劳，故较少安排身体素质训练，尤其是力量素质训练。

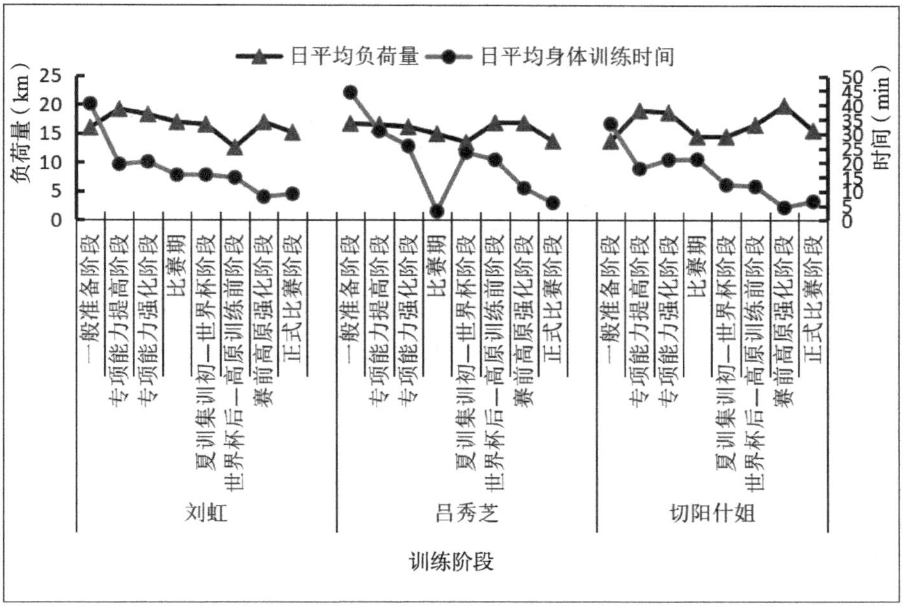

图 8 三名运动员里约奥运年全年不同阶段负荷量变化示意图

（4）全年大负荷量训练课负荷安排分析

根据对教练员的访谈并结合训练实践安排可知，两位教练员将负荷量为20 km、25 km、30 km和35 km称为长距离训练课，即竞走训练实践中的大课。由表32可知，三名运动员全年大课负荷总量占据全年总负荷量的1/3左右，平均强度均控制在4 min 50 s ~ 5 min 00 s/km。其中，刘虹全年完成大课课次最多，切阳什姐课次完成最少、强度最大，而吕秀芝大课负荷强度最小。由于三名运动员各自的竞技能力水平和竞技状态所属阶段存在个性化特征，从而导致主课完成能力存在显著个性差异。

表 32 三名运动员里约奥运年全年大负荷量训练课完成情况统计（*N*=3人）

运动员	刘虹	吕秀芝	切阳什姐
≥ 20 km训练课次	71	60	58
≥ 20 km累积负荷量（km）	1730.0	1468.4	1430.0

（续表）

运动员	刘虹	吕秀芝	切阳什姐
≥20 km 累积负荷量平均值（km）	24.37	24.47	24.65
≥20 km 累积负荷量占比（%）	36.17	31.70	30.51
平均速度（m/s）	3.408	3.306	3.416

由表33和表34可知：刘虹和切阳什姐冬训阶段完成的大负荷量课课次、总负荷量、课次平均负荷量、大负荷量课累积占比均大于夏训阶段，而强度均小于夏训阶段；吕秀芝两个周期大负荷量课课次相当，冬训阶段总负荷量、课次平均负荷量、大负荷量课累积占比均大于夏训阶段，而强度均小于夏训阶段。由此可知，两位教练员冬训阶段均重视基础有氧能力的积淀，而夏训阶段则更注重提高专项有氧能力。

表 33　三名运动员里约奥运年第一周期大负荷量训练课完成情况统计（N=3人）

运动员	刘虹	吕秀芝	切阳什姐
≥20 km 训练课次	37	30	34
≥20 km 累积负荷量（km）	940.0	766.4	860.0
≥20 km 累积负荷量平均值（km）	25.41	25.55	25.29
≥20 km 累积负荷量占比（%）	38.46	34.26	37.92
平均速度（m/s）	3.403	3.264	3.384

表 34　三名运动员里约奥运年第二周期大负荷量训练课完成情况统计（N=3人）

运动员	刘虹	吕秀芝	切阳什姐
≥20 km 训练课次	34	30	24
≥20 km 累积负荷量（km）	790	702	570
≥20 km 累积负荷量平均值（km）	23.24	23.40	23.75
≥20 km 累积负荷量占比（%）	33.78	29.31	23.57

（续表）

运动员	刘虹	吕秀芝	切阳什姐
平均速度（m/s）	3.412	3.370	3.465

全年训练中大负荷量课占比达1/3，对其合理性分析主要结合正式比赛分段成绩的变化、战术变化，并考虑能源物质的消耗特点进行阐述。由图 9得知，本次比赛速度变化整体呈现出匀加速趋势，决胜关键段落为第14—20 km的变速和加速能力，故要求运动员以较少的糖原消耗完成前14 km的比赛，从而保证后程加速和变速中具有充足的糖原储备供能能力。

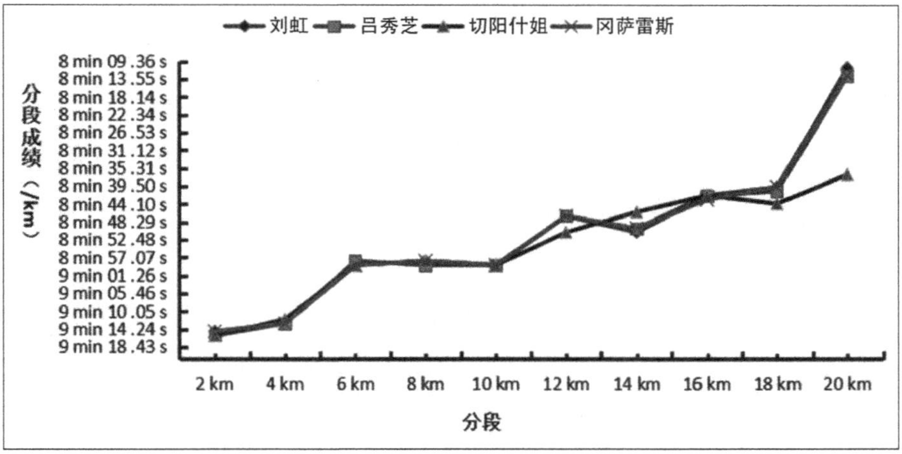

图 9　里约奥运会女子竞走 20 km 比赛部分运动员分段成绩示意图

根据运动性疲劳产生机理“衰竭学说”可知，长时间、中等强度运动中血糖浓度下降往往伴随着疲劳的产生。人体内的糖主要是血液中的葡萄糖和储存在肌肉、肝脏中的糖原。血糖是运动时各组织摄取利用的主要能源，肝糖原分解是补充血糖的主要途径，肌糖原则可供肌肉直接利用。当肌糖原含量降低时，肌肉依赖血糖供能的比例增加，特别是在长时间运动的后期，随着肌糖原的大量消耗，运动肌肉以最高的速率摄取血糖来补偿肌糖原供能的下降，但此时骨骼肌已不能维持肌糖原充足时所能达到的运动强度，运动肢体产生沉重感，即出现外周性疲劳。外周性疲劳的产生使得接头前膜处神经递质（乙酰胆碱）释放减少、神经肌肉接点兴奋传递障碍、肌细胞膜去极化过程减弱或不能去极化，导致骨骼肌不能兴奋和收缩，从而引起运动能力下降。且随着运动时间的延长，肝糖原储存耗竭而使血糖来源减少，在没有外源性糖摄入的情况下则血糖水平会下降。运动中出现的低血糖首先影响大脑，因为血糖几乎是大脑能够利用的唯一能源，血糖水平下降使大脑供能不足进而发生中枢性疲劳。中枢性疲劳的产生致使机体产生兴奋、发放神经冲动以及调节肌肉活动的中枢神经系统功能受限，必然导致整个机体机能下降，从而影响运动能力。此外，Coggan等人发现耐力项目中低强度区域也是脂肪利用率最高的区域①。

因此，两位教练员全年安排较多段落为20 km ~ 35 km有氧耐力训练，目的是通过长距离段落训练提高运动员机体脂肪代谢供能的能力，最大限度延迟糖原参与供能从而防止后程降速。

（三）全年负荷强度安排分析

负荷强度反映负荷对机体刺激的深度。有关耐力项目训练负荷强度结构分布特点主要包括乳酸阈模式、两极化模式和金字塔模式三种。乳酸阈模式主张将大部分的训练负荷集中在乳酸阈强度（La=4 mmol/l），中、高强度的训练比例较大。两极化模式强调绝大部分训练负荷位于低强度（La ≤ 2 mmol/l）区域和少量训练位于高强度（La > 4 mmol/l）区域，该负荷强度模式主要强调低强度有氧训练，同时突出高强度对有氧能力的“拉动”作用，形成了低与超高两极分明的强度结构。金字塔模式强调训练负荷由低到高的均匀逐步增长，认为不仅要注重各强度“节点”的训练，

---

① COGGAN A R, RAGUSO C A, WILLIAMS D B, et al. Glucose kinetics during high-intensity exercise in endurance-trained and untrained humans[J]. Journal of applied physiology, 1995, 78: 1203- 1207.

而且要重视各个节点区域内不同强度级别的训练[①②③④]。Londeree研究指出，世界高水平耐力项目运动员进行耐力训练中约5%左右的负荷强度为乳酸阈强度[⑤]。Hartmann等认为耐力项目运动员长期训练过程中，大强度的无氧能力训练负荷占比应控制在5%～10%，有氧—无氧阈负荷强度的负荷量占比应保持在10%左右，中低强度的有氧耐力训练负荷量占比应保持在80%以上[⑥]。基于以上观点，对刘虹、吕秀芝和切阳什姐全年负荷强度安排特点的分析，主要从全年各级负荷强度整体安排特点、不同周期负荷强度安排特点及大强度课安排特点等三个方面展开。

1. 全年各级负荷强度整体安排分析

全年训练共43周，刘虹、吕秀芝和切阳什姐各自的整体安排（见图10）：基础有氧能力训练负荷总量分别为1556.0 km、2018.2 km和1571.0 km，占比分别为32.53%、43.57%和33.53%；专项有氧能力训练负荷总量分别为2294.5 km、2062.0 km和2307.0 km，占比分别为47.97%、44.52%和49.22%；混氧能力的负荷量分别为651.0 km、326.1 km和495.0 km，占比分别为13.62%、7.04%和10.56%；无氧能力训练负荷量分别为28.5 km、18.5 km和27.5 km，占比分别为0.60%、0.39%和0.59%；发展力量耐力以及技术能力的跑台走量分别为105 km、165 km和102 km，占比分别为

① 陈小平. 竞技运动训练实践发展的理论思考[M]. 北京：北京体育大学出版社，2008：34–35.

② 陈小平，资薇，于洪军．“乳酸阈模式”还是“两极化模式”：当前关于耐力训练强度的主要分歧[J]. 体育科学，2007（6）：97.

③ BILLAT V L, LEPRETRE P M, HEUGAS A M, et al. Training and bioenergetics characteristic of top–class marathon runners[J]. Medicine and science in sports and exercise, 2001, 33: 2089–2097.

④ SEILER K S, KJERLAND G O. Quantifying training intensity distribution in elite endurance athletes: is there evidence for an “optimal” distribution?[J]. SCAND J MED SCI SPOR, 2006, 16: 49–56.

⑤ LONDEREE B R. Effect of training on lactate/ventilatory thresholds: a meta–analysis[J]. Medicine and science in sports and exercise, 1997, 29（6）: 837–843.

⑥ 余银. 国家皮划艇队重点项目奥运基础年训练模式特征研究[D]. 武汉：武汉体育学院，2015.

2.20%、3.56%和2.17%；发展力量耐力能力的坡道走量分别为138.0 km、42.2 km和174.0 km，占比分别为2.89%、0.91%和3.71%；发展力量耐力能力的功率自行车负荷量占比极少。由上述分析可知，三名运动员全年均以专项有氧能力为核心，重视基础有氧能力的沉淀，同时强调大强度混氧和无氧能力对有氧代谢能力的“拉动”效应。

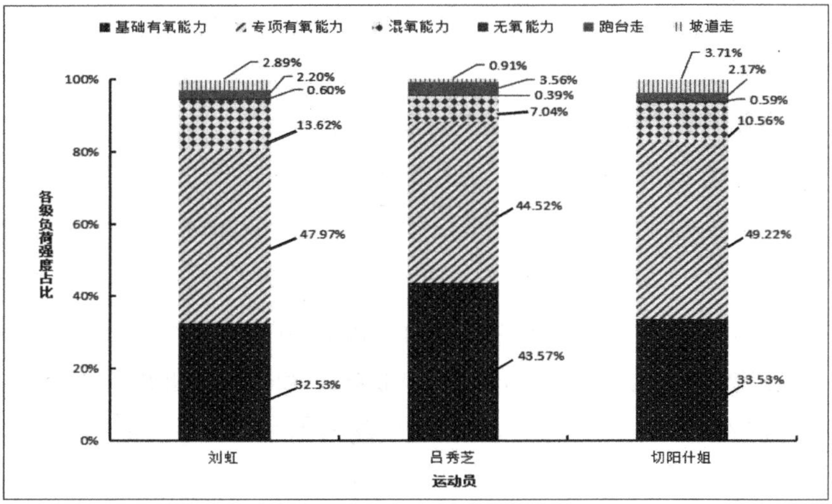

图 10　三名运动员里约奥运年全年各级强度占比分布图

由表35可知基础有氧能力训练以负荷强度为> 5 min 30 s/km的负荷量占比最大，训练内容主要集中为慢跑、技术走、放松慢走及热身走等。专项有氧能力训练中以负荷强度为4 min 50 s ~ 5 min 00 s/km为主，训练内容主要集中为> 20 km的长距离大负荷量课，其目的是发展运动员脂肪代谢供能能力。混氧能力主要以负荷强度为4 min 30 s ~ 4 min 40 s/km为主，训练内容主要为中距离的大负荷量变速课，其目的是提高专项有氧能力水平。无氧能力训练占比少，主要以4 min 10 s ~ 4 min 20 s/km的比赛速度完成，其目的是发展运动员持续高强度快走的能力，训练内容主要包括短距离段落重复走或间歇走。

表 35　三名运动员里约奥运年全年各级负荷强度负荷量统计一览表（*N*=3 人）

负荷强度等级	刘虹		吕秀芝		切阳什姐	
	负荷量（km）	占比（%）	负荷量（km）	占比（%）	负荷量（km）	占比（%）
>5 min 30 s	1079.00	22.56	1325.80	28.62	1074.00	22.92
5 min 30 s ~ 5 min 20 s	170.00	3.55	294.00	6.35	127.00	2.71
5 min 20 s ~ 5 min 10 s	307.00	6.42	398.40	8.60	370.00	7.90
5 min 10 s ~ 5 min 00 s	684.00	14.30	615.00	13.28	675.50	14.41
5 min 00 s ~ 4 min 50 s	1006.50	21.04	1256.00	27.12	1018.50	21.73
4 min 50 s ~ 4 min 40 s	604.00	12.63	191.00	4.12	613.00	13.08
4 min 40 s ~ 4 min 30 s	394.00	8.24	203.00	4.38	252.00	5.38
4 min 30 s ~ 4 min 20 s	194.50	4.07	75.00	1.62	172.50	3.68
4 min 20 s ~ 4 min 10 s	62.50	1.31	48.10	1.04	70.50	1.50
4 min 10 s ~ 4 min 00 s	19.00	0.40	15.50	0.33	26.50	0.57
4 min 00 s ~ 3 min 50 s	7.50	0.16	2.00	0.04	1.00	0.02
<3 min 50 s	2.00	0.04	1.00	0.02	0.00	0.00
跑台走	105.00	2.20	165.00	3.56	102.00	2.18
坡道走	138.00	2.89	42.20	0.91	174.00	3.71
功率自行车	10.00	0.21	0.00	0.00	10.00	0.21

由上述分析可知，三名运动员备战里约奥运会全年训练负荷强度结构的共性特点表现为，全年均以有氧耐力训练为主导，负荷强度结构整体呈

现出以专项有氧能力为核心的“两极化”模式，即：注重中、低强度有氧耐力厚度的同时，适当强调高强度的有氧和无氧混合供能能力以及无氧能力对有氧代谢能力的“拉动”作用。

三名运动员全年负荷强度分布的差异主要表现为，刘虹和切阳什姐全年训练负荷强度大于吕秀芝。通过观看达米拉诺教练的训练实践并结合与他和外教组助理教练员的访谈可知，达米拉诺教练通常在上午大负荷量、大负荷强度训练课之后，下午单元仍安排大强度刺激课。相比之下，内教组教练员通常在上午大负荷量训练之后，下午单元一般安排小负荷的调整训练课。上述分析充分说明达米拉诺教练整个训练过程中注重“负荷强度是生命线”的训练主导理念，强调持续大负荷量对机体的连续刺激效应。此外，刘虹混氧能力占比最大，具备较强的变速和冲刺能力，故全年表现出多高峰最佳竞技状态。切阳什姐由于2014赛季因伤停训和2015赛季进入系统训练阶段，因此2016年仍处于竞技能力提高阶段，故最终因有氧能力储备欠缺导致在里约奥运会上未能实现突破。吕秀芝全年训练中耐乳酸训练和糖酵解训练能力训练占比较少，大量脂肪供能训练确保了吕秀芝整个过程中“跟随”战术得以实施，而进入无氧阈速度较晚、冲刺能力较差导致其里约奥运会最后阶段未能实现超越。

2.全年不同周期负荷强度安排分析

运动员全年训练实施是一个系统性、连续性和长期性的工程。由于全年训练目标、任务及参赛安排的不同，在对全年训练负荷强度结构特点进行整体把握的基础上，仍需要对冬训和夏训两个不同周期训练负荷强度的安排特点及不同阶段负荷强度的变化特点进行分析，其目的是探索不同训练周期的训练实施特点。

（1）第一周期负荷强度安排分析

由图11可知，刘虹、吕秀芝和切阳什姐第一周期各级能力负荷量及占比为：基础有氧能力负荷量分别为809.0 km、1150.1 km和760.0 km，占比分别为33.10%、51.41%和33.51%（占全年基础有氧能力负荷量比例分别为51.99%、56.99%和48.38%）；专项有氧能力负荷量分别为1160 km、760 km和1177 km，占比分别为47.47%、33.98%和51.89%（占全年专项有氧能力负荷量比例分别为50.56%、36.86%和51.02%）；混氧能力负荷量分别为344.0 km、185.1 km和205.0 km，占比分别为14.07%、8.28%和9.04%（占全年混氧能力负荷量比例分别为52.84%、56.76%和41.41%）；无氧能力负荷量分别为9.0 km、10.5 km和3.0km，占比分别为0.37%、0.46%和0.13%（占全年无氧能力负荷量比例分别为31.58%、56.76%和10.91%）；跑台走量分别为62 km、89 km和57 km，占比分别为2.54%、3.98%和2.57%；坡道走量分别为60.0 km、42.2 km和66.0 km，占比分别为2.45%、1.89%和2.91%。由上述分析可知，刘虹和切阳什姐第一周期负荷强度结构为以专项有氧耐力为核心的“两极化”模式，而吕秀芝的负荷强度结构为“金字塔”模式，即：负荷强度越大，负荷量越少。

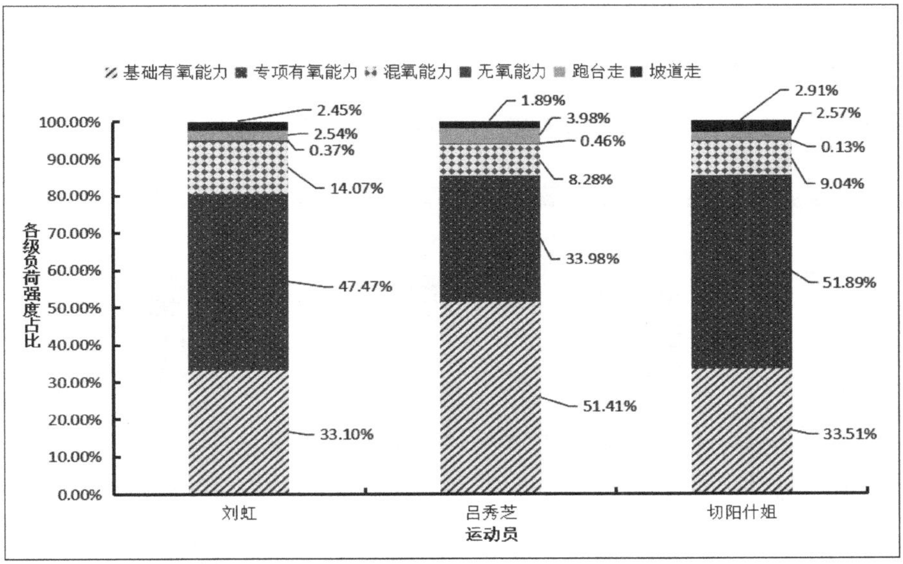

图 11　三名运动员里约奥运年第一周期各级负荷强度占比分布图

（2）第二周期负荷强度安排分析

由图12可知，刘虹、吕秀芝和切阳什姐第二周期各级能力负荷量及占比为：基础有氧能力负荷量分别为747.0 km、868.1 km和811.0 km，占比分别为31.94%、36.24%和33.53%（占全年基础有氧能力负荷量比分别为48.01%、43.01%和51.62%）；专项有氧能力负荷量分别为1134.5 km、1302.0 km和1130.0 km，占比分别为48.50%、54.37%和46.72%（占全年专项有氧能力负荷量比分别为49.44%、63.14%和48.98%）；混氧能力负荷量分别为307.0 km、141.0 km和290.0 km，占比分别为13.12%、5.89%和11.99%（占全年混氧能力负荷量比分别为47.16%、43.24%和58.59%）；无氧能力负荷量分别为19.5 km、8.0 km和24.5 km，占比分别为0.84%、0.33%和1.01%（占全年无氧能力负荷量比分别为68.42%、43.24%和89.09%）；跑台走量分别为43 km、76 km和45 km，占比分别为1.84%、3.17%和1.86%；坡道走量分别为78 km、0 km和108 km，占比分别为3.33%、0.00%和4.47%；功率自行车负荷量较少。综上，刘虹、吕秀芝和切阳什姐第二周期负荷强度结构整体呈现出以专项有氧耐力为核心的"两极化"模式，且吕秀芝专项有氧耐力占比大幅增加。

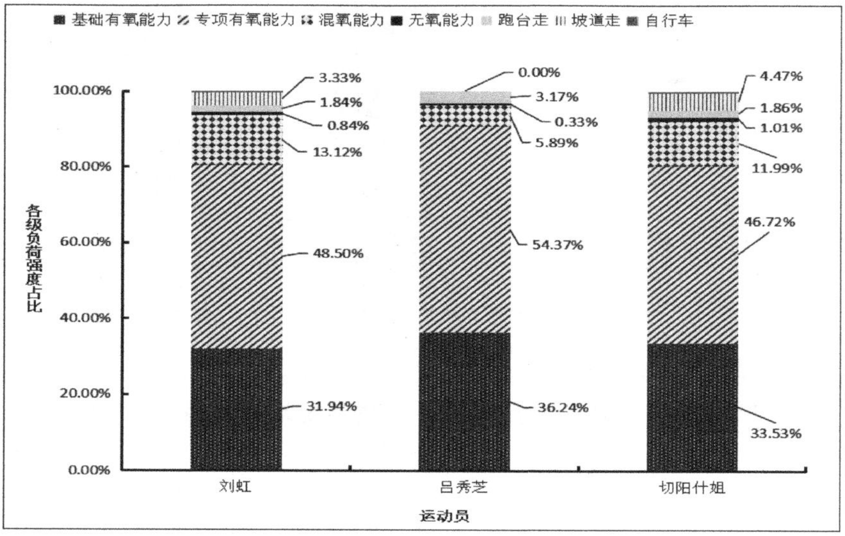

图 12　三名运动员里约奥运年第二周期各级负荷强度占比分布图

由三名运动员全年两个周期各级负荷强度负荷量分布的整体特征可知，两个周期均以有氧耐力训练为主，两者占比均在80%以上，混氧能力训练占据一定比例，大强度无氧能力训练占比极少。对于耐力项目全年各级能力负荷量配比问题方面，前人研究认为制定周期性耐力项目负荷强度的重要生物学基础是该项目的有氧供能百分比，即有氧氧化供能占三大能量系统供能的百分比①。对于运动时间在90 min左右的女子竞走项目而言，其有氧供能比例达到96.8%以上②，结合三名运动员有氧耐力训练比例均达80%以上可知，我国女子竞走项目对有氧耐力训练的重视程度已经达成共识。

然而，运动训练过程中负荷的实施以训练目标和任务为导向，以运动员的个体情况、竞技状态和已具备的竞技能力为依据，具有显著的个性化特征。刘虹和切阳什姐全年两个周期基础有氧能力和专项有氧能力占比较为稳定，而吕秀芝波动幅度较大，冬训阶段基础有氧能力占比最大，夏训大幅度减少，冬训阶段专项有氧能力负荷量安排较少，夏训大幅度增加。混氧训练负荷量占据一定比例，刘虹两个阶段均保持在13%以上，切阳什姐两个阶段占比低于刘虹，整体呈现递增趋势，而吕秀芝混氧训练负荷量较少且呈现出递减趋势。三名运动员无氧能力训练占比均极少，但刘虹和切阳什姐无氧能力训练呈现显著递增趋势，而吕秀芝则相反。由此说明两位教练相比较而言，达米拉诺外教在注重有氧能力的基础上，对大强度混氧和无氧能力训练重视程度明显高于张阜新教练。

综上，根据对全年及两个周期负荷强度结构的分析可知：刘虹和切阳什姐全年两个周期的负荷强度结构模式均为以专项有氧能力为核心的“两极化”模式（重视中、低强度有氧耐力能力的沉淀，适当安排一定量的高强度混氧能力训练，以及少量超大强度无氧能力训练）；而吕秀芝第一周

---

① 黎涌明. 周期性耐力项目的训练量与强度[J]. 体育科学，2015，35（2）：67–72.

② 黎涌明，毛承. 竞技体育项目的专项供能比例：亟待纠正的错误[J]. 体育科学，2014，34（10）：93–96，封三.

期的负荷强度结构为“金字塔”模式（负荷强度越大，负荷量越小）。这就再次印证吕秀芝在该阶段身体疲劳积累较为严重，导致其选拔赛成绩不理想，与刘虹相差近4 min。吕秀芝第二周期负荷强度结构与刘虹和切阳什姐一致，即以专项有氧耐力为核心的“两极化”模式。

那么何种负荷结构模式最佳呢？成功案例主要集中于“两极化”模式和“乳酸阈”模式。其中，“乳酸阈”模式成功案例主要集中于未受过训练或低水平的青少年运动员，而“两极化”模式的成功案例报道主要来自高水平优秀耐力运动员①②。由此提示：应根据运动员的实际水平选择相应的负荷强度结构实施模式，如，低水平运动员更倾向于“乳酸阈”模式，而高水平耐力运动员适合采用“两极化”模式。根据对三名运动员全年和不同周期的负荷强度结构进行分析得知，除吕秀芝第一周期准备期为“金字塔”模式之外，其余阶段负荷强度结构均为以专项有氧能力为核心的“两极化”模式。中低强度的有氧耐力训练有利于机体形成最大有氧稳态、提升肌肉组织利用氧的能力，即改善耐力能力的外周适应；而少量大强度的训练有利于提高机体运输氧的能力和缓冲乳酸的能力，即改善耐力能力的中枢适应。因此，三名运动员全年负荷强度结构以“两极化”模式为主，对其合理性进行分析可以主要从两个方面来展开。

一方面，“两极化”模式有利于改善耐力能力的外周适应，其原因主要包括：首先，从生理代谢适应的视角可知，大量的有氧耐力训练是通过肌肉细胞内部结构适应性变化引起的，具体表现为机体有氧代谢酶活性改

① SALTIN B, GOLLNICK P D. Skeletal muscle adaptability: significance for metabolism and performance[J]. Comprehensive physiology, 2011, 27（19）: 555–631.

② WIBOM R, HULTMAN E, JOHANSSON M, et al. Adaptation of mitochondrial ATP production in human skeletal muscle to endurance training and detraining[J]. Journal of applied physiology, 1992, 73（5）: 2004–2010.

善、线粒体体积增大和数量增加①、毛细血管密度增大等②，促进机体脂肪有氧代谢，节省糖原的有氧氧化供能，从而提高肌肉对氧的利用能力。其次，从能量代谢适应视角可知，由于糖的有氧分解供能是人体长时间供能的最佳方式，而乳酸积累引起的体液酸化是影响运动的主要制约因素，因此，最大限度地增加摄氧量和乳酸消除量并提高运动中能量利用效率是竞走项目训练的关键所在。竞走训练中采用中、低强度的有氧能力训练主要以糖和脂肪为主要供能物质，代谢产物为水和二氧化碳，经汗液不断排出体外，乳酸生成量极少，对机体内环境影响较小。最后，从神经系统机能的视角可知，大量中、低强度训练可以有效避免交感神经系统控制紊乱。人体运动时，交感神经的作用具体表现为：第一，运动时交感神经兴奋会引起内脏血管收缩，骨骼肌毛细血管大量开放，从而导致血液大量由内脏转入骨骼肌，增加骨骼肌血流量，保证运动时的需氧量，促进代谢产物的排出，使内环境保持相对稳定。第二，交感神经系统作用下肺通气量增加、摄氧量增大，从而满足肌肉耗氧的需要。当供氧充足时，糖和脂肪可以继续有氧氧化释放能量，供给肌肉收缩持续运动时能量代谢的需要。第三，交感神经兴奋促使肌糖原分解释放葡萄糖入血，通过血液循环输送至肌肉满足代谢需求，此外还可将产生的乳酸运至肝脏进行糖异生作用。第四，交感神经兴奋使得肾上腺髓质分泌增多、肾上腺皮质素以及胰高血糖素等分泌获得增强，从而助推心肌收缩力量增加，每搏输出量增大，同时促进糖分解代谢增强、血糖浓度升高，满足机体代谢需求。

另一方面，大强度的训练有利于提高机体运输氧的能力和缓冲乳酸的能力，即改善耐力能力的中枢适应。最新研究发现适量的高强度（≥95%VO_2max）、短时间（间歇时间为15 s～60 s）间歇训练也能提高

---

① BURELLE Y, HOCHACHKA P W. Endurance training induces muscle-specific changes in mitochondrial function in skinned muscle fibers[J]. Journal of applied physiology, 2002, 92（6）: 2429-2438.

② 黎涌明. 周期性耐力项目的训练量与强度[J]. 体育科学，2015，35（2）：67-72.

肌纤维中的线粒体酶活性，从而提高肌肉的有氧能力[①][②]。但是，耐力项目中过量使用高强度训练会造成线粒体破裂[③]，造成机体糖原的耗竭，从而影响有氧能力的提高。大强度的无氧能力训练中糖无氧酵解供能比例增大，由于是在氧气供应不足条件下进行易导致H+以乳酸的形式堆积，从而引起内环境酸碱度失衡抑制糖原分解速率，同时影响肌纤维中钙离子的结合能力从而引起肌肉收缩能力受限。因此，大量高强度速度耐力训练在属性为长时耐力的竞走项目中因乳酸堆积易导致疲劳，故训练实践中仅安排少量的大强度间歇训练。

（3）各周期不同阶段的负荷强度变化分析

由图13可知：刘虹和切阳什姐除一般准备阶段之外，全年不同阶段均以专项有氧能力为主，基础有氧能力为辅，且整体趋势较为平稳，尤以刘虹表现突出。而吕秀芝全年不同阶段基础有氧能力占比变化表现出“W”形特点，整体呈现出波浪形递减的趋势；而专项有氧能力占比变化表现出“M”形特点，整体呈现出波浪形递增趋势。刘虹全年混氧能力占比最大，且冬训阶段占比显著高于夏训阶段，切阳什姐全年混氧能力占比呈现出平稳逐渐递增的特点，而吕秀芝混氧能力占比较小，且波动幅度大。此外，三名运动员全年无氧能力占比均较小，且最高点均出现在比赛期。

三名运动员全年各级负荷强度变化特点说明两位教练员训练实施理念差异较大。结合对两位教练员的访谈可知：达米拉诺教练认为全年训练中在对运动员心肺功能进行全面刺激之后应该以专项有效负荷强度（高于运动员各个阶段自身能力承受范围内的，且与专项紧密结合的负荷强度）的实施为主，各个阶段负荷实施的过程中应注重有针对性地设计目标强度，

---

① GIBALA M J, MCGEE S L. Metabolic adaptation to short-term high-intensity interval training: a little pain for a lot gain?[J]. Exercise and sport science reviews, 2008, 36（2）: 58–63.

② GIBALA M J. High-intensity interval training: a time-efficient strategy for health promotion?[J]. Current sports medicine reports, 2007（6）: 211–213.

③ 刘小红，包修风，冯慎远. 不同强度训练后大鼠脊髓前角细胞线粒体的定量研究[J]. 中国运动医学杂志，2002，21（4）：386–388.

将整个训练实施过程控制在所设计的强度范围内。上述对刘虹和切阳什姐全年不同阶段各级负荷强度变化特点的分析，再次印证达米拉诺教练对负荷强度的控制理念，即注重“专项有效负荷强度”与“目标强度”（根据运动员已具备的能力所设计的负荷强度）理念的结合，从而形成在高平台专项能力训练的基础上循序渐进地进行递增负荷强度的总体理念。张阜新教练认为冬训阶段为运动员的能力储备阶段，对于耐力项目而言首先应当储备的就是基础有氧能力，他认为基础有氧能力是保证运动员进行能力提升训练的基础，而夏训阶段是运动员竞技能力逐渐形成并稳定发展的阶段，故在冬训的基础上应大幅度增加专项有氧能力训练，促进运动员实现能力转化。结合吕秀芝全年各级负荷强度变化特点再次印证张阜新教练的训练理念，即：冬训重基础有氧能力储备，夏训强调专项有氧能力转化和提高。

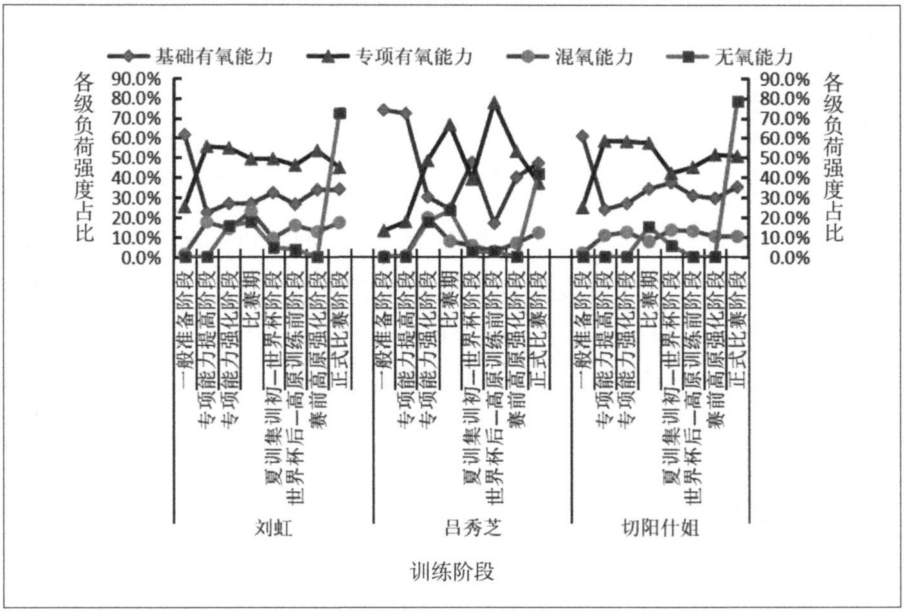

图 13　三名运动员里约奥运年全年不同阶段各级负荷强度变化示意图

3. 全年大强度课负荷安排分析

根据对教练员的访谈可知，训练实践中主要将短距离段落的间歇走、重复走和变速走称之为竞走项目中的大强度课，其主要目的是发展运动员的混氧能力和无氧能力。根据表36中数据可知，全年大负荷强度课课次占全年总课次比分别为5.41%、6.24%和6.0%，强度课负荷量占比分别为4.82%、4.65%和5.47%，平均强度均保持在比赛强度（里约奥运会比赛强度分别为4 min 25.8 s/km、4 min 26.1 s/km和4 min 27.2 s/km）。

表 36　三名运动员里约奥运年全年大强度课负荷结构统计表（N=3人）

负荷结构	刘虹	吕秀芝	切阳什姐
总课次	26次	28次	29次
总负荷量	230.4 km	215.6 km	256.5 km
平均负荷强度	3.772 m/s	3.871 m/s	3.771 m/s

从第一周期大强度课安排特点（见表37）可知，三名运动员该阶段大强度课课次占全年总课次比分别为46.15%、32.14%和44.83%，负荷量占全年大强度课负荷总量比分别为40.80%、27.64%和41.33%。冬训阶段刘虹和切阳什姐完成大强度课负荷总量和总课次均显著高于吕秀芝。但是，刘虹和切阳什姐该阶段大强度课平均负荷强度均低于全年平均值，吕秀芝相反。由此说明，达米拉诺教练整个冬训阶段均注重循序渐进地施以强度适中的强度课来提高运动员的混氧能力。结合该阶段刘虹和切阳什姐完成的负荷量特点可知，达米拉诺教练在冬训阶段注重大负荷量提高运动员有氧耐力能力的同时，也注重了混氧能力对有氧代谢能力的拔高效应。

表 37　三名运动员里约奥运年第一周期大强度课负荷结构统计表（N=3 人）

负荷结构	刘虹	吕秀芝	切阳什姐
负荷内容	相同距离段落的间歇走为主，如 1 km/2 km/5 km/6 km × 2 组 ～ 5 组（间歇时间 3 min）；不同距离段落的变速走为辅，如1 km+2 km+3 km+5 km	相同距离段落的间歇走为主，如 0.2 km/0.4 km/1 km × 5 组 ～ 10组（间歇 1 min 30 s）；不同距离段落的变速走为辅，如 4 km+3 km+2 km+1 km	相同距离段落的间歇走为主，如0.5 km/1 km/2 km/5 km/6 km × 2 组 ～ 10 组；少量不同距离段落的变速走，如（3 km+2 km）× 3 组
总课次	12 次	9 次	13 次
负荷总量	94.0 km	59.6 km	106.0 km
平均负荷强度	3.741 m/s	3.990 m/s	3.720 m/s

而从第二周期大强度课安排特点（见表38）可知，三名运动员该阶段大强度课课次占全年总课次比分别为53.85%、67.86%和55.17%，负荷量占全年大强度课负荷总量比分别为59.20%、72.36%和58.67%，夏训阶段吕秀芝完成大强度课负荷总量和总课次均高于刘虹和切阳什姐。但是，刘虹和切阳什姐该阶段大强度课平均负荷强度均高于全年平均值，吕秀芝相反。由此可知，两位教练员在夏训阶段均注重增大大强度课比例提升运动员的混氧和无氧能力，但是，达米拉诺教练更强调在冬训阶段的基础上循序渐进地增加强度课的负荷量和负荷强度。

表 38　三名运动员里约奥运年第二周期大强度课负荷结构统计表（N=3人）

负荷结构	刘虹	吕秀芝	切阳什姐
负荷内容	段落距离递增/递减、相同距离段落不同节奏、组合段落距离的变速走为主，如5 km+3 km+2 km+1 km、500 m快+500 m慢、（4 km+1 km）+（3 km+2 km）+（4 km+1 km）；相同距离段落、不同距离段落组合的间歇走为辅，如1 km/2 km/5 km×2组～12组、（0.5 km+1 km）×3组；以及少量的超短距离重复走，如50 m×10组	段落距离变化和相同距离段落不同节奏走为主，如3 km+2 km+1 km+2 km+1 km、2 km快+1 km慢；相同距离段落间歇走为辅，如0.2 km/0.4 km/1 km×4组～10组	段落距离递增/递减、相同距离段落不同节奏、组合段落距离的变速走为主，如5 km+3 km+2 km+1 km、500 m快+500 m慢、（4 km+1 km）+（3 km+2 km）+（4 km+1 km）；相同距离段落、不同距离段落组合的间歇走为辅，如1 km/2 km/5 km×2组～12组、（0.2 km+0.3 km+0.5 km）×3组；以及少量的超短距离重复走
总课次	14次	19次	16次
负荷总量	136.5 km	156.0 km	150.6 km
平均负荷强度	3.799 m/s	3.774 m/s	3.811 ms

长时间低强度的有氧耐力训练能够引起肌细胞结构的有氧适应性变化，如慢肌纤维增粗、线粒体增多、毛细血管增厚、有氧代谢酶活性增强等，有利于提高机体的有氧代谢能力，并通过提升心血管系统能力提高血液缓冲酸性物质的能力。而竞走比赛是竞速类长距离项目，不仅需要运动员具备一定厚度的有氧能力，更需要运动员具备一定的长时间保持高速走的能力，这就要求运动员具备较好的速度耐力和冲刺能力，即运动员具备较高水平的糖无氧酵解快速提供能量的能力。高强度运动要求心血管系统、循环系统、呼吸系统等多系统快速动员以满足运动时吸氧、输氧和利用氧气提供能量的能力，且一定量的大强度运动有助于降低高速走时心率、肺通气量和血乳酸产生量，改善机体的能量节省能力。此外，大强度

运动主要由供能速度快的快肌纤维主导完成，故一定负荷量的高强度间歇训练有利于改善机体动员快肌纤维参与运动的能力。然而有研究指出，大强度运动会引起线粒体中氧化磷酸化过程中电子传递链上细胞色素c氧化酶活性降低，抑制线粒体氧化过程[①]。刘天逸等人通过对大鼠进行6天大强度运动实验后发现，大鼠线粒体膜结构受损，抑制线粒体氧化酶系统[②]。由此可知，大强度运动由于骨骼肌长期处于供氧不足的状态，易导致线粒体受损影响机体的有氧代谢能力。因此，两位教练员全年训练中在注重有氧耐力能力的基础上，为提高机体在比赛中的变速和加速能力的同时，避免大强度训练对竞走运动员的负面效应，故训练中仅安排少量的大强度训练课。

第三节 研究小结

第一，在备战2016年里约奥运会中，我国女子竞走运动员全年以奥运选拔赛和里约奥运会比赛为主要比赛期，实施双周期安排，每个训练周期根据运动员的实际情况实行大小周期相结合的周期安排，具体阶段任务具有板块化特点。

第二，全年训练内容主要包括耐力、力量、速度、柔韧性、身体功能、恢复再生、技能、心理及战术能力等训练。训练内容结构模式主要包括：能力储备阶段以专项技术+身体素质和专项技术+有氧能力为主，以专项技术+速度耐力为辅；赛前阶段以专项技术+有氧能力为主，专项技

① 陈伟. 运动性疲劳与线粒体关系的研究进展[J]. 首都体育学院学报，2003，15（3）：104–107.

② 刘天逸，陆耀飞，江伯明. 连续力竭性运动后大鼠血乳酸的持续升高[J]. 上海体育学院学报，1997. 21（1）：33–36.

术+速度/速度耐力训练比例大幅增加；而调整阶段以专项技术+基础有氧能力为主。训练方法主要包括持续训练法、间歇训练法、重复训练法、分解训练法和完整训练法。

第三，耐力训练主要包括基础有氧能力训练、专项有氧能力训练、混氧能力训练和无氧能力训练四个部分。基础有氧能力训练主要集中安排于冬训初期，专项有氧能力训练贯穿全年，混氧能力训练主要集中于竞技能力强化阶段，无氧能力训练主要集中安排于赛前阶段和竞技能力强化阶段。力量素质训练着重强调力量耐力训练，以技术性小力量为主导训练理念。力量训练安排具有明显的阶段特点，冬训初期力量训练占比大，临近比赛时力量训练安排较少。其中，刘虹和切阳什姐强调核心力量等功能性力量训练，训练手段注重多样化，而吕秀芝力量训练突出下肢后蹬力量训练，训练手段更倾向于集中化特点。速度素质训练在强调技术规范性前提条件下，注重技术与速度的协调训练，且通过适当控制课次避免过度发展机体无氧代谢能力，训练内容主要包括动作速度和移动速度训练，且夏训阶段速度课课次多。柔韧素质训练内容主要包括动态拉伸、静力性拉伸以及PNF拉伸法，主要安排课前热身及课后放松训练中，强调对动作幅度以及流畅度的效用。身体功能训练内容主要包括，在对运动员进行功能筛查的基础上，有针对性地进行矫正练习，如肌筋膜松解、牵拉练习、反射性神经肌肉练习（激活技术）、本体感觉训练以及康复性力量练习，强调实施训练负荷内容的同时及时防伤防病。技术训练系统化、体能化，以及技术与速度的协调配合是两位教练共同的训练理念。达米拉诺教练的技术训练手段强调通过形式多样的完整技术练习培养运动员的技术协调能力，从而形成良好的技术“痕迹”效应。而张阜新教练在技术训练中突出对吕秀芝的技术症结进行矫正的基础上建立个人技术风格，训练手段突出集中性，即集中解决吕秀芝松髋技术欠缺完善的问题。心理训练强调运动员个人和社会动机、运动动机以及坚韧的意志品质力的训练，一般准备阶段通过思想教育、爱国主义教育及宣读奖励机制的方式强化运动员的个性心理特征，专门准备阶段主要通过加难和减难的方法调节运动员的训练内部动机，赛前阶段主要通过诱导训练法、模拟训练法、表象法、自我暗示放松法，以及音乐调节法等调节运动员赛前焦虑、紧张等心理过程。战术训练主要集中于专门准备阶段和赛前阶段，主要训练内容包括战术意识的培养、战术能力的沉淀以及战术方案的制定，训练方法主要包括程序训练法、减难与加难训练法以及模拟训练法。恢复再生训练以课后牵拉主动放松训练、按摩、睡眠以及营养干预为主，借助水疗、热疗、交替疗法、使用非类固醇抗炎药物以及使用压缩衣等手段辅助训练。此外，强调以基础能力训练为主要目标的主动恢复训练。

第四，三名运动员全年负荷量安排的特点表现为：两位教练员冬训阶段均重视基础有氧能力的积淀，强调全面身体训练；而夏训阶段则更注重提高专项有氧能力。其中，刘虹、吕秀芝和切阳什姐日平均负荷量变化整体呈现出“M”形的逐渐递增趋势。但是，三名运动员负荷量变化的转折点存在差异，吕秀芝和切阳什姐转折点均为第二周期集训初，而刘虹为世界杯后— 高原训练前阶段。此外，刘虹和切阳什姐全年各阶段身体训练时间安排呈现出逐渐递减趋势，且比赛期仍保持一定比例的身体训练。而吕秀芝则表现出波浪形趋势，比赛期身体训练比例大幅度降低。

第五，三名运动员全年负荷强度特点主要表现为：全年训练负荷强度结构均为以专项有氧能力为核心的“两极化”模式，即在注重有氧耐力厚度的同时应适当强调高强度的混氧能力和无氧能力对有氧代谢能力的“拉动”效应。其中，刘虹和切阳什姐第一周期负荷强度结构为以专项有氧耐力为核心的“两极化”模式，而吕秀芝的第一周期负荷强度结构为“金字塔”模式。三名运动员第二周期负荷强度结构均为以专项有氧耐力为核心的“两极化”模式。其中，刘虹和切阳什姐除一般准备阶段之外，全年各周期不同阶段均以专项有氧能力为主，基础有氧能力为辅，且整体趋势较为平稳，尤以刘虹表现突出。而吕秀芝全年不同阶段基础有氧能力占比变化表现出“W”形特点，整体呈现出波浪形递减的趋势；而专项有氧能力占比变化表现出“M”形特点，整体呈现出波浪形递增趋势。刘虹全年混氧能力占比最大，且冬训阶段占比显著高于夏训阶段，切阳什姐全年混氧能力占比呈现出平稳逐渐递增的特点，而吕秀芝混氧能力占比较小，且波动幅度大。此外，三名运动员全年无氧能力占比均较小，且最高点均出现在比赛期。由三名运动员全年大负荷强度课安排特点可知，达米拉诺教练在冬训阶段注重大负荷量提高运动员有氧能力的同时，注重混氧能力对有氧代谢能力的拔高效应。虽然两位教练员在夏训阶段均注重增大大强度课比例，提升运动员的混氧和无氧能力，但是达米拉诺教练更强调在冬训阶段的基础上循序渐进地增加强度课的负荷量和负荷强度。

第六，两位教练员全年训练负荷安排的共性特点表现为：均是在充分了解项目特征基础之上，以参赛计划为导向，强调“高质适量”和“因材施教”的理念进行训练实施。专项能力训练一方面注重通过长距离段落提高机体脂肪供能比例，减少糖原参与供能，有效延缓疲劳产生；另一方面注重大强度短距离段落提高速度耐力能力的同时拔高有氧代谢能力；且充分认识临赛前少量大强度训练的“刺激+适应”作用。两位教练员全年训练负荷安排的个性化特点主要表现为：达米拉诺教练对训练负荷强度的控制注重“专项有效负荷强度”与“目标强度”理念的结合，从而形成在高平台专项能力训练的基础上循序渐进地进行递增负荷强度的总体理念，两个周期各级能力负荷量占比较为稳定；而张阜新教练以冬训注重基础有氧能力储备，夏训强调专项有氧能力转化和提高为主导训练理念，全年各级负荷强度负荷量安排波动幅度大。

第五章　里约奥运年第一周期训练安排分析

第一节　准备期训练安排分析

第一周期准备期的训练任务是提高运动员的竞技能力、培养和促进竞技状态的形成。根据两位教练员的全年训练安排特点可知，三名运动员第一周期准备期持续时间较长，根据整个阶段的训练任务可将其分为两个主要阶段，即一般准备阶段和专门准备阶段。一般准备阶段身体训练比重较大，以提高身体机能和运动素质水平为重点，技术训练着重于改进技术缺点。专门准备阶段逐渐加强专项身体素质和专项技术训练等专项能力训练比例。对准备期训练安排的分析主要从两个阶段的训练内容、方法、手段及训练负荷安排进行展开。

一、准备期训练内容、方法和手段安排分析

由表39可知，三名运动员一般准备阶段的训练内容主要包括基础有氧能力、专项有氧能力、混氧能力、力量耐力、柔韧素质和技术训练等，强调运动员基础有氧能力的积累和力量耐力能力的提升，并注重通过将分解和完整的技术练习与有氧耐力和力量耐力紧密结合，以达到纠正技术的同时提升耐力和力量能力。与一般准备阶段相比较而言，专门准备阶段训

练内容增加了无氧能力及速度训练内容，且耐力训练更加强调形式多样，内容更注重专项。此外，根据对达米拉诺教练的访谈可知，专门准备阶段更倾向于通过一定负荷强度的专项技术训练建立技术动力定型，他指出只有这样才能强化技术细节和基本技术，从而提升有氧训练过程中动作自动化、动作技术经济性、动作幅度、用力阶段的紧张和放松、外界环境改变的有效适应和疲劳耐受能力等。而张阜新教练则更注重在强调恢复运动员有氧代谢能力的基础上，突出低强度多次重复专项动作模式形成技术痕迹效应。

表 39　三名运动员里约奥运年第一周期准备期训练内容安排汇总表

训练阶段	训练内容	训练方法	训练手段
一般准备阶段	耐力素质（主要包括基础有氧能力、专项有氧能力和混氧能力等）	（匀速、匀加速及变速）持续训练法、间歇训练法和重复训练法	（1）基础有氧能力：5 km、8 km、10 km的短距离慢跑； （2）专项有氧能力：中（10～15 km）、长（15～20 km）及超长（>20 km）距离段落的匀加速持续走、坡道走和跑台走； （3）混氧能力：1 km×3组～5组，间歇1 min 30 s
	力量素质（包括上肢、下肢和核心区力量）	循环训练法	（1）下肢力量练习手段：皮筋牵拉跑台走、爬坡、纵跳、跨跳、负重大小弓步走、半蹲、静蹲、单腿蹲起、后蹬跑、台阶跑、联合器械前群和后群力量练习、跳绳及跳小栏架等； （2）核心区力量练习手段：俯卧背起、仰卧/俯卧两头起、形式变化多样的仰卧起坐、臀桥、静力支撑（侧撑和平板支撑）、瑞士球核心力量练习及健腹轮腹肌练习等； （3）上肢力量练习手段：皮筋牵拉摆臂练习、负重小哑铃摆臂练习及挺举等

（续表）

训练阶段	训练内容	训练方法	训练手段
一般准备阶段	柔韧素质（以髋关节灵活性练习和力量练习后的放松牵拉为主）	循环训练法	（1）髋关节灵活性练习手段：原地/行进间转髋练习、栏架绕髋练习、晃板髋部练习及髋部牵拉练习等； （2）放松牵拉练习手段：大腿前群、股后肌群、内收肌、髋周肌群、髂胫束及比目鱼肌等前链、后链、侧链形式多样的静力性、动力性牵拉练习
	心理训练	诱导训练法等	通过思想教育、爱国主义教育等强化运动员的运动动机
	恢复再生训练	主动与被动结合法	人工按摩、营养补充、睡眠及泡温泉
	技术训练（包括完整练习和分解练习）	分解与完整结合法	（1）完整练习：大步走、足跟直腿走、双臂前后绕环走、绕8字走、抱头走等形式多样的技术协调性练习； （2）分解练习：跟重心练习、摆动腿放松练习、送髋练习及髋关节灵活性练习等，强调纠正技术
专门准备阶段	耐力素质（基础有氧能力、专项有氧能力、混氧能力及无氧能力）	（匀速、匀加速及变速）持续训练法、间歇训练法、重复训练法和乳酸阈强度训练法	（1）基础有氧能力、专项有氧能力练习手段同前一阶段，负荷强度更大； （2）混氧能力练习手段：（10～15 km）变速走，节奏为1 km快2 km慢或3 km快5 km慢或5 km快8 km慢的长距离段落（20～25 km）变速持续走，距离段落递增/递减（如1 km+2 km+3 km+5 km）的变速持续走及恒定距离段落（2 km、5 km及6 km）的间歇走； （3）无氧能力练习手段：200 m、400 m、500 m、1 km等相同距离段落的重复走

（续表）

训练阶段	训练内容	训练方法	训练手段
专门准备阶段	力量素质（主要包括上肢、下肢及核心力量等）	循环训练法	练习手段与一般准备阶段一致
	速度素质（以动作速度为主）	循环训练法	动作速度的练习主要结合技术练习进行，具体手段包括小步高频走、借助跑台进行极限频率走、高频节奏足跟走等
	柔韧素质	循环训练法	练习手段与一般准备阶段一致
	恢复再生训练	主动与被动恢复相结合	练习手段与一般准备阶段一致
	技术训练	分解与完整结合法	练习手段与一般准备阶段一致，但侧重于建立技术动力定型
	心理训练	诱导、模拟训练法等	增加或者降低负荷难度、表扬鼓励运动员的训练表现等方法
	战术训练	加难与减难训练法、模拟训练法等	3 km快+1 km慢、1 km×5组 ~ 10组变速及加速等速度节奏训练

由表40和表41可知，两个阶段三名运动员训练时间安排模式均为“一天两练”，刘虹和切阳什姐的休息时间为周日下午半天，吕秀芝周四下午和周日全天休息。但是，两个阶段训练内容安排的结构存在差异：一般准备阶段刘虹和切阳什姐以专项技术+有氧能力和专项技术+力量耐力素质训练为主，以专项技术+速度/速度耐力为辅。而吕秀芝一般准备阶段的训练内容结构模式为专项技术+有氧能力和专项技术+身体素质。专门准备阶段，三名运动员仍以专项技术+有氧耐力为主，专项技术+身体素质比例下降，而专项技术+速度/速度耐力比例大幅增加。

表 40　刘虹第一周期一般准备阶段（第5周）训练安排

训练日期	上午	下午
星期一	10 km爬山（5 min 57 s/km）	3 km热身+1000 m × 5组（组间歇 3 min–4 min 32 s/4 min 30 s/4min 27 s/4 min 24 s/4 min 13 s）
星期二	25 km超长距离公路走=2 h 09 min 26 s（5 min 11 s/km）	1 h身体素质练习，包括髋关节灵活性、柔韧性及协调性练习
星期三	25 km超长距离公路走=2 h 07 mim 35 s（ 5 min 06 s/km）	5 km技术走
星期四	10 km中距离公路走=49 min 27 s=24 min 59 s（ 4 min 57 s/km）	2 km热身+5 km短距离场地走，均速4 min 50 s/km
星期五	30 km超长距离公路走=2 h 31 min 29 s（ 5 min 03 s/km）	1 h 腹肌力量练习
星期六	15 km长距离公路走=1 h 14 min 27 s（4 min 58 s/km）	5 km慢走+下肢力量练习
星期日	休息	返回北京

注：2015年11月16日—22日，丽江

表 41　吕秀芝第一周期专门准备阶段（第8周）训练安排

训练日期	上午	下午
星期一	8.2 km坡路走=54 min 40 s（6 min 40 s/km）	挺举+静力练习+5 km 技术走
星期二	5 km场地散步（例假）	5 km 跑+3组足跟走
星期三	11 km坡路走=68 min 19 s（6 min 12.5 s/km–心率168次/分）	挺举+静力练习+5 km 走
星期四	13 km公路走=68 min 53 s（心率150次/分）+200 m × 10组场地走（52 s/49 s/50 s/49.5 s/49.5 s/49 s/50 s/48 s/48.6 s/45.8 s）	休息
星期五	16 km公路走=81 min 25 s（5 min 5 s/km）	挺举+静力练习=5 km跑

（续表）

训练日期	上午	下午
星期六	30 km公路走=2 h 35 min 35 s（5 min 11 s/km–心率156次/分）	5 km跑
星期日	休息	休息

注：2015年12月7日—13日，丽江

由上述分析可知，三名运动员第一周期准备期训练内容形式上相似，但是实施难度的把控方面存在差异，具体表现为耐力训练中负荷的量与强度节奏因运动员竞技状态个体差异而呈现出不同的特点。如：在一般准备阶段，刘虹和切阳什姐以长距离慢跑、皮筋牵拉跑台走、柔韧性及灵活性练习等为基本训练周的主要训练内容安排，借助为期21天左右的高原训练进行有氧能力强化训练。高原强化训练中主要以各种形式中等强度的中、长距离走为主要内容，专项技术训练比例增加，身体素质训练内容较少。其中，高原适应阶段（时间约2周左右），主要采用10 ~ 15 km的中距离段落匀速或匀加速持续走，选取心率作为强度控制指标，该阶段训练结束即刻心率控制在130 ~ 140次/分，公路走和场地走强度控制在5 min 20 s/km以内，坡路走强度控制在6 min 20 s/km以内。高原能力提高阶段（时间为1周），主要采用长距离（15 ~ 20 km）及超长（>20 km）距离段落匀加速和变速持续走，强度控制在5 min 00 s ~ 5 min 20 s/km，心率控制在140 ~ 160次/分。而吕秀芝该阶段以慢走及全身小力量练习为基本训练周的主要训练内容，强调基础有氧代谢能力的沉淀。专门准备阶段训练内容的差异主要表现为耐力训练中对负荷量与负荷强度的实施节奏方面。

二、准备期训练负荷安排分析

（一）一般准备阶段训练负荷安排分析

一般准备阶段，三名运动员的训练时间共持续5周，训练负荷量完成情况由表42可知：三名运动员该阶段完成大负荷量课平均强度较小，大强度课占比较少，而身体训练课次占总训练课次比例较大。其中，吕秀芝跑台走量占比最大，刘虹和切阳什姐跑台和坡道走量均占据较大比例。由此说明，本阶段的训练任务主要为通过恢复性训练调动运动员有氧能力和加强力量素质等全面身体训练。

表42　三名运动员里约奥运年一般准备阶段负荷量总体特征一览表（N=3人）

训练负荷	刘虹	吕秀芝	切阳什姐
训练天数	34	34	31
训练课次	59	55	47
负荷总量（km）	543.0	568.6	425.0
周平均负荷量（km）	108.60	113.72	85.00
日平均负荷量（km）	15.97	16.72	13.71
身体训练课次	28	25	20
周平均身体训练课次	5.6	5.0	4.0
身体训练时间（min）	1365	1500	1035
周平均身体训练时间（min）	273	300	207
跑台走量（km）	47	73	32
坡道走量（km）	17	0	20
大负荷量课总量（km）	200.0	171.4	160.0
大负荷量课总课次	8	7	6
大负荷量课平均强度（m/s）	3.225	3.011	3.203

（续表）

训练负荷	刘虹	吕秀芝	切阳什姐
大强度课负荷总量（km）	7	0	7
大强度课总课次	2	0	2
大强度课平均强度（m/s）	3.754	0.000	3.671

由图14可知，一般准备阶段三名运动员负荷强度结构均为“金字塔”模式，即：以基础有氧能力恢复为主，以专项有氧能力为补充，注重下肢后蹬力量训练。此外，刘虹和切阳什姐在该阶段注重少量大强度训练的“拉动”效应，且负荷强度整体高于吕秀芝。

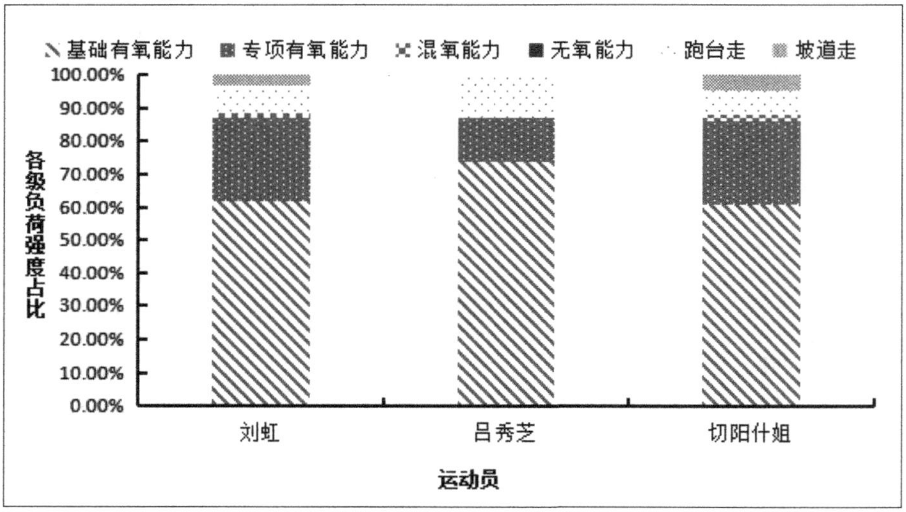

图 14　三名运动员里约奥运年一般准备阶段各级负荷强度占比分布图

由图15可知，三名运动员一般准备阶段各训练周各级负荷强度负荷量变化整体保持递增趋势，差异为刘虹负荷量的实施更具循序渐进递增特点，而吕秀芝整个阶段负荷量较为均衡且呈现小幅度递增特点，切阳什姐因故导致集训初期未能完成系统训练，故前3周负荷量完成较少。根据三名运动员一般准备阶段各训练周负荷实施特点可知，刘虹和切阳什姐的训练安排更强调通过专项有效负荷强度从整体上快速调动运动员神经肌肉控制系统、心血管系统、呼吸系统及循环系统等多系统和组织结构功能，故在持续两周生理和心理调整性训练之后，借助为期21天的高原训练加大对机体的刺激幅度，从而促使机体各项机能快速打破“惰性平衡”，建立进入训练状态的“新平衡”，为后续提高专项能力训练奠定基础。

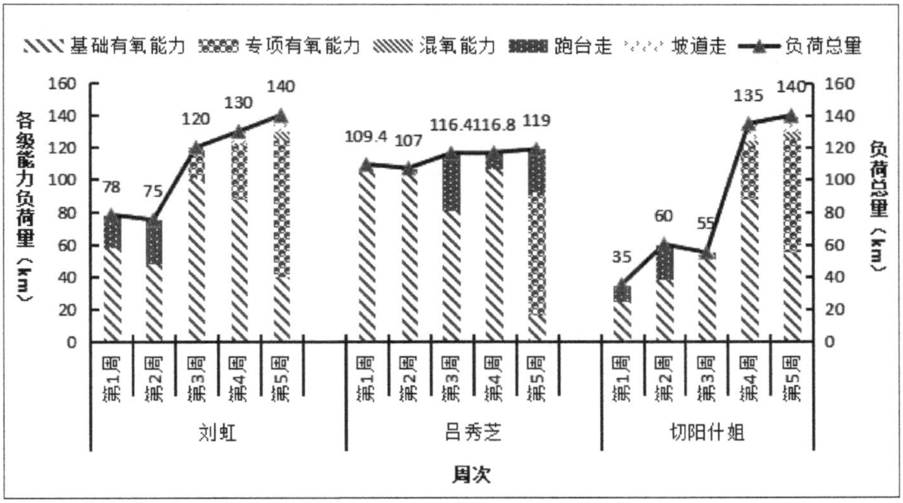

图15　三名运动员里约奥运年一般准备阶段各训练周负荷变化示意图

以上是从整体的视角对该阶段各训练周负荷变化趋势进行分析，接下来对于各训练周内负荷节奏变化主要以刘虹该阶段第4周和第5周的训练安排为个案进行分析。由表43和表44可知，两个训练周中，刘虹均进行了3堂大负荷量课训练，负荷内容均为连续2堂25 km大课+调整1天+1堂30 km大课，大课的下午单元训练仍安排以技术训练或者力量素质为主的身体素质训练，周内及周与周之间负荷强度均保持持续递增。由此可知，达米拉诺教练对刘虹一般准备阶段负荷量练与调的节奏为“练二调一”持续循序渐进攀高的特点。达米拉诺教练对刘虹该阶段负荷调控的依据是第4周第1次25 km大课，运动员血乳酸测试结果为3.8 mmol/L，由此可知，刘虹该阶段基础有氧能力仍需继续加强，故将本训练周第2次大课的负荷强度仍然控制在基础有氧能力的范围，其目的是通过量的积累提高运动员的基础有氧能力。而在该训练周的最后一堂大课中，刘虹以专项有氧能力的负荷强度完成训练，且血乳酸测试结果为2.1 mmol/L。由此说明，刘虹经过前3周的训练，基础有氧能力已经达到理想状态，故第5周训练加大负荷强度，重点发展刘虹的专项有氧能力。根据对达米拉诺教练的访谈可知，刘虹冬训一般准备阶段的主要任务为基础能力的恢复和逐渐提高，且根据训练刺激— 适应理论可知，人体对训练刺激的适应具有循序渐进性特点，负荷过大易造成过度训练，负荷过小导致不良刺激效应。因此，达米拉诺教练对刘虹该阶段负荷的安排是在基础有氧能力积累的基础上，逐渐进行专项有氧能力训练，目的是使运动员机体逐渐适应并逐步提高应激能力。

表 43　刘虹第一周期一般准备阶段（第4周）训练安排

训练日期	上午	下午
星期一	7 km 爬坡 = 40 min 50 s （5 min 50 s/km）	3 km热身 + 2 × 1 km （间歇 3 min –4 min 30 s/ 4 min 25 s/）
星期二	25 km= 2 h 10 min 53 s （5 min 14 s/km – 血乳酸3.8 mmol/L）	3 km技术走 + 2 km= 9 min 10 s
星期三	25 km= 2 h 10 min 37 s （5 min 14 s/km）	1 h 身体素质训练
星期四	10 km= 52 min 11 s （5 min 13 s/km）	2 km热身 +3 km = 14 min 25 s （4 min 50 s/km）
星期五	30 km= 2 h 34 min 31 s （5 min 09 s/km – 血乳酸2.1 mmol/L）	1 h 身体素质训练
星期六	2 km热身 + 10 km = 50 min 54 s （5 min 10 s/km）	3 km热身 + 5 km = 23 min 54 s （4 min 47 s/km）
星期日	休息	休息

注：2015年11月9日—11月15日，丽江

表 44　刘虹第一周期一般准备阶段（第5周）训练安排

训练日期	上午单元	下午单元
星期一	10 km 爬山 = 59 min 25 s（5 min 57 s/km）	3 km 热身 + 5 × 1 km（间歇3 min–4 min 32 s/4 min 30 s/4 min 27 s/4 min 24 s/4 min 13 s）
星期二	25 km = 2 h 09 min 26 s（5 min 11 s/km）	1 h 身体素质训练（主要包括髋关节灵活性和柔韧性练习）
星期三	25 km = 2 h 07 min 35 s（5 min 06 s/km）	5 km 技术走
星期四	10 km = 49 min 27 s（4 min 57 s/km）	2 km 热身+5 km=24 min 10 s（4 min 50 s/km）
星期五	30 km = 2 h 31 min 29 s（5 min 03 s/km）	1 h腹部力量练习
星期六	15 km = 1 h 14 min 27 s（4 min 58 s/km）	5 km 慢 + 30 min 下肢力量训练
星期日	休息	回北京

注：2015年11月16日—11月22日，丽江

综上，冬训伊始阶段，运动员在北京世锦赛后历经两月有余的休息，身体各项机能均处于低速运转状态。此外，形态上体重微增等均给运动员已具备的竞技能力造成一定的破坏，即均出现不同程度的短期“停训综合征”，其出现的原因为长期训练过程中运动员身体各功能系统和器官已经适应了每天承受大负荷训练的刺激，机体由适应大负荷训练的状态向适应停训的状态转化，打破了机体建立的适应大负荷训练的“平衡”，而停训后再次进入大负荷训练时，机体需调整各项机能重新进行新的适应并建立新的“平衡”。并且，从适应理论视角可知，运动员竞技能力提高的过程就是一个“刺激—适应—平衡—失衡—再刺激—再适应—再平衡”的循序渐进的闭环式过程。教练员为了防止过度训练和运动损伤的发生，训练过

程中必须遵循基础能力—专项能力—比赛能力的积累与转换的实现序列过程。而从训练学视角，根据竞走项目本质特征并结合运动员现阶段的竞技能力水平可知，通过大量基础有氧能力训练逐渐调动运动员的心血管系统、呼吸系统、循环系统和中枢神经对主动肌、协调肌和对抗肌之间的逐渐精确协调，从而初步发展运动员的有氧代谢能力。在此基础上通过跑台走、坡道走等力量训练方式促进力量得到有效发展，避免肌肉力量增长的同时该肌肉氧化能力相对较低，从而在有效发展运动员有氧代谢能力的同时发展力量耐力能力。因此，两位教练在一般准备阶段均以基础有氧能力恢复为主，专项有氧能力和力量耐力为补充内容。

（二）专门准备阶段训练负荷安排分析

根据三名运动员专门准备阶段负荷量与负荷强度的变化特点，并结合专门准备阶段的训练任务及训练安排将该阶段分为专项能力提高阶段和专项能力强化阶段。

1.专项能力提高阶段训练负荷安排分析

刘虹、吕秀芝和切阳什姐专项能力提高阶段分别共持续6周、5周和6周，该阶段负荷量完成情况如表45所示。三名运动员该阶段大课的负荷总量、课次和平均负荷强度均高于一般准备阶段，而周平均身体训练课次和时间均小于一般准备阶段。三名运动员该阶段负荷量完成情况的个体差异主要表现为：刘虹和切阳什姐的日平均负荷量和大强度课课次显著高于一般准备阶段，大强度课平均强度小于一般准备阶段；吕秀芝两个阶段日平均负荷量基本相当，大强度课课次、负荷量和平均强度均大于一般准备阶段。由此可知，专项能力提高阶段的训练任务为通过内容贴近专项且形式多样的训练提高运动员的专项能力。

表 45　三名运动员里约奥运年专项能力提高阶段训练负荷量总体特征一览表（N=3人）

训练负荷	刘虹	吕秀芝	切阳什姐
训练天数	42	35	42
训练课次	67	54	68
负荷总量（km）	805.0	578.2	798.0
周平均负荷量（km）	134.17	115.64	133.00
日平均负荷量（km）	19.17	16.52	19.00
身体训练课次	16	18	17
周平均身体训练课次	2.67	3.60	2.80
身体训练时间（min）	810	1080	750
周平均身体训练时间（min）	135	216	125
跑台走量（km）	10	11	25
坡道走量（km）	27.0	42.2	30.0
大负荷量课负荷总量（km）	365	220	355
大负荷量课总课次	14	8	14
大负荷量课平均强度（m/s）	3.460	3.156	3.431
大强度课负荷总量（km）	39	3	58
大强度课总课次	5	2	6
大强度课平均强度（m/s）	3.627	4.049	3.638

由图16可知，该阶段刘虹和切阳什姐负荷强度结构呈现出以专项有氧能力为核心的“两极化”模式，与前人研究的“两极化”模式稍有差异，即负荷强度集中为以专项有氧能力为核心，而吕秀芝负荷结构表现出显著的“金字塔”模式。刘虹和切阳什姐该阶段负荷完成情况与一般准备阶段

比较而言，基础有氧能力负荷量占比显著下降、专项有氧能力和混氧能力负荷量显著递增。而吕秀芝仍处于低强度基础有氧能力负荷量累积阶段，但是负荷强度总体高于前一阶段。

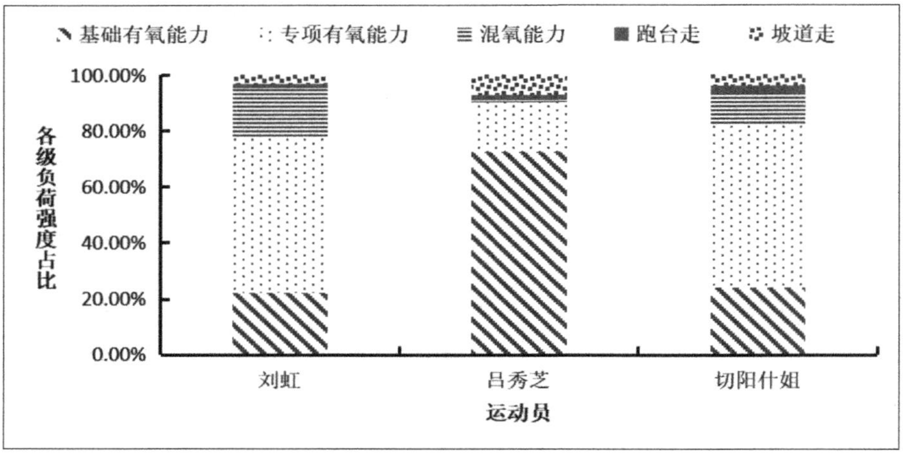

图 16　三名运动员里约奥运年专项能力提高阶段各级负荷强度占比分布图

由图17可知，三名运动员专项能力提高阶段各训练周负荷结构变化特点为：刘虹负荷量变化具体表现为由第6周的115 km逐渐递增至第9周的158 km，而后再逐渐递减至第11周的131 km。切阳什姐负荷量变化由第6周的115 km逐渐递增至第9周的158 km，而后再逐渐递减至第11周的127 km，负荷量变化整体表现出“抛物线”的发展趋势，且具有显著的“练”与“调”循序渐进进行的节奏特点。刘虹和切阳什姐负荷强度变化表现为第6周以基础有氧能力为主，逐渐递增至第7周以专项有氧能力为主，第8周进行调整训练，而后第9周混氧能力占比大幅增加，第10周回归以大负荷量进行调整训练，而第11周再次递增负荷强度，即负荷强度变化整体表现出平台式与阶梯式递增再递减相结合的波浪形特点，并注重各负荷强度平台拔高过程中各“节点”之间安排相应的恢复再生训练周，从而有效防止负荷刺激过大，导致过度训练。此外，随着训练的深度推进，强调在各平台节点之间施加少量的大强度刺激，从而避免机体对同一平台的负荷刺激产生依赖性生理适应，导致运动能力下降。而吕秀芝该阶段负荷量整体呈现出递增趋势，但波动幅度较大，呈现出跳跃式向前发展的特点，且平均周负荷量远小于刘虹和切阳什姐的平均周负荷量。整个阶段主课训练之后吕秀芝即刻心率保持在150 ~ 160次/分，晨脉保持在（54.58 ± 2.58）次/分，由此说明该阶段她训练负荷的安排具有显著的边练边调整的特点。

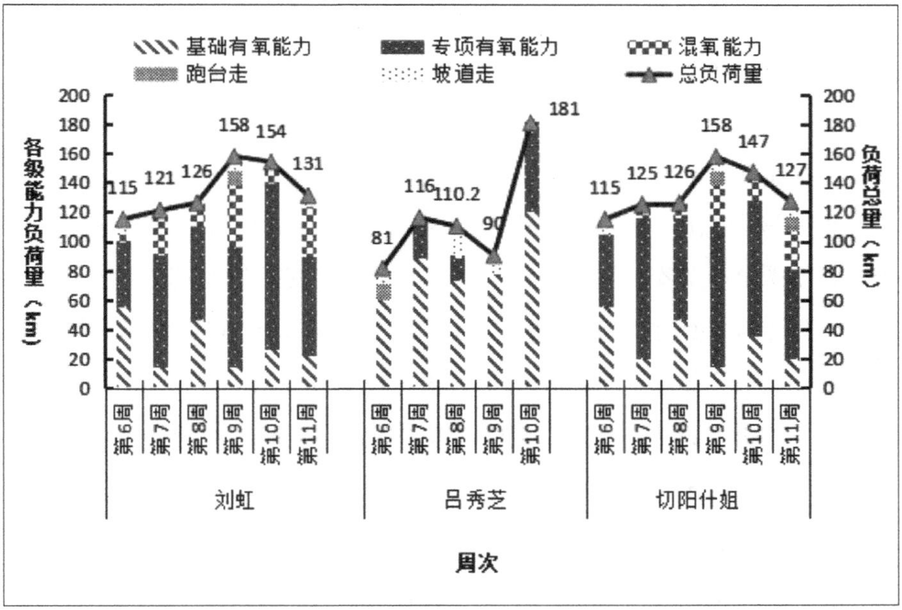

图 17　三名运动员里约奥运年专项能力提高阶段各训练周负荷变化示意图

以上是对三名运动员专项能力提高阶段各训练周负荷结构变化总体趋势的分析。对各训练周内负荷的具体变化特点分析，以刘虹专项能力提高阶段第10周和第11周训练安排为例进行阐述。

由表46可知，刘虹第10周训练完成的负荷总量为154 km，身体素质训练180 min，为典型的上量周。其中周一至周三连续3天进行大负荷量训练，负荷强度均控制在中等负荷强度，即刻血乳酸均保持在3 mmol/L以下，且大负荷量课之后下午单元仍安排力量等身体素质训练。星期一训练结束后刘虹肌肉酸胀感明显，故在下午单元进行低强度慢走，目的是消除身心疲劳、放松肌肉。星期二教练员根据刘虹第一天的血乳酸测试结果为2.1 mmol/L继续增量上强度，目的是通过增大疲劳刺激的深度促进机体产生更强的适应能力。根据刘虹实际训练完成情况可知血乳酸达2.8 mmol/L，由此说明其骨骼肌代谢能力得以深层次刺激。因此，在她第三天大负荷量训练中要求将负荷强度稍降低、负荷量不变，目的是促进机体对前两次大课的负荷强度刺激保持持续适应的能力。

而根据刘虹第11周的训练安排（见表47）可知，共完成专项训练负荷131 km（包括基础有氧能力22 km、专项有氧能力68 km、混氧耐力34 km和7 km坡道走），身体素质训练60 min。混氧能力显著高于第10周，由此说明该训练周为典型的强度周。由刘虹第11周负荷量的实施特点可知，强度课负荷节奏为隔天进行，且下午单元仍安排中等强度刺激的训练内容，以专项有氧能力负荷强度的血乳酸不超过2 mmol/L和混氧能力负荷强度血乳酸不超过4 mmol/L为最佳负荷强度调控值。

其中，由大负荷周到大强度周的过渡，负荷节奏主要表现为持续大负荷量课后减负荷量、逐渐增加负荷强度。由于持续大负荷量训练使得运动员机体各器官和系统产生了一定的生理和心理疲劳累积，故通过降低负荷量来使机体累积疲劳得以缓解；而逐渐增加负荷强度的目的是保证机体逐渐具备利用已获得的适应接受更大强度刺激的能力，从而有利于运动员在大强度周得以平稳过渡，避免机体因刺激强度过大产生过度训练的风险。

综上，专项能力提高阶段大负荷量课的安排节奏为“练”与“调”穿插进行，大强度课安排节奏为隔天进行，且下午单元仍安排中等强度刺激的训练内容。

表 46 刘虹第一周期专项能力提高阶段（第10周）训练安排

训练日期	上午	下午
星期一	2 km热身+25 km=2 h 00 min 55 s（4 min 50 s/km– 血乳酸2.1 mmol/L）	2 km跑+5 km=27 min 10 s（5 min 26 s/km）+30 min身体素质练习
星期二	2 km热身+30 km=2 h 22 min 50 s（4 min 46 s/km– 血乳酸2.8 mmol/L）	1 h身体素质练习
星期三	30 km=2 h 27 min 35 s（4 min 55 s/km – 血乳酸1.6 mmol/L）	1 h身体素质练习
星期四	2 km热身+15 km=1 h 11 min 43 s（4 min 47 s/km）	2 km+5 km=26 min 45 s（5 min 21 s/km）+30 min力量练习
星期五	休息	休息
星期六	2 km热身+10 km=44 min 19 s（4 min 26 s/km– 血乳酸7.0 mmol/L）	10 km=51 min 10 s（5 min 07 s/km）
星期日	12 km=59 min 25 s（4 min 57 s/km）	休息

表 47 刘虹第一周期专项能力提高阶段（第11周）训练安排

训练日期	上午	下午
星期一	7 km爬坡=37 min 50 s（5 min 24 s/km）	10 km=51 min 11 s（5 min 07 s/km）
星期二	2 km热身+25 km=1 h 58 min 47 s（4 min 45 s/km– 心率158次/分– 血乳酸1.2 mmol/L）	2 km+5 km=25 min 05 s（5 min 01 s/km）
星期三	12 km=57 min 33 s（4 min 48 s/km）	2 km跑+5 km=25 min 36 s（5 min 05 s/km）
星期四	2 km热身+20 km=1 h 28 min 27 s（4 min 25 s/km–心率172次/分–血乳酸3.1 mmol/L）	5 km跑+30 min身体素质训练
星期五	请假	请假

（续表）

训练日期	上午	下午
星期六	2 km 热身 +15 km 变速 = 1 h 07 min 50 s（4 min 31 s/km）	2 km + 5 km + 30 min 身体素质训练
星期日	10 km = 51 min 28 s（5 min 09 s/km）	休息

2. 专项能力强化阶段训练负荷安排分析

刘虹、吕秀芝和切阳什姐专项能力强化阶段分别持续5周、7周和5周，该阶段负荷量实际完成情况如表48所示。三名运动员该阶段与专项能力提高阶段比较而言，日平均负荷量均低于专项能力提高阶段。三名运动员负荷量完成情况的个体差异主要表现为：刘虹和切阳什姐大课完成课次和平均强度基本相当，大强度课完成次数和负荷总量小于专项能力提高阶段，而负荷强度显著大于前一阶段，身体训练课次和时间大于专项能力提高阶段；吕秀芝该阶段大负荷量课的完成课次、负荷总量和平均强度，以及大强度课完成次数和负荷总量，均大于专项能力提高阶段，大强度课负荷强度基本相当，而身体训练平均周课次和时间均低于专项能力提高阶段。由上述分析可知，专项能力强化阶段注重增加负荷强度，给予机体更大的刺激深度，促进机体产生更强的适应能力，其目的是为后续比赛期最佳竞技状态的形成奠定强度基础。

表 48　三名运动员里约奥运年专项能力强化阶段训练负荷量总体特征一览表（N=3人）

训练负荷	刘虹	吕秀芝	切阳什姐
训练天数	35	49	35
训练课次	57	73	58
负荷总量（km）	639.0	791.6	653.0
周平均负荷量（km）	127.80	113.09	130.60
日平均负荷量（km）	18.26	16.16	18.66

（续表）

训练负荷	刘虹	吕秀芝	切阳什姐
身体训练课次	18	21	16
周平均身体训练课次	3.6	3	3.2
身体训练时间（min）	705	1260	735
周平均身体训练时间（min）	141	180	147
跑台走量（km）	5	5	16
坡道走量（km）	16	0	0
大负荷量课负荷总量（km）	280	325	300
大负荷量课总课次	11	13	12
大负荷量课平均强度（m/s）	3.460	3.473	3.423
大强度课负荷总量（km）	26.0	31.6	31.0
大强度课总课次	3	5	4
大强度课平均强度（m/s）	3.908	4.011	3.860

由图18可知，专项能力强化阶段三名运动员负荷强度结构均表现为以专项有氧能力为核心的“两极化”模式。专项能力强化阶段与专项能力提高阶段比较而言，刘虹和切阳什姐基础有氧能力、专项有氧能力及混氧能力占比均递减，无氧能力递增。而吕秀芝该阶段基础有氧能力大幅度递减、专项有氧能力和混氧能力大幅度递增，无氧能力小幅递增。三名运动员跑台走及坡道走量均大幅度递减。由两个阶段负荷强度的变化特点再次印证两位教练员的训练理念，即：达米拉诺教练更加强调循序渐进性，而张阜新教练则更倾向于跳跃式施加负荷。

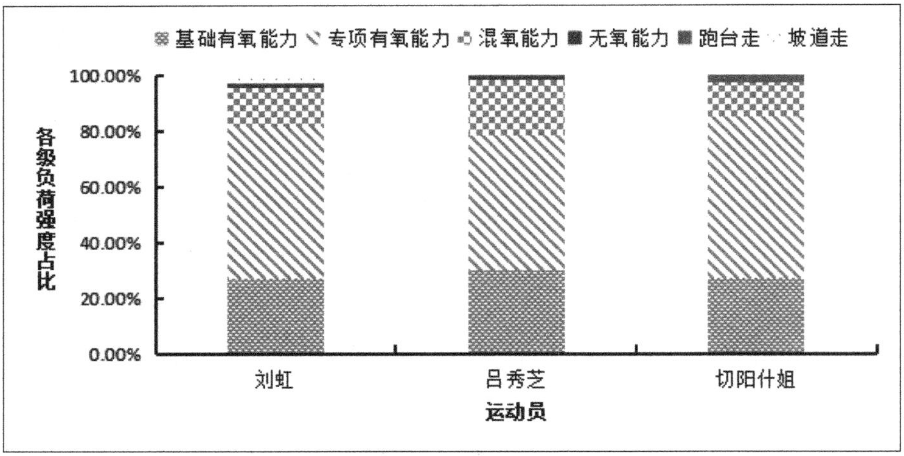

图 18　三名运动员里约奥运年专项能力强化阶段各级负荷强度占比分布图

由图19可知，三名运动员整个专项能力提高阶段负荷量呈现波浪形发展特点。其中，达米拉诺教练在负荷量的实施方面更具节奏性，其节奏具体表现为：刘虹和切阳什姐第12周移地圣洛伦佐训练，完成的负荷总量分别为125 km和130 km，以专项有氧能力为主；而第13周在两名运动员均适应海滨城市的环境之后，教练员进行了增量周，完成的负荷总量分别为152 km和160 km，混氧耐力和无氧能力占比大幅度增加；第14周负荷量再次递减至120 km，各级负荷强度占比均下降，即整个阶段均保持着“练”与“调”循序渐进进行。张阜新教练则更倾向于跳跃式把控负荷量，具体表现为，吕秀芝的负荷总量由第11周的101 km波浪形递增至第14周的155 km，而后直线递减至第17周的70 km。三名运动员各训练周负荷强度变化与负荷量变化特征存在差别：达米拉诺教练更强调平台与阶梯式递增相结合，并注重平台“节点”之间注入低负荷强度的训练内容及时调整累积疲劳，且调整过程中强调施加少量新异刺激防止机体对低强度刺激产生“耐受性”，从而形成不良“平台效应”；张阜新教练在负荷强度把控方面表现出先直线式递增再直线式递减的波动幅度较大的特点。

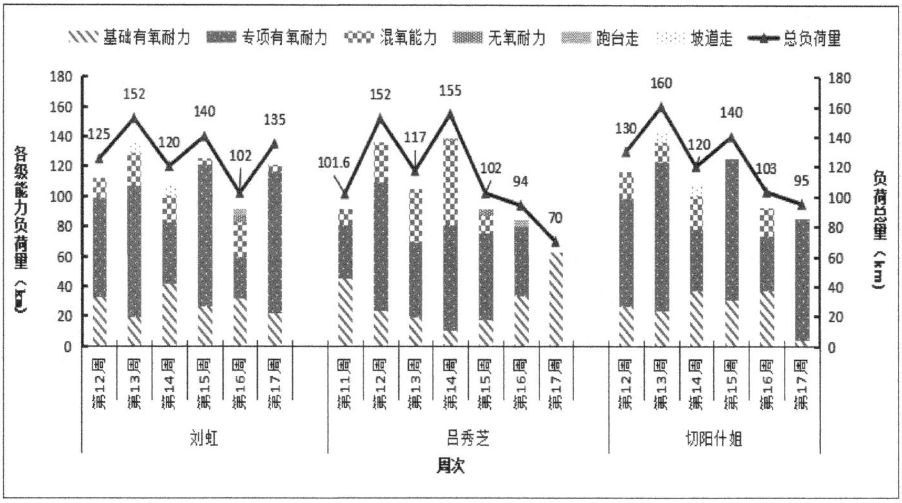

图 19　三名运动员里约奥运年专项能力强化阶段各训练周负荷变化示意图

对该阶段各训练周内及训练周之间负荷节奏变化分析以刘虹第12周和第13周的训练安排为例进行展开（具体见表49和表50）。刘虹在第11周大强度周后移地圣洛伦佐进行训练，该训练周以距离段落为10 ~ 15 km的中等强度训练内容为主，大强度混氧能力训练为辅。整个训练周负荷节奏的安排表现为2.5天适应性训练+2天大强度课+1天大量课+1天调整训练。该负荷节奏的主要目的，一是缓解第11周大强度周的累积疲劳，二是为第13周大负荷量周做好生理和心理准备，其目的为过渡训练周。而刘虹第13周进行大负荷量训练，该训练周负荷总量为152 km，共完成4次大课，大课的下午单元依然进行较大强度刺激的以力量素质训练为主导的身体素质训练课，且每堂大课中强调严格控制强度，训练过程中每0.5 km或每1 km均要进行强度计算，防止一堂超预期的大课影响整个训练的系统性。

由上述分析可知，整个训练周中大负荷量课的安排节奏为“练二调一”，负荷强度的安排特点表现为达到某一强度平台时应进行能力保持训练，而后再逐渐进入另一强度平台，从而保持整个训练过程循序渐进地实施负荷量与强度。

表 49　刘虹第一周期专门准备阶段（第12周）训练安排

训练日期	上午	下午
星期一	前往圣洛伦佐	10 km = 51 min 50 s（5 min 11 s/km）
星期二	15 km = 1 h 13 min 24 s（4 min 54 s/km）	10 km = 51 min 07 s（5 min 07 s/km）
星期三	13 km = 1 h 03 min 35 s（4 min 52 s/km）+ 7 km慢跑	1 h身体素质训练
星期四	5 km 热身 + 5 km × 2组（间歇 3 min）21 min 36 s（4 min 19 s/km）/ 21 min 38 s（4 min 20 s/km）	1 h 身体素质训练
星期五	5 km 热身 + 10 km = 45 min 23 s（4 min 32 s/km）	5 km 技术走 + 30 min身体素质训练
星期六	25 km = 1 h 59 min 30 s（4 min 47 s/km）	1 h身体素质训练
星期日	10 km = 52 min 30 s（5 min 15 s/km）	休息

注：2016年1月4日—1月10日，圣洛伦佐

表 50　刘虹第一周期专门准备阶段（第13周）训练安排

训练日期	上午	下午
星期一	2 km 热身 + 8 km 爬坡 = 46 min 33 s（4 min 49 s/km）	5 km 热身+ 500 m× 10组（间歇 1 min 30 s–2 min 10 s / 2 min 09 s / 2 min 10 s / 2 min 10 s / 2 min 02 s / 2 min 07 s / 2 min 03 s / 2 min 01 s / 2 min 04 s / 1 min 59 s）
星期二	25 km = 1 h 56 min 11 s（4 min 39 s/km–心率164次/分）	5 km 慢 + 1 h 身体素质训练
星期三	30 km = 2 h 25 min 52 s（4 min 52 s/km–心率155次/分）	45 min 身体素质训练

（续表）

训练日期	上午	下午
星期四	5 km 热身 + 7 km = 33 min 50 s（4 min 50 s/km）	1 h 力量训练
星期五	20 km = 1 h 38 min 22 s（4 min 52 s/km）	5 km 放松走 + 30 min 身体素质训练
星期六	35 km = 2 h 48 min 49 s（4 min 49 s/km– 心率 162 次 / 分）	30 min 身体素质训练
星期日	休息	1 h 力量训练

注：2016年1月4日—1月10日，圣洛伦佐

综上，对三名运动员第一周期专门准备阶段训练负荷安排的适宜性进行评价，认为可从训练目标的设计、阶段任务安排、运动员的竞技状态并结合适应理论视角予以阐述。运动训练是一个复杂的动态运行系统，该系统的高效运转依赖于以训练目标和阶段任务为导向，以构成系统各组成要素以最适宜的组合方式形成最优结构为核心，以通过科学有效的手段对结构运行功能予以实时评估为保证，以通过实施及时反馈与调节最终实现各结构要素功能最大化为目标，整个过程中逐步地、系统地施加训练刺激（训练负荷量和训练强度等）以得到较高适应，从而提高运动员的竞技能力，进而提升运动成绩。在整个运行过程中，教练根据全年参赛安排设计阶段性训练目标和任务，不断对运动员身体和心理施以各种负荷量和强度的刺激，训练适应就是系统地反复实施适宜强度、量度和频率的且满足专项特殊要求的身体训练，从而引起机体结构和生理功能的改变。而运动员适应和调整训练或比赛负荷的能力，就如同生物物种适应其所生存的环境一样重要，即适者生存。当运动员不能适应不断变化的负荷刺激时则易导致疲劳、训练过量甚至过度训练；而训练刺激不足则难以引起生理变化，将无适应现象产生。

竞走属于长距离耐力项目，运动员对训练负荷的适应主要表现在神经

肌肉控制、能量代谢系统、心血管系统和呼吸系统等方面。神经肌肉适应方面，表现为通过一定负荷的刺激提高动作与神经支配的效率、增强神经系统的反射活动、加速运动单位募集、增加运动单位激活频率、增加线粒体数量及改变细胞信号通路。能量代谢系统方面，表现为增加肌肉储存糖原的能力、增强肌肉对乳酸堆积的耐受性及延缓疲劳的能力、增加供应氧气和营养的毛细血管网及增加脂肪供能比例等。心血管系统和呼吸系统方面，表现为增大左心室容积、增加肺活量，从而增大每搏输出量、降低心率及增加毛细血管密度等①②。训练刺激能否引起机体结构和生理功能产生适宜的反应，主要依赖于刺激—适应之间的相互关系，其相互关系主要表现为三个维度，即增加刺激—适应—运动成绩提高（A型）、刺激不足—稳定平台—训练效果提高不明显（B型）和过度刺激—适应不良—运动成绩降低（C型）。因此，训练过程中应循序渐进且有区别地对运动员机体施加能够提高运动成绩的刺激，避免急功近利，盲目追求大负荷训练。

根据上述对三名运动员专门准备阶段训练负荷特点的分析可知：达米拉诺教练更注重根据生物体结构和功能的适应机理，循序渐进地递增训练负荷量和强度，属于训练刺激 — 相互关系中的A型。因此，在专门准备阶段两次测试中，两名运动员完成成绩分别为1 h 28 min 27 s、1 h 27 min 32 s和1 h 30 min 33 s、1 h 29 min 1 s，且两名运动员均能在夏训阶段多次世界大赛中登顶。而张阜新教练的安排则体现出中国教练冬训阶段更注重基础能力的积淀作用，属于刺激 — 适应相互关系中的B型，该模式不利

① BOMPA，T. Periodization：theory and methodology of training（4thed）[M]. Champaign，IL：Human Kinetics，1999.

② WILMORE J H，COSTILL D L. Training for sport and activity[M]//. The physiological basic of the conditioning process. Champaign，IL：Human Kinetics，1993.

于运动员竞技能力多高峰模式①②的形成。因此，为使得高水平运动员能够在全年多次世界大赛中表现出优异的竞技水平，应结合项目特点和运动员已具备的竞技能力，调整以往训练中冬训准备期长时间进行基础能力训练的固化训练理念，尝试结合适应理论并实时监控合理把控和实施训练。

第二节　比赛期训练安排分析

一、比赛期训练内容、方法和手段安排分析

比赛期训练内容的安排直接影响运动员前一阶段竞技能力的转化，该阶段训练内容的合理搭配有利于舒缓运动员前一阶段生理和心理疲劳，同时继续提高运动员之前训练获得的身体适应和训练适应，调整运动员的身心状态，从而促使运动员在正式比赛中达到最佳竞技状态。普拉托诺夫提出，在重大比赛之前，通常由2～3个诱导小周期组成一个中周期。其中，第一个小周期通常安排内容较窄且专项化程度较高的、直接针对比赛本身的训练，负荷总量相对较少，但是每次课都具有高度的专项性。但是，在一般负荷都不大的情况下，在小周期的开始或者中间，可以安排大负荷或次大负荷的训练课③。陈亮等人认为由于运动项目对竞技子能力要求的精细化，决定了比赛期的训练内容、方法和手段既要突出主导能力，又要将各子能力综合体现在专项之中。且为了对比赛进行直接准备，赛前若干小

---

① ISSURIN V. Block periodization versus traditional training theory：a review[J]. Journal of sports medicine and physical fitness，2008：226–234.

② ISSURIN V. New horizons for the methodology and physiology of training periodization[J]. sports medicine，2010，40（3）：189–206.

③ 普拉托诺夫. 奥林匹克运动员训练的理论与方法[M]. 黄签名，张江南，郭鹏程，等编译. 天津：天津大学出版社，2014.

周期的训练内容是多样的，依运动员赛前的个体特点和在该阶段的训练特点而异。他们认为对于竞速类项目而言，赛前阶段的训练内容主要体现为高强度（含专项或短于专项距离的极限强度）、中等强度和低强度的各种长短翼项训练[①]。刘峻一以冬季项目运动员张虹的赛前训练为个案，通过对她赛前训练内容进行剖析认为赛前阶段训练内容要丰富多样，以专项供能能力和专项技术为主，以辅助供能能力和专项力量训练为辅[②]。综上，赛前阶段训练内容形式上应该是丰富且多样化的，具体内容方面应突出专项性。

由表51可知，三名运动员第一周期比赛期训练内容主要包括基础有氧能力、专项有氧能力、混氧能力、无氧能力、力量素质、柔韧素质、速度素质以及恢复再生训练和技术训练等，未安排跑台走和坡道走等下肢力量耐力练习。三名运动员训练内容的共性与陈亮和刘峻一等人对体能主导类竞速项目比赛期训练内容的研究结果一致，即：形式上要求多样，内容上注重专项且关注运动员生理和心理疲劳的变化。三名运动员比赛期训练内容安排的差异主要表现为：刘虹和切阳什姐注重专项耐力训练的多样性和专项性，强调通过大量各种变化形式和变换速度的完整技术练习建构技术能力，从而形成良好的肌肉痕迹效应，在比赛中能够表现出理想的技术效率。

---

① 陈亮，李荣，刘成，等. 高水平个人项目运动员赛前减量训练阶段的负荷变化特征[J]. 天津体育学院学报，2017，32（1）：5-8.

② 刘俊一. 论赛前减量训练理论及其对竞技训练的策略[J]. 沈阳体育学院学报，2015，34（2）：120-125.

表 51　三名运动员里约奥运年第一周期比赛期训练内容汇总表

训练阶段	训练内容	训练方法	训练手段
比赛期	耐力素质（主要包括基础有氧能力、专项有氧能力、混氧能力和无氧能力等）	（匀速、匀加速以及变速）持续训练法、间歇训练法和重复训练法	（1）基础有氧能力：5 km、8 km、10 km的短距离放松走、技术走及慢跑等； （2）专项有氧能力：中（10 ~ 15 km）、长（15 ~ 20 km）及超长（>20 km）距离段落的匀加速持续走； （3）混氧能力：段落距离恒定的间歇走（如6 km × 2组，间歇4 min 00 s），段落距离递减/递增的变速走（如1 km—3 km—5 km—8 km、4 km—3 km—2 km—1 km等），以及不同段落组合走（如4 km—2 km—4 km—2 km）； （4）无氧能力：恒定短距离段落重复走（如200 m × 10组、500 m × 10组等）
	力量素质（以下肢力量和核心力量为主）	循环训练法	（1）下肢力量练习手段：半蹲、静蹲、单腿蹲起、联合器械前群和后群力量练习、跳小栏架等； （2）核心区力量练习手段：俯卧背起、仰卧/俯卧两头起、形式变化多样的仰卧起坐、臀桥、静力支撑（侧撑和平板支撑）、瑞士球核心力量练习、健腹轮腹肌练习等； （3）上肢力量练习手段：皮筋牵拉摆臂练习、负重小哑铃摆臂练习及挺举等
	柔韧素质（以髋关节灵活性练习和力量练习后的放松牵拉为主）	循环训练法	（1）髋关节灵活性练习手段：原地/行进间转髋练习、栏架绕髋练习、晃板髋部练习、髋部牵拉练习等； （2）放松牵拉练习手段：大腿前群、股后肌群、内收肌、髋周肌群、髂胫束及比目鱼肌等前链、后链、侧链形式多样的静力性和动力性牵拉练习

（续表）

训练阶段	训练内容	训练方法	训练手段
比赛期	速度素质（包括动作速度和移动速度）	循环训练法/重复训练法	（1）动作速度的练习主要结合技术练习进行，具体手段包括小步高频走、高频节奏足跟走及短距离冲刺练习等；（2）移动速度练习：50 m×10组的大强度快走等
	恢复再生训练	主动与被动结合法	人工按摩、营养补充、睡眠及泡温泉
	技术训练（主要指完整练习）	完整法	完整技术练习手段：臂下垂大步走、足跟直腿快走、双臂前后绕环走、绕8字走、抱头走、上体平衡左右侧松髋前摆走、双手上下摆动行进间松髋走等形式多样的技术协调性练习
	心理训练	模拟、诱导训练法等	表象放松法、自我暗示法、音乐调节法等
	战术训练	程序、模拟训练法等	跟随走和领先走等

由刘虹（切阳什姐训练内容安排模式与刘虹一致，故此处仅以刘虹为个案）和吕秀芝比赛期第19周的训练内容安排（具体见表52和表53）可知：刘虹和切阳什姐训练课时间安排模式为“一天两练”，周日下午休息，训练课内容安排模式以专项技术+有氧耐力和专项技术+身体素质为主、专项技术+速度耐力和专项技术+速度课比例大幅上升；吕秀芝该阶段训练时间安排模式仍然为“一天两练”，周四下午和周日全天休息，且根据选拔赛比赛时间为下午，将训练主课调整安排为下午进行，训练课内容安排模式包括以专项技术+有氧能力为主、以专项技术+身体素质和专项技术+速度耐力为辅。由两位运动员各训练周训练内容安排可知，刘虹和切阳什姐以短距离和中距离不同速度的公路走、场地走等形式多样的专项训练为主要训练内容，强调身体素质训练，但身体训练时间少于准备期，且

注重通过形式多样的完整技术训练增强肌肉“痕迹”效应，而吕秀芝以短、中、长和超长距离段落不同速度的公路走和场地走等形式多样的专项训练为主要训练内容，但是，完整技术练习和身体训练安排较少。

表 52　刘虹第一周期比赛期（第19周）训练计划

训练日期	上午	下午
星期一	15 km公路走 = 1 h 13 min 23 s（4 min 54 s/km）	10 km公路走 = 50 min 04 s（5 min 00 s/km）
星期二	5 km热身 + 乳酸测试（2 km × 5组）8 min 51 s（4 min 25 s/km – 心率63 次/分 – 血乳酸2.3 mmol/L）/ 8 min 48 s（4 min 24 s/km – 心率65 次/分 – 血乳酸3.2 mmol/L）/ 8 min 33 s（4 min 16s/km – 心率70 次/分 – 血乳酸3.5 mmol/L）/ 8 min 17 s（4 min 08s/km – 心率78 次/分 – 血乳酸5.3 mmol/L）/ 7 min 57 s（3 min 58s/km – 心率86 次/分 – 血乳酸9.7 mmol/L）	5 km放松走+30 min技术辅助练习
星期三	7 km场地走 + 3 km场地走 = 46 min 14 s（4 min 37 s/km）	5 km技术走
星期四	2 km热身 + 8 km场地走 = 34 min 45 s（4 min 21 s/km）	5 km放松走+30 min身体训练
星期五	15 km公路走 = 1 h 12 min 09 s（4 min 49 s/km）	5 km放松走+30 min身体训练
星期六	3 km热身 + 12 km场地走 = 54 min 33 s（4 min 33 s/km– 血乳酸2.3 mmol/L）	休息
星期日	5 km放松走+30 min技术练习	休息

注：2016年2月22日—28日，南京

表 53　吕秀芝第一周期比赛期（第19周）训练计划

训练日期	上午	下午
星期一	5 km早操慢跑	12 km公路走=60 min 10 s（5 min 01 s/km–心率148次/分）
星期二	5 km早操慢跑	15 km公路走=72 min 49 s（4 min 51 s/km–心率160次/分）
星期三	5 km早操慢跑	公路走：10 km=45 min 30 s（4 min 33 s/km–心率170次/分）+3 km=12 min 56 s（4 min 19 s/km–心率178次/分）+2 km=8 min 21 s（4 min 10.5 s/km–心率185次/分）
星期四	10 km公路走=51 min 00 s（5 min 06 s/km–心率145次/分）	休息
星期五	兴奋剂检查	12 km公路走=60 min 08 s（5 min 01 s/km–心率155次/分）
星期六	6 km公路走=32 min 22 s（5 min 24 s/km）	25 km公路走=2 h 02 min 21 s（4 min 54 s/km–心率165次/分）
星期日	休息	慢走5 km

注：2016年2月22日—28日，南京

二、比赛期训练负荷安排分析

由表54可知，三名运动员第一周期比赛期分别持续27天、20天和27天，比赛期与专项能力强化阶段比较而言，三名运动员周平均负荷量、大负荷量课课次、周平均身体训练时间、跑台走量及坡道走量等均小于前一阶段，其中刘虹的大负荷课平均强度显著大于前一阶段，切阳什姐基本保持相当，而吕秀芝则相反。此外，刘虹和切阳什姐该阶段仍然保持一定比例的身体训练，而吕秀芝身体训练比例大幅度下降。

表 54　三名运动员里约奥运年第一周期比赛期训练负荷总体特征一览表（N=3人）

训练负荷	刘虹	吕秀芝	切阳什姐
训练天数	27	20	27
训练课次	47	30	47
负荷总量（km）	457.0	298.5	392.0
周平均负荷量（km）	114.25	99.50	98.00
日平均负荷量（km）	16.93	14.93	14.51
身体训练课次	11	1	13
周平均身体训练课次	2.75	0.33	3.25
身体训练时间（min）	420	60	570
周平均身体训练时间（min）	105.0	20.0	142.5
跑台走量（km）	0	0	0
坡道走量（km）	0	0	0
大负荷量课负荷总量（km）	95	50	45
大负荷量课总课次	4	2	2
大负荷量课平均强度（m/s）	3.509	3.390	3.413
大强度课负荷总量（km）	22	25	10
大强度课总课次	2	2	1
大强度课平均强度（m/s）	3.786	3.883	3.794

由图20可知，三名运动员该阶段各级负荷强度安排总体特征均表现为以专项有氧能力为主导的“两极化”模式，但各级负荷强度占比较前一阶段而言发生较大幅度调整。负荷强度变化主要表现为：刘虹的基础有氧能力占比大于专项能力强化阶段，专项有氧能力占比显著低于前一阶段，混氧能力占比大幅度递增，无氧能力占比小幅度递增；吕秀芝的基础有氧

能力占比低于专项能力强化阶段，专项有氧能力占比大幅度增加，混氧能力占比大幅度下降，无氧能力占比小幅度递增；切阳什姐该阶段基础有氧能力占比大幅度递增，专项有氧能力占比大幅度递减，混氧能力占比基本保持相当，无氧能力占比小幅度递增。

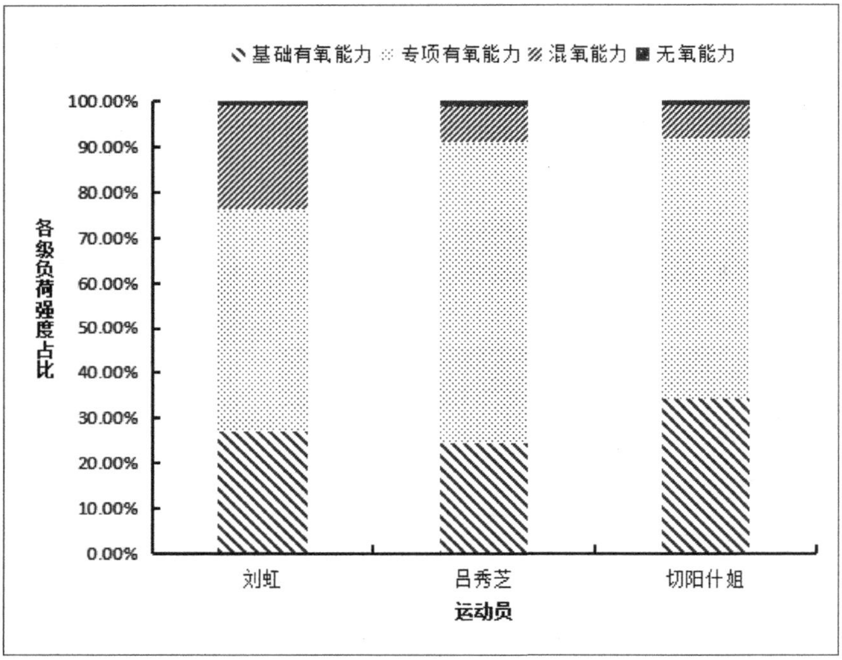

图 20　三名运动员里约奥运年第一周期比赛期各级负荷强度占比分布图

三名运动员该阶段各训练周负荷量的变化（见图21）具体表现为：刘虹的负荷总量由第17周的135 km直线递减至比赛周的72 km，吕秀芝由第18周的127 km直线递减至第20周的61.5 km，切阳什姐由第18周的115 km直线递减至第20周的72 km。与专项能力强化阶段比较而言，负荷强度的变化具体表现为：刘虹的基础有氧能力负荷量基本保持相当，专项有氧能力负荷量由第17周的105 km直线递减至第20周的28 km，混氧能力负荷量由第18周的52 km直线递减至第20周的14 km；吕秀芝的专项有氧能力负荷量由第18周的107 km大幅度递减至第20周的18 km，混氧能力负荷量基本保持相当；切阳什姐的基础有氧能力负荷量由第18周的60 km直线递减至第20周的30 km，专项有氧能力负荷量由第17周的90 km大幅度递减至第20周的38 km，混氧能力负荷量由第19周的26 km递减至第20周的4 km。由上述分析可知，三名运动员赛前阶段负荷结构总体表现为赛前减量训练，具体表现为负荷量和负荷强度均递减。

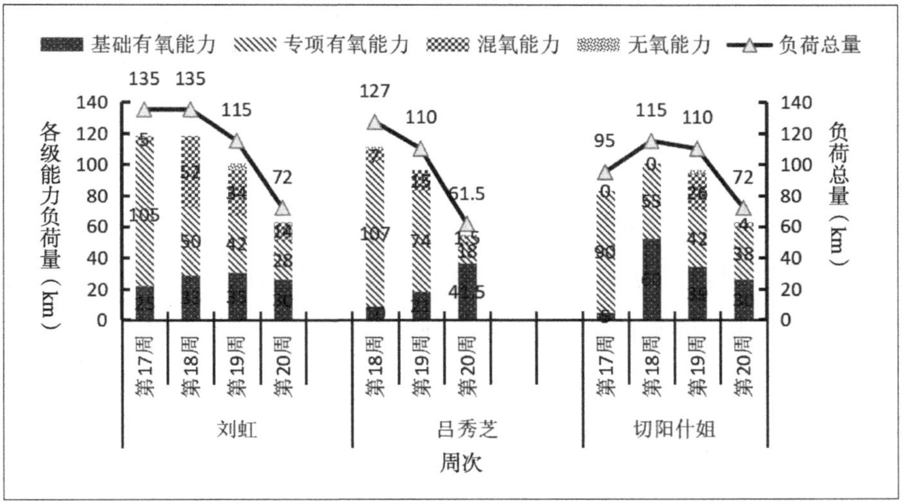

图21 三名运动员里约奥运年第一周期比赛期各训练周负荷变化示意图

赛前减量研究专家西班牙Mujika博士将“赛前减量训练”界定为：以一个非线性的方式逐渐减低训练量，在预定时间内降低运动员心理和生理压力的同时继续提高运动员之前训练获得的身体适应和训练适应，促使运动员适时达到高峰竞技状态①。Jacob等人将“赛前减量训练”（Tapering）称之为再生循环训练（Regeneration cycle），在运动训练学中

① MUJIKA I, PADILLA S. Detraining: loss of training-induced physiological and performance adaptations. Part I: short term insufficient training stimulus[J]. Sports med., 2000, 30（2）: 79-87.

或称之为赛前调整或赛前诱导周[①]。郑晓鸿认为赛前减量训练是在赛前训练阶段临近比赛时，运动员常通过逐渐减少负荷的方法促进机体的疲劳恢复，减少运动负荷所产生的疲劳状态，增强对负荷的适应能力，以达到最佳竞技状态，从而在比赛中获得优异的成绩[②]。赛前之所以需要减量，是因为在历经时间长、质量高的训练之后，大部分运动员在生理层面已经对训练产生适应，但是由于前一阶段大量疲劳的累积致使已形成的生理适应和运动能力被疲劳掩蔽。因此，教练员通常在临近赛前的1～4周安排减量训练，主要目的在于帮助运动员消除心理和生理疲劳，从而助推运动员将已形成的运动能力充分展现出来。赛前减量训练需要对运动员的性别、已具备的竞技水平、目前的身体状况、前一阶段完成的负荷、个体对不同减量方法的适应能力兼顾考虑营养补充等方面进行全方位综合考虑[③]。

国内外对赛前减量训练的研究主要包括游泳、中长跑、铁人三项及自行车等耐力项目，研究内容主要集中于减量持续的时间、具体减多少、减量训练的模式、预期成绩、可能的机制等方面[④][⑤][⑥]。关于耐力项目减量训练中的调节变量包括负荷量、负荷强度、训练频率、减量持续时间及减量模式对运动成绩的影响如表55和图22所示。

---

① WILSON J. A scientific application of tapering to maximize performance for the elite athlete part I[J]. Journal of hyper–plasia research, 2010.

② 郑晓鸿．运动员赛前减量阶段常用训练监控指标的变化[J]．中国体育科技，2008，44（6）：84–88.

③ BOSQUET J, MONTPETIT J, ARVISAIS D, et al. Effectsof tapering on performance: a meta–analysis[J]. Medicine & science in sports and exercise, 2007, 39（8）: 1358–1365.

④ HOUMARD W G. Impact of reduced training on performance in endurance athletes[J]. Sports medicine, 1991, 12（6）: 380–393.

⑤ MUJIKA I. The influence of training characteristic and tapering on the adaption in highly trained individuals: areview[J]. International journal of sports medicine, 1998, 19（7）: 439–446.

⑥ MUJIKA I, PADILLA S. Scientific bases for precompetition tapering strategies[J]. Medicine and science in sports and exercises, 2003, 35（7）: 1182–1187.

表 55　中长跑类项目减量训练中各调节变量对减量训练效果的影响[①]

调节变量	调节幅度	均值（95%置信区间）	样本量
	≤ 20%	无可靠数据	
负荷量递减幅度	21% ~ 40%	0.47（−0.05，1.00）***	30
	41% ~ 60%	0.23（−0.52，0.98）	14
	≥ 60%	0.21（−0.14，0.56）	66
负荷强度	减	−0.72（−1.63，0.19）	10
	不减	0.37（0.09，0.66）*	100
训练频率	减	0.16（−0.17，0.49）	74
	不减	0.53（0.05，1.01）**	36
减量训练持续时间	≤ 7天	0.31（−0.08，0.70）	52
	7 ~ 14天	0.58（0.12，1.05）*	38
	15 ~ 21天	−0.08（−0.95，0.80）	10
	≥ 22天	−0.72（−1.63，0.19）	10
减量模式	阶梯式	−0.09（−0.56，0.38）	36
	渐进式	0.46（0.13，0.80）*	74

注：$*p \leqslant 0.01$，$**p \leqslant 0.05$，$***p \leqslant 0.10$

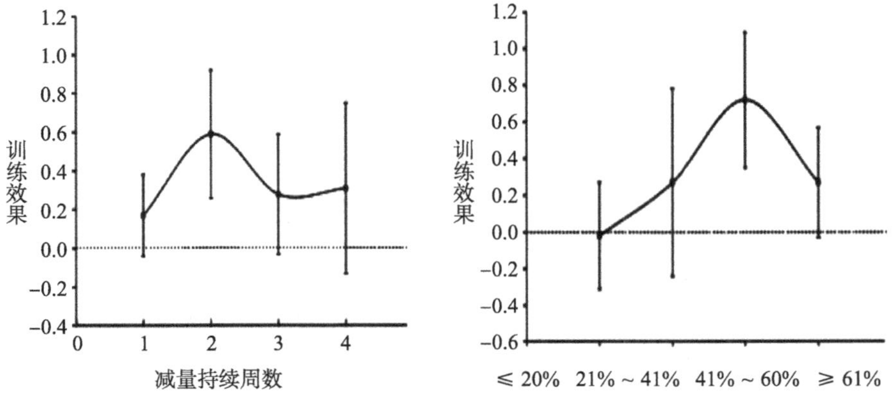

图 22　减量训练时间 / 负荷量递减幅度—训练效果的相互关系[②]

① BOSQUET J, MONTPETIT J, ARVISAIS D, et al. Effectsof mapering on performance:a meta analysis[J]. Medicine & science in sports and exercise, 2007, 39（8）: 1358–1365.

② BOSQUET J, MONTPETIT J, ARVISAIS D, et al. Effectsof mapering on performance: a meta analysis[J]. Medicine & science in sports and exercise, 2007, 39（8）: 1358–1365.

由表55可知，中长跑运动员最佳减量时间为7～14天，但众多研究中指出减量持续时间应考虑个体差异，具体为运动员在生理和心理等方面表现出对减量训练的适应能力及减量训练前训练负荷完成情况[①②③④]。减量训练持续时间过长，则会造成之前训练获得的体能丢失，甚至出现训练不足现象，损害了运动员的准备状态；相反，减量训练持续时间太短，则较难形成适应性反应，导致机体仍处于疲劳状态，同样不利于最佳竞技状态的形成。在年度训练计划中，减量训练有多种执行方式，但每一种执行方式都以项目特征为支撑，以赛事安排为导向，关键均在于对训练负荷的改变，可以在减量训练中通过减少训练量、强度或频率来降低训练负荷[⑤]，但是，具体的效果会视减量训练的持续时间及训练负荷的关系而定。已有大量研究认为减量过程中减少负荷量与运动成绩的相关性更为密切，负荷量减少幅度保持在41%～60%[⑥⑦]。另有部分研究认为负荷量的减少不能以减少负荷强度为代价，认为负荷强度是减量训练中保持较强适应能

① MUJIKA I, BUSSO T, CHATARD J, et al. Use of swim-training profiles and performances data to enhance training effectiveness[J]. Journal of swimming research, 1996, 11（3）: 23–29.

② THOMAS L, BUSSO T. A theoretical study of taper characteristics to optimize performance [J]. Medicine and science in sports and exercises, 2005, 37（9）: 1615–1621.

③ MUJIKA I, BUSSO T, LACOSTE L, et al. Modeled responses to training and taper in competitive swimmers[J]. Medicine and science in sports and exercises, 1996, 28（2）: 251–258.

④ MUJIKA I, PADILLA S, PYNE D. Swimming performance changes during the final 3 weeks of training leading to the Sydney 2002 Olympic Games[J]. International journal of sports medicine, 2002, 23（8）: 582–587.

⑤ WENGER H A, BELL G J. The interactions of intensity, frequency and duration of exercise training in altering cardiorespiratory fitness[J]. Sports medicine, 1986. 3（5）: 346–356.

⑥ HOUMARD J A, JOHNS R A. Effects of taper on swim performance. Practical implications [J]. 1994, 17（4）: 224–232.

⑦ MUJIKA I, PADILLA S. Scientific bases for precompetition tapering strategies[J]. Medicine and science in sports and exercises, 2003, 35（7）: 1182–1187.

力的关键因素①②。此外，针对减量训练中训练频率的把控研究，Mujika等人以中长跑运动员为研究对象，通过对比高频率训练和中频率训练的训练效果发现，高频率训练对800 m运动员的训练效果显著优于低频率训练效果；由此认为，对技术要求较为复杂的耐力项目，为保持较好的“技术感觉”应保持高频率训练。关于减量训练模式，共有三种，即直线式、指数式和阶梯式③④⑤，国外研究中未对三种模式进行具体的阐释，故多数学者将直线式和指数式模式合称为渐进式模式，并通过实验发现渐进模式中快指数减量模式的效果优于慢指数模式⑥。在减量训练与运动成绩的相关性研究方面，国外学者将减量训练用于中长跑和游泳高水平运动员训练中，发现成功的减量训练可以将成绩提高0.5%～1%⑦⑧。

现阶段对减量训练的生理机制研究仍处于探索阶段，部分研究认为

① NEUFER P D. The effect of detraining and reduced training on the physiological adaptations to aerobic exercise training[J]. Sports medicine, 1989, 8（2）: 302–321.

② KUBUKELI Z N, NOAKES T D, DENNIS S C. Training techniques to improve endurance exercise performances[J]. Sports medicine, 2002, 32（8）: 489–509.

③ 卜建华. 赛前减量训练的应用研究进展[J]. 武汉体育学院学报，2013，47（9）：73–77.

④ 胡海旭，邱锴，柳鸣毅. 赛前减量训练机制与应用研究进展[C]//2013年全国竞技体育科学论文报告会论文摘要集，2013.

⑤ 周越，王瑞元. 赛前减量训练生理机制研究进展[J]. 武汉体育学院学报，2011，45(10)：47–51.

⑥ BANISTER E W, CARTER W J B, ZARKADAS P C. Training theory and taper: validation in triathlon athletes[J]. EUR J APPL PHYSIOL, 1999, 79（2）: 182–191.

⑦ HOPKINS W G, HEWSON D J. Variability of competitive performance of distance runners [J]. Medicine & science in sports & exercise, 2001, 33（9）: 1588–1592.

⑧ STEWART A M, HOPKINS W G. Consistency of swimming performance within and between competition[J]. Medicine and science in sports and exercises, 2000, 32（5）: 997–1001.

减量训练中血液容量、红细胞数①②③、最大摄氧量④及有氧酶活性⑤⑥等生理变化引起运动成绩提高。此外，还有部分学者在游泳⑦⑧和中长跑项目⑨⑩训练中通过采用减量训练，从生物力学维度优化技术，从神经系统维度改善肌肉力量和爆发力，从而帮助运动员节省能量的消耗，进而提高运动成绩。此外，有部分学者发现，赛前负荷量减少13% ~ 34%能够通过增加糖原储备量，从而提高机体的有氧代谢能力⑪。Shepley等人以中长

① SHEPLEY B J, MACDOUGALL D, CIPRIANO N, et al. Physiological effects of tapering in highly trained athletes[J]. Journal of applied pyhsiology, 1992, 72（2）: 706–711.

② MUJIKA I, PADILLA S, GEYSSANT A. Hematological responses to training and taper in competitive swimmers: relationships with performance[J]. Archives of physiology and biochemistry 1998, 105（4）: 379–385.

③ MUJIKA I, GOYA A, PADILLA S, et al. Physiological responses to a 6–d taper in middledistance runners: influence of training intensity and volume[J]. Medicine and science in sports and exercises, 2000, 32（3）: 511–517.

④ NEUFER P D. The effect of detraining and reduced training on the physiological adaptations to aerobic exercise training[J]. Sports medicine, 1989, 8（5）: 302–321.

⑤ NEARY J P, MARTIN T P, REID D C, et al. The effects of a reduced exercise duration taper programme on performance and muscle enzymes of endurance cyclists[J]. EUR J APPL PHYSIOL, 1992, 65（1）: 30–36.

⑥ NEARY J P, MARTIN T P, QUINNEY A. Effects of taper on endurance cycling capacity and single muscle fiber properties[J]. Medicine and science in sports and exercises, 2003, 35（11）: 1875–1881.

⑦ ACOUISTO D, BONE L J M, TAKAHASHI S, et al. Changes in aerobic power and swimming economy as a result of reduced training volume[C]. Swimming science. VI, 1992, 201–205.

⑧ JOHANS R A, HOUMARD J A, KOBE R W, et al. Effects of taper on swim power, stroke distance, and performance[J]. Medicine and science in sports and exercise, 1992, 24（10）: 1141–1146.

⑨ HOUMARD J A, COSTILL D L, et al. Reduced training maintains performance in distance runners[J]. International journal of sports medicine, 1990, 11（1）: 46–52.

⑩ HOUMARD J A, SCOTT B K, JUSTICE C L, et al. The effects of taper on performance in distance runners[J]. Medicine and science in sports and exercises, 1994, 26（5）: 624–631.

⑪ WALKER J L, HEIGENHAUSER G J, HULTMAN E, et al. Dietary carbohydrate, muscle glycogen content, and endurance performance in well–trained women[J]. Journal of applied physiology, 2000, 88（6）: 2151–2158.

跑运动员为研究对象，随机抽取九名运动员轮流进行三种不同模式为期七天的减量训练，即高强度低负荷量（HIT）模式、低负荷强度中等负荷量（LIT）模式及完全休息（ROT）三种。他们的研究发现，第一种模式引起最大摄氧量、柠檬酸合成酶活性、肌肉中糖原含量、肌肉力量及血容量增加，而第二种模式未引起最大摄氧量增加，第三种模式直接导致柠檬酸酶活性、肌肉中糖原含量和血容量下降①。Mujika等人以八名训练有素的高水平中长跑运动员为研究对象，将他们随机分成两组（低强度持续训练组和高强度间歇训练组），在历经15周专项训练之后进行为期六天的减量训练，通过对减量训练引起的生理变化进行分析得知：低强度持续训练与血红蛋白、红细胞比积及肌酸激酶呈正相关性，与皮质醇呈负相关性；而高强度间歇训练与红细胞呈现负相关，与睾酮呈正相关性，故建议中长跑运动员六天的减量训练中应保存75%的负荷强度②。由此认为减量训练中保持一定负荷强度的主要目的为保持体内激素水平维持在一定水平，故为了防止机体应激能力消退速度过快，减量训练过程中负荷强度不应大幅度降低。

综上可知，赛前训练的主题是减量，其主要表现在减训练量、训练强度和训练频率三个层面。但这种减量绝不是单纯降低负荷量，仍需要突出负荷强度的提质过程，使运动员的专项能力提高到某一水平上，防止减量训练引起能力大幅度消退，然后通过恢复手段使机体达到超量恢复的最佳状态参加比赛。

由三名运动员比赛期负荷变化特点可知，达米拉诺教练和张阜新教练在正式比赛前均进行减量训练安排，主要表现在负荷量和负荷强度变化两

① SHEPLEY B, MACDOUGALL J D, CIPRIANO N, et al. Physiological effects of tapering in highly trained athletes[J]. Journal of applied physiology, 1992, 72（2）: 706–711.

② MUJIKA I, GOYA A, PADILLA S, et al. Physiological response to a 6-d taper in middle-distance runners: influence of training intensity and volume[J]. Medicine and science in sports and exercises, 2000, 32（2）: 511–517.

个方面，训练频率保持与前一阶段基本相当，符合前人研究中对训练频率的研究结论，即对于耐力项目而言只有通过高频率的训练才能优化运动水平和保持技术熟练度。减量持续时间为两周（第19周和第20周），刘虹赛前3周负荷量变化幅度分别为0、0和–14.81%、–37.39%，吕秀芝赛前2周负荷量变化幅度分别为0、–13.39%、–44.09%，切阳什姐赛前3周负荷量变化幅度分别为0、21.05%、–4.35%、–34.55%。该阶段各训练周之间负荷强度变化主要表现为：刘虹的基础有氧能力负荷量保持小幅度递增、专项有氧能力负荷量递减、混氧能力负荷量先递增再递减、无氧能力负荷量先递增再递减；吕秀芝的基础有氧能力负荷量递增、专项有氧能力负荷量递减、混氧能力负荷量先递增再递减、无氧能力负荷量递减；切阳什姐的基础有氧能力负荷量先递增再递减、专项有氧能力负荷量递减、混氧能力负荷量和无氧能力负荷量先递增再递减。

由上述分析可知：刘虹第一周期赛前约3～4周会安排1～2周的大负荷量周，该阶段负荷量和负荷强度均较高，进入1周减量训练后，训练量下降幅度为37.39%，减量模式为快指数渐进式，与Walker等人研究结论基本相当，即认为耐力项目运动员减量幅度达到13%～34%有利于通过增加肌肉糖原储备量从而提升机体有氧代谢能力；吕秀芝第一周期赛前2周为大负荷量周，负荷量以专项有氧能力为主，1周负荷量与强度同时递减，负荷量递减幅度为44.09%，减量模式为渐进式快指数模式，符合Mujika等人研究结论，即认为减量幅度达到40%～60%运动成绩最理想；切阳什姐赛前倒数第4周因感冒导致机能免疫力下降，故未能系统实施增量上强度训练，为防止机体承受高强度刺激能力大幅度下降，故在赛前倒数第2周教练员安排递增负荷强度来提高机体应激能力的训练，机体疲劳积累相对较为严重，未能在正式比赛前得以完全恢复，从而影响比赛发挥，这也可能是她选拔赛失利的主要原因。

综上，刘虹赛前减量模式为1周大负荷量+1周大强度+1周微减量减强度+1周大幅度减量减强度，吕秀芝的减量模式为2周大负荷量+1周减量减强度，切阳什姐减量模式为1周调整+1周大负荷量+1周微减量递增强度+1周减量减强度。由于三名运动员已具备的竞技实力、前一阶段的训练完成情况及现阶段自身身体状况不同，导致减量训练呈现出个体化差异，与前人研究结果一致。此外，根据三名运动员赛前减量中负荷强度变化可知，刘虹赛前2周仍保持较大比例的混氧能力训练，而吕秀芝和切阳什姐以专项有氧耐力为主。结合选拔赛比赛成绩可知，刘虹赛前减量效果优于吕秀芝和切阳什姐，由此说明，赛前减量训练中应保持适当的负荷强度，防止机体适应能力出现大幅度调整。

第三节　研究小结

第一，三名运动员第一周期准备期的训练内容均包括体能、技能、心理和战术等。训练内容安排的时间模式均为“一天两练”，刘虹和切阳什姐休息时间为周日下午半天，吕秀芝为周四下午半天和周日全天休息。其中，耐力训练方法均主要为匀速、加速和变速持续训练法、间歇训练法和重复训练法，其他身体素质和技术训练方法均为循环训练法，心理训练方法主要包括诱导和模拟训练法，战术训练主要包括减难与加难训练法及模拟训练法等。训练内容安排的差异主要表现在不同阶段训练内容的组合不同。其中，一般准备阶段训练内容安排的结构特点为：以专项技术+有氧能力和专项技术+力量耐力素质为主，以少量的专项技术+速度/速度耐力训练为辅。三名运动员专项能力提高阶段专项技术+身体素质训练课减少，专项技术+速度耐力或速度训练课比例增加。专项能力强化阶段跑台走和坡道走量均大幅度递减。训练内容结构与专项能力提高阶段基本一致，其差异在于训练负荷实施难度的把控。该阶段达米拉诺教练更注重通过一定负荷强度练习强化专项技术动作模式，而张阜新教练更注重大量多次重复建立技术痕迹效应。

第二，一般准备阶段，三名运动员的负荷强度结构均为“金字塔”模式，各级能力负荷量分布特点为以基础有氧能力为主，以专项有氧能力为补充，注重下肢后蹬力量训练。达米拉诺教练与张阜新教练训练负荷控制理念比较而言，更强调通过有效负荷强度从整体上快速调动运动员神经肌肉控制系统、心血管系统、呼吸系统及循环系统等多系统和组织结构功能；突出表现为2周适应性训练之后借助21天的高原训练加大对机体的刺激幅度，从而促使机体各项机能实现“惰性平衡”—“新平衡”的转化。

第三，专门准备阶段，负荷实施特点分别表现为，刘虹和切阳什姐的负荷强度结构为“两极化”模式，而吕秀芝为“金字塔”模式。刘虹和切阳什姐各级负荷强度分布以专项有氧能力为核心，且整体呈现出循序渐进式递增特点，负荷变化表现出平台式与阶梯式递增/递减的波浪形趋势，且注重各负荷强度平台拔高过程中各“节点”之间安排相应的恢复再生训练周，旨在防止过度疲劳，并穿插安排少量的大强度刺激，避免机体产生“耐受性”。而吕秀芝仍注重低强度负荷量积累，负荷变化整体呈现出跳跃式特点，其专项能力强化阶段负荷强度结构均为以专项有氧能力为核心的“两极化”模式。训练安排的差异表现为：刘虹和切阳什姐在负荷量的实施方面更具节奏性，即练与调循序渐进进行，各训练周负荷结构变化方面达米拉诺教练更强调平台与阶梯式递增相结合，并注重平台“节点”之间注入低负荷强度的训练内容，及时调整累积疲劳，且调整过程中强调施加少量新异刺激，防止机体对低强度刺激产生“耐受性”，从而形成不良“平台效应”，而吕秀芝的负荷结构变化更倾向于跳跃式特点。

第四，比赛期，三名运动员的训练内容安排特点为：形式上多样，内容上注重专项，并且关注运动员生理和心理疲劳的变化。训练课的时间节奏模式基本与准备期一致，张阜新教练根据比赛时间将训练主课调整为下午单元进行。训练内容结构模式主要包括专项技术+有氧耐力、专项技术+身体素质、专项技术+速度耐力及专项技术+速度，后两种模式比例大幅增加。在训练内容安排的差异方面：刘虹和切阳什姐以专项训练为主，仍强调身体素质训练，注重通过形式多样的完整技术训练增强肌肉“痕迹”效应；吕秀芝则以短、中、长和超长距离段落不同速度的公路走和场地走等形式多样的专项训练为主要训练内容，完整技术练习和身体训练安排较少。比赛期训练方法和手段安排的共同点表现为，形式上基本与准备期一致，本质差异为负荷强度和负荷形式变化多样。

第五，三名运动员比赛期负荷实施均表现出赛前减量的特点，主要表现在负荷量和强度变化两个方面，训练频率基本保持与准备期一致；减量模式为快指数渐进式模式，减量持续时间为两周。三名运动员在比赛期负荷量变化的差异方面，刘虹和切阳什姐仍然保持适当比例的身体训练，而吕秀芝则相反。此外，在比赛期三名运动员负荷强度结构仍然为以专项有氧能力为核心的“两极化”模式。

第六，由刘虹各个阶段训练周负荷节奏变化特点可知，达米拉诺教练强调采用长期持续且循序渐进地对肌肉进行高质、大负荷量、大强度刺激的训练思路，各个训练周负荷量相对较为恒定，且大负荷量课或大强度课后依然进行较大刺激的负荷安排，大负荷量周“练”与“调”的节奏为“练二调一”。大负荷量课负荷强度的安排特点表现为：达到某一强度平台时应进行能力保持训练，而后再逐渐进入另一强度平台，从而保持整个训练过程循序渐进地实施负荷量与强度。大强度课安排节奏为隔天进行，且下午单元仍安排中等强度刺激的训练内容。大负荷周到大强度周的过渡，其负荷节奏主要表现为持续大负荷量课后逐渐递减负荷量后，再逐渐增加负荷强度。

第六章　里约奥运年第二周期训练安排分析

第一节　准备期训练安排分析

第二周期为整个里约奥运年最为关键的一个周期，该周期的最终目标是实现奥运备战目标。整个周期包括准备期和比赛期两个中周期，教练员根据运动员各阶段的竞技状态和训练任务将整个周期分为夏训集训初—世界杯阶段、世界杯后— 高原训练前阶段、赛前高原强化阶段和正式比赛阶段等。对第二周期训练安排的分析，主要从各个阶段的内容、方法手段及负荷安排进行展开。

黄山选拔赛结束之后，全体放假1周，3月15日第二周期集训开始，两位教练员根据运动员黄山选拔赛的竞技表现对冬训阶段的训练实践进行总结，在此基础上对第二周期进行规划设计。通过对黄山选拔赛比赛成绩及分段成绩分析得知，刘虹冬训阶段训练效果较好，切阳什姐2014—2015赛季因伤休赛，故本阶段需加强大赛能力的培养，而吕秀芝冬训阶段疲劳累积现象仍然未解决，故在夏训集训开始之后继续进行边练边调整。第二周期准备期，刘虹和切阳什姐共参与3～4场比赛，吕秀芝仅参加罗马世界杯1场比赛；根据赛事安排、阶段任务及运动员训练负荷实施特点将准备期分为两个子阶段，即夏训集训初—世界杯阶段和世界杯后—高原训练前阶段。

一、准备期训练内容、方法和手段安排分析

由表56可知，第二周期准备期三名运动员的训练内容均主要包括基础有氧能力、专项有氧能力、混氧能力、无氧能力、力量素质、柔韧素质、速度素质，以及身体功能训练、恢复再生训练和技术训练等。训练内容的差异主要表现为训练实施的难易程度和训练内容的组合序列，而不同训练内容的组合和难易配比主要依据训练阶段任务及不同运动素质训练的痕迹效应①。此外，该阶段教练员在训练内容中注入身体功能训练，其目的一是预防运动损伤，二是对原有损伤进行康复治疗，从而保证运动员在边练边治疗过程中保持训练的系统性。

表 56　三名运动员里约奥运年第二周期准备期训练内容汇总表

训练阶段	训练内容	训练方法	训练手段
准备期	耐力素质（包括基础有氧能力、专项有氧能力、混氧能力和无氧能力等）	（匀速、匀加速及变速）持续训练法、间歇训练法和重复训练法等	（1）基础有氧能力：5 km、8 km、10 km的短距离慢跑、技术走及放松走等； （2）专项有氧能力：中（10～15km）、长（15～20 km）及超长（>20 km）距离段落的匀加速持续走和变速持续走、坡道走和跑台走； （3）混氧能力：重复相同距离段落（如5 km×3组、2 km×5组等）及多样化的变速段落（如5 km—3 km—2 km—1 km、5 km—2 km—1 km—2 km—1 km、5 km—4 km—1 km—4 km—1 km、3 km快+1 km慢+2 km快+1 km慢等）的公路走和场地走； （4）无氧能力：500 m和1 km多组重复走，间歇1 min 30 s和1 min 30 s～2 min 00 s，共进行5～10组

① ISSURIN V B, LUSTIG G. Classification, duration and practical components of the residual effects of training[J]. Leistungs sport, 2004, 34（3）: 55-59.

（续表）

训练阶段	训练内容	训练方法	训练手段
准备期	力量素质（包括上肢、下肢和核心区力量）	循环训练法	（1）下肢力量练习手段：皮筋牵拉跑台走、爬坡、纵跳、跨跳、负重弓步走、半蹲、静蹲、单腿蹲起、后蹬跑、台阶跑、联合器械前群和后群力量练习、跳绳、跳小栏架、骑自行车等； （2）核心区力量练习手段：俯卧背起、仰卧/俯卧两头起、形式变化多样的仰卧起坐、臀桥、静力支撑（侧撑和平板支撑）、瑞士球核心力量练习、健腹轮腹肌练习等； （3）上肢力量练习手段：皮筋牵拉摆臂练习、负重小哑铃摆臂练习及挺举等
	柔韧素质（以髋关节灵活性练习和力量练习后的放松牵拉为主）	循环训练法	（1）髋关节灵活性练习手段：原地/行进间转髋练习、栏架绕髋练习、晃板髋部练习、髋部牵拉练习等； （2）放松牵拉练习手段：大腿前群、股后肌群、内收肌、髋周肌群、髂胫束及比目鱼肌等前链、后链、侧链形式多样的静力性、动力性牵拉练习
	速度素质（主要指动作速度）	循环训练法	动作速度的练习主要结合技术练习进行，具体手段包括小步高频走、高频节奏足跟走及短距离冲刺练习等

（续表）

训练阶段	训练内容	训练方法	训练手段
准备期	身体功能训练	循环训练法	（1）肌筋膜松解手段：背部和上背部自我松解，比目鱼肌和腓肠肌自我松解，同侧内收肌和髂胫束自我松解及侧小腿三头肌、股二头肌和梨状肌自我松解等； （2）牵拉练习手段：静力性牵拉和PNF牵拉练习，主要手段包括背阔肌和胸肌的拉伸、静态拉伸斜方肌上束和肩胛提肌、腓肠肌/比目鱼肌/屈髋肌群和腹部肌群的主动静态牵拉等； （3）神经激活练习手段：迷你带蹲起、单腿外展、单腿后伸、单腿站立屈腿外旋及侧向移动等； （4）本体感觉练习手段：借助平衡板、半球、平衡盘、软踏及落地训练完成身体控制能力练习等； （5）康复性力量练习：主要指借助瑞士球完成多方向、多维度、多平面的功能性力量练习
	恢复再生训练	主动与被动结合法	人工按摩、营养补充及睡眠等
	技术训练（包括完整练习和分解练习）	分解与完整结合法	（1）完整练习：大步走、足跟直腿走、双臂前后绕环走、绕8字走、抱头走、肩向前/后绕环走、双臂侧平举走及双手上下摆动走等形式变换多样的技术协调性练习； （2）分解练习：跟重心练习、摆动腿放松练习、送髋练习及髋关节灵活性练习等，强调纠正错误技术
	心理训练	诱导、模拟训练法等	增加或者降低负荷难度，表扬鼓励运动员的训练表现，赛前表象训练及音乐调节等方式
	战术训练	加难与减难训练法、模拟训练法等	2 km快+1 km慢、（0.5～2）km×5组～10组等速度节奏训练，以及赛前跟随走和领先走战术能力的模拟训练

由刘虹和吕秀芝该阶段典型训练周的训练内容安排特点（具体见表57和表58）可知，三名运动员训练时间安排模式均为“一天两练”，刘虹和切阳什姐保持周日下午休息，而吕秀芝依然保持周四下午和周日全天休息的节奏。训练内容结构模式均主要表现为以专项技术+身体素质训练和专项技术+有氧能力为主、以专项技术+速度/速度耐力为辅。技术训练强调通过大量分解练习纠正选拔赛中表现出的技术问题，如针对刘虹高速走时头顶起伏和腾空时间长的技术问题，达米拉诺教练在此阶段主要通过快— 慢— 快节奏变化的大强度走提高技术的整体协调和控制能力；针对吕秀芝“后撩”幅度大导致腾空判罚的技术动作，张阜新教练在该阶段加大髋关节灵活性及松髋能力的训练，其目的是提高吕秀芝放松长摆的能力；针对切阳什姐脚掌仰角较小的技术问题，达米拉诺教练通过直腿足跟走、大步走，以及节奏变化、形式多样的完整技术练习，强调前摆柔和的放脚技术及整体技术的协调能力。

表 57　刘虹第二周期准备期（第30周）及训练安排一览表

训练日期	上午	下午
星期一	10 km 爬坡走 = 55 min 01 s（5 min 30 s/km）	5 km皮筋牵拉跑台走
星期二	3 km热身 + 5 km × 3组（间歇3 min）22 min 34 s（4 min 31 s/km）/ 22 min 30 s（4 min 30 s/km）/ 21 min 58 s（4 min 24 s/km）	2 km慢跑+ 5 km场地走= 27 min 28 s（5 min 30 s/km）
星期三	3 km热身 + 20 km公路走 = 1 h 34 min 10 s（4 min 43 s/km）	10 km放松走= 54 min 29 s（5 min 27 s/km） 28 min 05 s（5 min 37 s/km）+ 26 min 24 s（5 min 17 s/km）
星期四	10 km爬山走 = 53 min 57 s（5 min 24 s/km）	5 km皮筋牵拉跑台走

（续表）

训练日期	上午	下午
星期五	10 km场地走 = 49 min 46 s（4 min 59 s/km）	2 km慢跑 + 5 km场地走 = 28 min 28 s（5 min 42 s/km）
星期六	2 km慢跑 + 5 km技术走	3 km热身 +5 km比赛 = 22 min 33 s（4 min 31 s/km）
星期日	5 km慢跑	休息

注：2017年5月16日—22日，萨卢佐

表 58　吕秀芝第二周期准备期（第30周）训练安排一览表

训练日期	上午	下午
星期一	10 km场地走 =52 min 23 s（5 min 14 s/km–心率150次/分）	腹肌 + 背肌 + 挺举 +8 km跑
星期二	10 km公路走 =49 min 45 s（4 min 59 s/km–心率180次/分）	15 min×2组皮筋跑台走
星期三	12 km场地走 =59 min 27 s（4 min 57 s/km–心率184次/分）+ 杠铃弓步走	腹肌 + 背肌 + 挺举 + 髋关节灵活性的练习 +2 km技术走
星期四	15 km公路走 =74 min 06 s（4 min 56 s/km）	休息
星期五	12 km公路走 =65 min 30 s（5 min 28 s/km–心率149次/分）	腹肌 + 背肌 +20 min皮筋跑台
星期六	25 km公路走 =2 h 03 min 09 s（4 min 56 s/km–心率172次/分）	6 km跑 + 游泳
星期日	休息	休息

注：2017年5月16日—5月22日，秦皇岛

二、准备期训练负荷安排分析

（一）夏训集训初—世界杯阶段训练负荷安排分析

由表59可知，三名运动员夏训集训初—世界杯阶段共持续8周，该阶段中刘虹的负荷总量、周平均负荷量及日平均负荷量最大，切阳什姐次之，吕秀芝最小。三名运动员身体训练课次占整个准备期的2/3左右，且均安排大量的发展下肢后蹬力量的跑台走和坡道走训练。此外，刘虹大负荷量课课次和负荷量最大、强度适中，吕秀芝大负荷量课强度最小，而切阳什姐大负荷量课课次最少、强度最大。三名运动员大强度课课次、负荷量及平均强度基本相当。因此，由本阶段训练负荷和赛事安排特点可知，刘虹该阶段的训练任务以积累—逐渐提高竞技能力为主要特点，吕秀芝以调整—恢复竞技能力为主要特点，而切阳什姐以注重通过大负荷量课提升专项能力为主要特点。

表 59　三名运动员里约奥运年夏训集训初—世界杯阶段训练负荷量总体特征一览表（*N*=3人）

训练负荷	刘虹	吕秀芝	切阳什姐
训练天数	50	55	49
训练课次	85	80	80
负荷总量（km）	827.0	742.5	710.0
周平均负荷量（km）	103.38	92.80	88.75
日平均负荷量（km）	16.54	13.50	14.49
身体训练课次	25	22	20
周平均身体训练课次	3.13	2.75	2.5
身体训练时间（min）	780	1290	600
周平均身体训练时间（min）	97.50	161.25	75.00

（续表）

训练负荷	刘虹	吕秀芝	切阳什姐
跑台走量（km）	15	55	15
坡道走量（km）	48	0	28
大负荷量课负荷总量（km）	260	195	135
大负荷量课总课次	10	9	6
大负荷量课平均强度（m/s）	3.380	3.348	3.776
大强度课负荷总量（km）	20	35	20
大强度课总课次	2	3	2
大强度课平均强度（m/s）	3.720	3.748	3.656

由图23可知，整个夏训集训初—世界杯阶段，刘虹和切阳什姐的负荷强度结构表现出以专项有氧能力为核心的“两极化”模式，且切阳什姐整个阶段各级能力负荷量具有显著的以赛事安排为节点的波浪形节奏特点，而吕秀芝该阶段的负荷强度结构为“金字塔”模式，即：负荷强度越大，负荷量占比越小。其中，刘虹该阶段的各级负荷强度占比以专项有氧能力为主，以基础有氧能力和混氧能力为辅，少量的下肢后蹬力量走练习，表现出显著的稳中求进的整体特点。吕秀芝该阶段以基础有氧能力为主，以专项有氧能力为辅，少量的混氧和跑台走量，体现出显著的恢复调整的训练特点。切阳什姐该阶段以专项有氧能力为主，以基础有氧能力和混氧能力为辅，少量的跑台、坡道及自行车等下肢后蹬力量练习，混氧能力占比为三名运动员中最大，且主要通过参赛完成，故体现出显著的提升比赛能力的特点。

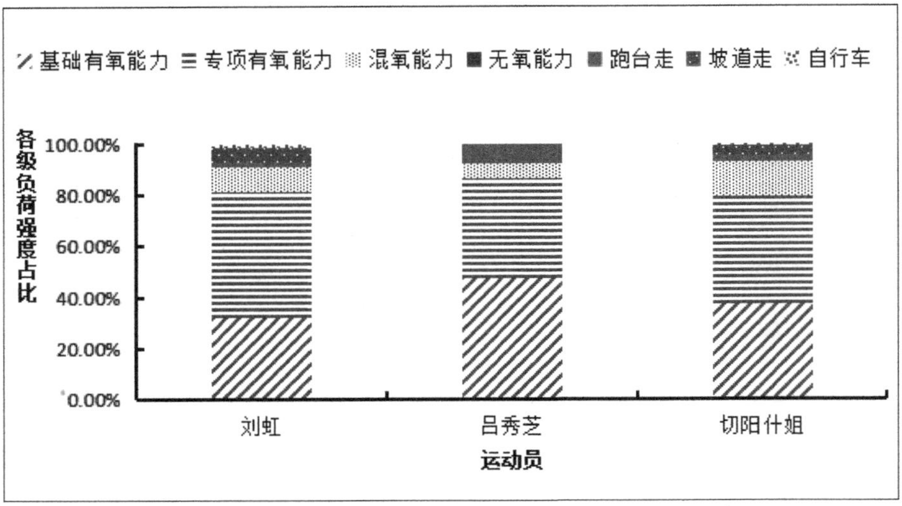

图 23 三名运动员里约奥运年夏训集训初—世界杯阶段各级负荷强度占比分布图

由该阶段各训练周负荷结构变化特点（具体见图24）可知：

刘虹第21—24周基础有氧能力负荷量逐渐递减，专项有氧能力负荷量逐渐递增，负荷强度整体表现出逐渐递增的特点；第25周历经短暂的调整，为第28周世界杯比赛进行强度拔高训练，仍然以专项有氧能力为主，而混氧能力负荷量达本阶段最大；第27周在强度周的基础上进行减量训练，仍以专项有氧能力为主，无氧能力负荷量增加；第28周为世界杯比赛周，主要以基础有氧能力为主进行赛前生理和心理调整。

吕秀芝第21 — 22周负荷量递增，负荷强度由以基础有氧能力为主过渡到专项有氧能力为主；而第23周由于例假及往返于北京进行签证办理，故导致该阶段训练系统性受限，负荷量递减；第24周为大负荷量周，负荷强度集中于专项有氧能力；第25周仍以专项有氧能力为核心，混氧能力负荷量占比递增；第26周基础有氧能力和专项有氧能力负荷量递减，混氧能力负荷量仍然保持；第27周进入世界杯赛前减量周，专项有氧和基础有氧各占一半；第28周为比赛周，主要以基础有氧能力为主要调整内容。

切阳什姐第21周集训之后以基础有氧能力为主进行身体能力恢复性训练；第22—23周专项有氧能力负荷量占比直线递增；第24周仍以专项有氧能力为主，混氧能力负荷量占比大幅度增加，目的是提高运动员专项转化能力；第25周比赛结束之后进行为期1周的调整性训练，以基础有氧能力为主；第26周继续进行大负荷量大强度训练，以专项有氧能力为主，混氧能力负荷量占比增加；第27周进行赛前减量训练，各级能力负荷量均小幅度下降；第28周在罗马的比赛以基础有氧能力为核心进行赛前生理和心理调整性训练。

综上，三名运动员夏训集训初—世界杯前阶段同样表现出赛前减量的训练特点，赛前减量过程中主要表现为负荷量和负荷强度的降低，训练频次基本保持相当。该阶段刘虹参赛1次，减量时间为赛前两周，即第27周和第28周，减量幅度为0、–21.53%和–51.33%，减量模式为快指数渐进式。该阶段吕秀芝参赛1次，减量持续时间较长，第25—27周，减量持续时间为4周，负荷量变化幅度分别为0、–10.61%、–14.41%、–21.78%和–29.11%，减量模式为快指数渐进式，该阶段减量持续时间长再次印证本阶段其身体疲劳累积较为严重。该阶段切阳什姐共参赛两次，第24周比赛未进行赛前减量，仅在正式比赛当周进行短暂调整，将本次比赛（在葡萄牙的里奥马约尔举行的国际田联竞走挑战赛）可视为一次强度课，目的是通过比赛让裁判员熟悉并检阅技术，提升运动员快速调动机体各项机能进行高强度比赛的适应能力，同时通过稳定的比赛表现积累获取里约奥运参赛资格。她第二次比赛为国际田联竞走团体锦标赛（意大利罗马），赛前两周进行减量训练，减量持续时间为两周，减量幅度为0、–23.13%和–51.33%，减量模式为快指数渐进式。

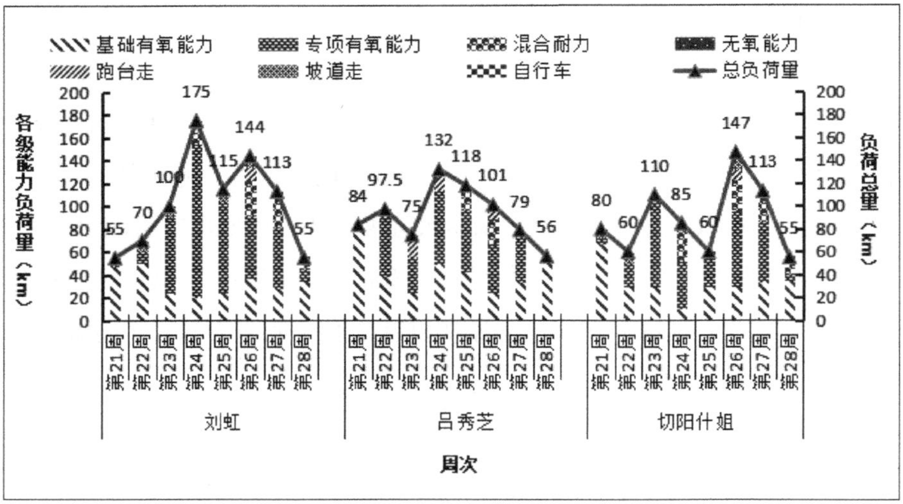

图 24　三名运动员里约奥运年夏训集训初—世界杯阶段各训练周负荷变化示意图

（二）世界杯后—高原训练前阶段训练负荷安排分析

世界杯后—高原训练前阶段，三名运动员训练共持续6周，由表60可知三名运动员该阶段身体训练时间与前一阶段基本相当。刘虹受其他因素的影响故其训练系统性受限，因此该阶段其日平均负荷量小于前一阶段，而吕秀芝和切阳什姐日平均负荷量均大于夏训集训初—世界杯阶段。刘虹和吕秀芝大负荷量课平均强度大于前一阶段，而切阳什姐相反。三名运动员大强度课平均负荷强度均小于前一阶段。刘虹和切阳什姐该阶段仍安排一定量的跑台走和坡道走训练，而吕秀芝跑台走量和坡道走量大幅度递减。

表 60　三名运动员里约奥运年世界杯后—高原训练前阶段训练负荷量总体特征一览表（*N*=3人）

训练负荷	刘虹	吕秀芝	切阳什姐
训练天数	41	43	41
训练课次	56	60	68

（续表）

训练负荷	刘虹	吕秀芝	切阳什姐
负荷总量（km）	515.0	724.6	677.0
周平均负荷量（km）	85.83	120.77	112.83
日平均负荷量（km）	12.56	16.85	16.50
身体训练课次	9	14	9
周平均身体训练课次	1.50	2.33	1.50
身体训练时间（min）	600	900	480
周平均身体训练时间（min）	100	150	80
跑台走量（km）	28	17	30
坡道走量（km）	30	0	40
大负荷量课负荷总量（km）	255	335	240
大负荷量课总课次	12	14	10
大负荷量课平均强度（m/s）	3.433	3.368	3.484
大强度课负荷总量（km）	30	49	51
大强度课总课次	2	4	4
大强度课平均强度（m/s）	3.689	3.632	3.660

由图25可知，三名运动员该阶段负荷强度结构均为以专项有氧能力为核心的“两极化”模式。其中，三名运动员基础有氧能力负荷量均递减，吕秀芝专项有氧能力负荷量大幅度递增，而刘虹和切阳什姐基本保持相当。此外，刘虹混氧能力负荷量大幅度递增，切阳什姐依旧保持大量的混氧能力训练，而吕秀芝混氧能力负荷量大幅度递减。三名运动员无氧能力负荷量均小幅度递增。刘虹和切阳什姐仍保持一定量的跑台走和坡道走，而吕秀芝相反。由此说明，刘虹和切阳什姐高原前的平原阶段在提升运动员有氧耐力储备的基础上，强调以有氧代谢为主导的混氧能力对有氧耐力

能力的拔高效应，同时注重加强下肢支撑和后蹬能力的力量耐力训练，而吕秀芝侧重提升专项有氧能力。

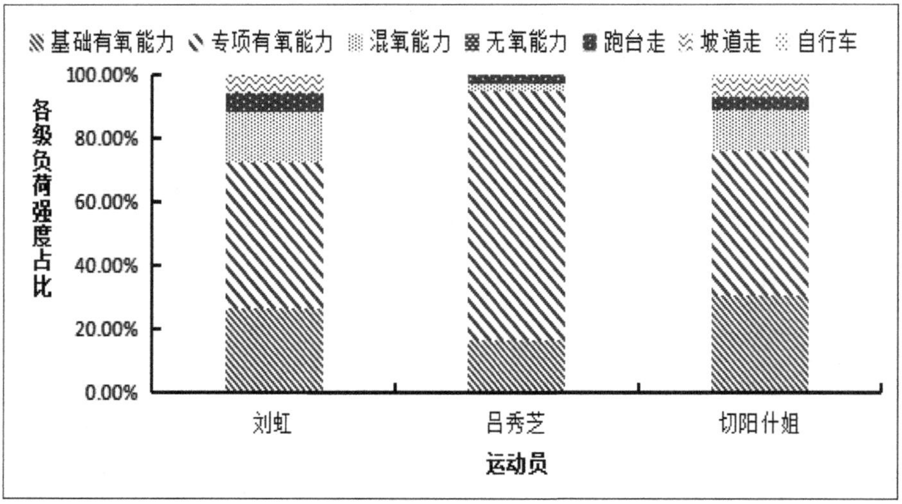

图 25　三名运动员里约奥运年世界杯后—高原训练前阶段各级负荷强度分布图

由图26可知，三名运动员由于个性化的竞技状态和机能水平、差异化的训练阶段目标，从而导致高原训练前各训练周训练负荷安排不同。三名运动员该阶段负荷安排的共性特点具体表现为：高原训练前负荷量整体呈现递增趋势（刘虹因特殊情况除外），目的在于加强高原前专项有氧能力储备，为高原训练强化有氧耐力能力奠定基础；差异表现为：刘虹和切阳什姐的训练负荷安排，在注重有氧耐力的基础上强调循序渐进地施加一定比例的大强度刺激，从而避免机体长期对同一负荷刺激产生“耐受性”，有利于机体保持适应高强度刺激的能力，而吕秀芝训练负荷安排更具集中性特点，主要专注于循序渐进地提升专项有氧能力。

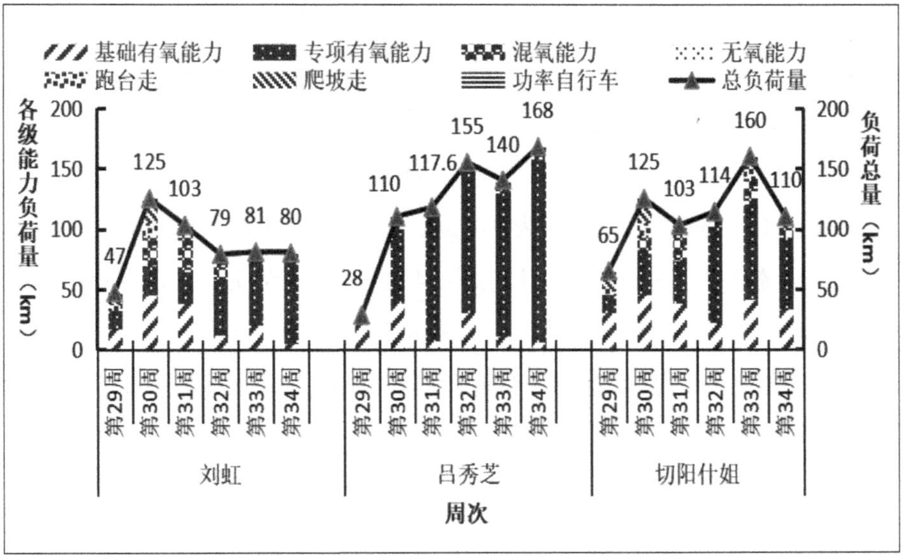

图 26　三名运动员里约奥运年世界杯后—高原训练前阶段各训练周负荷变化示意图

上述是对世界杯后—高原训练前阶段各训练周负荷变化的总体特点分析，在此基础上以吕秀芝为个案，对其第33周周内的负荷实施变化特点（见表61）进行详细阐述。由训练内容安排及完成情况可知，吕秀芝第33周总负荷量为140 km，身体素质训练负荷量为2.5 h，共完成三堂大强度课和两堂大负荷量课。其中，大负荷量课连续安排，负荷节奏为“练二调一”，平均负荷强度保持在4 min 50 s ~ 5 min 00 s/km，即刻心率保持在170 次/分以下，两堂大课之间负荷强度逐渐递增，且大课后下午单元均安排拉伸和身体功能训练缓解疲劳，以晨脉恢复至50 ~ 54次/分作为疲劳恢复标准。大强度课隔天安排即“练一调一”，平均负荷强度保持在4 min 30 s ~ 4 min 45 s/km，即刻心率保持在170 ~ 180次/分，血乳酸控制在6 mmol/L以下，且大强度课下午单元仍安排较大强度的训练课。调整课主要以中距离训练课为主，负荷强度控制在4 min 50 s ~ 5 min 00 s/km，即刻心率控制在150 ~ 160次/分。大强度课后选取尿十项作为疲劳监控指标，次日选取晨脉、血常规及尿十项等生理生化指标进行疲劳恢复监控。如周一大强度课后尿十项测试结果显示PRO（尿蛋白）+ 30 mg/dl，尿酸度（pH）为5.5，尿比重（SG）>1.03，根据血乳酸和心率测试结果可知，本次课强度大，体内有明显缺水状态应及时补液。次日，血常规测试结果为WBC（白细胞）为4.8×109/L、RBC（红细胞）为4.1×1012/L、Hb（血红蛋白）为134 g/L、CK（血清肌酸激酶）为332 U/L、BU（血尿素）为7.5 mmol/L，晨脉为54次/分，尿十项恢复正常。由此说明机体免疫机能、氧运输能力及对训练负荷的适应能力均处于较为理想的状态。尿十项测试结果表明该次训练课负荷刺激大，次日基本能够恢复大强度课中要求负荷强度逐渐递增。

综上，张阜新教练在高原训练前阶段强调负荷强度持续稳定控制在提升专项有氧能力范围，大强度课的负荷强度节奏为持续递增，强度课时间安排节奏为“练一调一”，且下午单元仍安排较大强度的刺激，以晨脉恢复至50～54次/分作为训练调控依据。大负荷量课的强度节奏为以5 km为段落距离逐渐递增，且课与课之间要求负荷强度递增，大课时间安排节奏为“练二调一”，下午单元均安排拉伸和身体功能训练缓解疲劳，以晨脉、血常规和尿十项等生理生化测试结果恢复正常为调控依据。

表 61　吕秀芝世界杯后—高原训练前阶段（第33周）训练计划

训练日期	上午	下午
星期一	场地走：3 km热身=14 min 59 s（5 min /km–心率163次/分）+ 2 km×5 组=9 min 30 s（4 min 45 s /km–心率172次/分–血乳酸4.7 mmol/L）+9 min 12 s（4 min 36 s/km–心率174次/分–血乳酸5.0 mmol/L）+9 min 13 s（4 min 36.5 s/km–心率175次/分–血乳酸4.6 mmol/L）+9 min 10 s（4 min 35 s/km–心率177次/分–血乳酸5.5 mmol/L）+9 min 01 s（4 min 30.5 s/km–心率177次/分–血乳酸5.8 mmol/L）	12 km=59 min 02 s（4 min 55 s/km–心率162次/分）

（续表）

训练日期	上午	下午
星期二	12 km公路走=59 min 59 s（5 min /km-心率157次/分）	8 km=39 min 37 s（4 min 57 s/km-心率155次/分）
星期三	场地走：2 km热身=9 min 54 s（4 min 57 s/km-心率168次/分）+（2 km快+1 km慢）×4组+2 km冲刺=66 min 26 s（4 min 44.7 s/km-心率176次/分-血乳酸5.0 mmol/L）	2 km=9 min 18 s+1 h（腹背肌训练+拉伸）
星期四	15 km公路走=74 min 12 s（4 min 56 s/km-心率164次/分）	休息
星期五	20 km公路走=98 min 32 s（4 min 55 s/km-心率160次/分）+200 m×5组（49 s/49 s/49 s/48 s/47 s）	腹背肌训练+1 h身体功能训练+5 km慢跑+游泳
星期六	30 km公路走=2 h 26 min 06 s（4 min 52 s/km-心率169次/分）	30 min海边慢跑+30 min拉伸+游泳
星期日	休息	休息

注：2016年6月6日—6月12日，秦皇岛

综上，由刘虹和切阳什姐在第二周期准备期两个子阶段训练负荷的安排特点可知，刘虹和切阳什姐整个准备期的负荷实施节奏较为稳定，即：均保持大比例的专项有氧能力训练，基础有氧能力占比稳定，混氧能力和无氧能力占比逐渐递增，而吕秀芝夏训集训初—世界杯阶段集中提高基础有氧能力，世界杯后—高原训练前阶段集中专项有氧能力的发展，整个准备期呈现出集中式+阶梯式递增的特点。

由整个第二周期准备期的负荷特点再次印证达米拉诺教练注重对“以赛代练，赛练结合”理念的充分贯彻实施。其中，达米拉诺教练对切阳什姐该阶段的三场正式比赛设计意图非常明确：团体赛锁定里约奥运入场券，即比赛的性质为竞技性比赛，其他比赛均视为强度课，即训练性比赛。达米拉诺教练对训练性比赛赛前并未做专门性调整，而竞技性比赛前

则减量进行调整。

“以赛代练”不是不练，而是通过高水平的比赛来完成训练不能完成的任务，如比赛经验、比赛心理和运动员的自信心等方面；其实质上是“比赛训练法”中一种典型的高水平类型，也即正式比赛的类型①，“以赛带练”更加倾向于强化的目的。正如田麦久先生所言：比赛是对训练结果的检验，成功地参加比赛是运动训练活动首要的竞技目的。同时，比赛又是一种特殊的训练手段，运用比赛手段进行训练可以有效地发展运动员的多种竞技能力、提高运动员的专项负荷强度、提高运动员的技战术水平、改善运动员参赛的心理稳定性。正确处理好“比赛”与“训练”的关系问题，不仅是竞技体育的科学理论问题，更是竞技体育技术实践与管理的指导性问题②。

根据对达米拉诺教练的访谈可知，他认为优秀的竞走运动员每年应参加10～12场比赛，比赛的目的，一是调动训练，刺激心肺功能；二是让裁判通过多次大赛观看技术从而视觉上接受技术。然而，当前国内竞走运动员参赛次数与达米拉诺教练理想的比赛场次相去甚远，国内一些教练员仍然秉持传统的理念，即耐力性项目赛事过多将导致训练系统性受限。因此，要在竞走项目中贯彻“以赛代练”的理念，应从两方面入手：一方面要把控参赛的目的，禁忌“重赛轻练”和每场比赛追求结果，应追求参赛次数的同时注重参加高质量赛事；另一方面，强调赛练结合，将训练与比赛融为一体，且注重及时恢复，把训练、比赛、恢复视为有机的统一体，相互补充相互促进。

此外，高原强化训练前的平原训练之所以通过大负荷训练提升有氧耐力水平，进而提高机体的有氧代谢能力，其原因为有氧代谢能力的直接制约因素为最大摄氧量，最大摄氧量受肺通气与换气功能、血液及循环系统

① 陶于．“以赛代练”：我国运动训练界需要科学认识的问题[J]．西安体育学院学报，2007，24（4）：1-3.

② 陶于，周兵．“比赛训练法”与“以赛代练”的训练学阐述与思考[J]．山东体育学院学报，2007，23（3）：85-88.

运输氧气的能力、肌组织利用氧的能力以及遗传、年龄、性别、运动训练等因素的影响。高原环境中氧分压（PO_2）随海拔高度增加而下降，肺泡氧分压降低的程度更大，导致血氧饱和度急剧下降，供组织细胞利用的氧量减少；海拔高度上升到1500 m左右，最大摄氧量（VO_2max）开始下降，开始阶段每升高100 m下降约1%，在更高的高度上下降速率更快，最大摄氧量下降直接导致运动能力的下降。而最大摄氧量每年可增加5～6 ml/（min · kg），这种增长与运动员的负荷量呈线性关系。因此，高原强化训练前通过将负荷强度控制在有氧代谢供能范围之内的周期性大负荷量训练，目的是最大化机体摄取氧的能力，从而为高原训练自然环境中大气氧分压和肺泡氧分压下降导致最大摄氧量下降做好充分准备。

而高原训练前之所以注重混氧能力对有氧耐力的“拉动”效应，从适应理论视角可知：当机体长期接受同一刺激水平的应激原，机体内环境形成的适应水平将处于稳定阶段，长此以往易产生“耐受性”，则会阻碍机体内环境由“稳态”向“失稳态”转化，难以实现更高水平的应激适应能力；故在该阶段注重有氧耐力储备作用的同时强调提升混氧能力，其目的是追求机体内环境应激— 适应能力最大化。而从训练学视角可知，苏联训练学专家库慈明指出，长距离耐力项目比赛成绩取决于比赛速度90%以上强度的重复训练次数[①]，也就是说运动员通过有效的专项训练负荷，并且实现量的积累才能取得质的突破从而实现最优成绩。因此，高原强化训练前的平原训练注重混氧能力的“拉动”效应，其最终目的为提升运动员与比赛成绩高度相关的专项耐力水平。

高原训练前在注重有氧耐力和混氧能力的基础上强调力量耐力能力的提升，其原因为高原训练应激导致瘦体重和体脂下降，从而影响肌肉的质量、肌力和速度。而根据竞走项目特征可知，它需要运动员具备长时间持续支撑后蹬向前行走的能力，且Barnesda指出良好的力量耐力素质能够提

① 库慈明. 运动强度与比赛成绩的关系[M]. 田径指南，1983：31-33.

高长跑运动员长时间疲劳工作状态下保持正确身体姿势和合规技术稳定性的能力[①]。因此，高原训练前安排较大比重的跑台走、坡道走等力量耐力训练负荷，目的是加强运动员下肢长时间持续稳定的后蹬能力，为高原训练期间因力量素质的丢失影响机体姿态能力控制的持续、有效、合规奠定基础。

第二节　比赛期训练安排分析

比赛期主要包括赛前阶段和正式比赛阶段，其目的为通过赛前阶段的调整训练促使运动员能够在正式比赛阶段实现训练效益最大化。哈雷把赛前训练定义为“赛前直接准备阶段”[②]。田麦久则定义为“赛前中短期集训阶段”。普拉托诺夫认为，是高水平运动员为了准备比赛，常年在全年训练中安排一个补充大周期，让运动员直接有目的地准备参加重大比赛[③]。《教练员训练指南》将赛前训练定义为：“从广义上来说重要比赛前一个中周期的训练可视为赛前训练阶段，狭义来说赛前训练往往指比赛数周或最后小周期的训练。”[④] 该书中指出，赛前阶段的主要任务是使所有训练因素趋于完善，提高运动能力，并在年度计划的重大比赛中取得优异比赛成绩。重大比赛的比赛时间是固定不变的，但是运动员的竞技状态却是在一定范围内可变的，通过赛前训练量和训练强度的双重调控，可以相应地把握赛前最佳竞技状态的表现时间[⑤]。赛前训练严格地讲是一个随机控制的

---

① BARNESDA. Strength and conditioning survey[J]. Tack coach, 2000（16）: 150.

② 哈雷．训练学[M]. 北京：人民体育出版社，1985.

③ 黄航，郭晓春，叶加宝．赛前训练研究[J]. 安徽体育科技，1997（3）：16–18.

④ 李诚志．教练员训练指南[M]. 北京：人民体育出版社，1992：414–418.

⑤ 郭蓓．我国优秀射箭运动员备战参赛若干训练理论与方法问题的研究[D]. 上海：上海体育学院，2006.

过程，运动员状态的变化是调控的主要依据，总原则是：既坚持原定设计方案，又要从实际出发变更训练计划。赛前训练要绝对保证运动员在训练中得到恢复，同时又要巩固已获得的训练水平转换为比赛能力。因此，赛前训练是衡量教练员调控能力的集中体现。而正式比赛阶段是教练员对运动员多因素调控、运动员自我调控及管理人员对多主体、多要素综合调控的结果，集中体现整个周期的训练效果。

一、比赛期训练内容、方法和手段安排分析

第二周期比赛期，三名运动员的训练内容主要包括基础有氧能力、专项有氧能力、混氧能力、无氧能力、力量素质、柔韧素质、速度素质，以及身体功能训练、恢复再生训练和技术训练等，具体的训练内容、方法和手段如表62所示。比赛期包括赛前高原强化阶段和正式比赛阶段，两个阶段训练任务的差异导致运动员训练内容存在细微不同。训练内容差异具体表现为：赛前高原强化阶段，三名运动员耐力训练以基础有氧能力和专项有氧能力为主，混氧能力训练内容占比较少，未安排无氧能力训练内容，力量训练集中于下肢和核心力量，技术训练强调有氧能力与技术的协调发展，且整个阶段重视恢复再生训练；而正式比赛阶段，无氧能力和速度等训练内容均大幅度增加，力量训练强调下肢的同时注重全身协调用力，技术训练强调通过高强度快走提升运动员高速走时神经对肌肉的精确支配和协调能力。

表 62　三名运动员里约奥运年第二周期比赛期训练内容汇总表（N=3）

训练阶段	训练内容	训练方法	训练手段
比赛期	耐力素质（包括基础有氧能力、专项有氧能力、混氧能力和无氧能力等）	（匀速、匀加速及变速）持续训练法、间歇训练法和重复训练法等	（1）基础有氧能力：5 km/8 km/10 km的短距离慢跑、技术走及放松走等； （2）专项有氧能力：中（10 ~ 15 km）、长（15 ~ 20 km）及超长（>20 km）距离段落的匀加速持续走和变速持续走、坡道走和跑台走； （3）混氧能力：重复相同距离段落（如5 km×3组、2 km×5组等）及多样化的变速段落（如5 km—3 km—2 km—1 km、1 km—1 km—2 km—2 km—1 km—1 km—1 km、负荷节奏为500 m快+500 m慢的10 km变速走、4 km慢+1 km快+4 km快+1 km慢等）的公路走和场地走； （4）无氧能力：500 m/1 km×5组 ~ 10组、（500 m+1000 m）×3组及（200 m+300 m+500 m）×2组等形式多样的重复走（间歇1 min 30 s和1 min 30 s ~ 2 min）
	力量素质（包括上肢、下肢和核心区力量）	循环训练法	（1）下肢力量练习手段：皮筋牵拉跑台走、爬坡、负重弓步走、半蹲、联合器械前群和后群力量练习、跳绳、跳小栏架等； （2）核心区力量练习手段：俯卧背起、仰卧/俯卧两头起、形式变化多样的仰卧起坐、臀桥、静力支撑（侧撑和平板支撑）、瑞士球核心力量练习、健腹轮腹肌练习等； （3）上肢力量练习手段：皮筋牵拉摆臂练习、负重小哑铃摆臂练习及挺举等

（续表）

训练阶段	训练内容	训练方法	训练手段
比赛期	柔韧素质（以髋关节灵活性练习和力量练习后的放松牵拉为主）	循环训练法	（1）髋关节灵活性练习手段：原地/行进间转髋练习、栏架绕髋练习、晃板髋部练习、髋部牵拉练习等； （2）放松牵拉练习手段：大腿前群、股后肌群、内收肌、髋周肌群、髂胫束练习，以及比目鱼肌等前链、后链、侧链形式多样的静力性、动力性牵拉练习及PNF牵拉练习等
	速度素质（主要指动作速度和移动速度）	循环训练法/重复训练法	（1）动作速度的练习主要结合技术练习进行，具体手段包括小步高频走、高频节奏足跟走及短距离冲刺练习等； （2）移动速度：（50～200）m×10组（间歇30 s～1 min）的短距离段落高强度走等
	身体功能训练	循环训练法	（1）肌筋膜松解手段：背部和上背部自我松解、比目鱼肌和腓肠肌自我松解、同侧内收肌和髂胫束自我松解，以及侧小腿三头肌、股二头肌和梨状肌自我松解等； （2）牵拉练习手段：静力性牵拉和PNF牵拉练习，主要手段包括背阔肌和胸肌的拉伸、静态拉伸斜方肌上束和肩胛提肌、腓肠肌/比目鱼肌/屈髋肌群和腹部肌群的主动静态牵拉等； （3）神经激活练习手段：迷你带蹲起、单腿外展、单腿后伸、单腿站立屈腿外旋及侧向移动等； （4）本体感觉练习手段：借助平衡板、半球、平衡盘、软踏及落地训练完成身体控制能力练习等； （5）康复性力量练习：主要指借助瑞士球完成多方向、多维度、多平面的功能性力量练习
	恢复再生训练	主动与被动结合法	人工按摩、营养补充、水疗、音乐放松法、服用抗缺氧的中草药、睡眠、游泳及泡温泉等

（续表）

训练阶段	训练内容	训练方法	训练手段
比赛期	技术训练（完整练习）	完整法	练习手段：大步走、足跟直腿走、双臂前后绕环走、绕8字走、抱头走、肩向前/后绕环走、双臂侧平举走以及双手上下摆动走等形式变换多样的技术协调性练习，强调运动员技术动力定型的基础上提升有氧能力与技术的协调能力，重点强调走的节奏和快走能力训练
	心理训练	模拟、诱导训练法等	表象放松法、自我暗示法、音乐调节法等
	战术训练	程序、模拟训练法等	跟随走和领先走等

由刘虹和吕秀芝第二周期比赛期典型周训练安排（表63和表64）完成情况可知，三名运动员训练时间安排模式均为“一天两练”，刘虹和切阳什姐周日下午休息，吕秀芝周四和周日下午休息，训练课的组合方式为上午主课+下午身体素质训练/技术训练/调整训练。其中，三名运动员赛前高原强化阶段的训练内容结构模式为以专项技术+有氧耐力训练为主、以专项技术+身体素质训练为辅，少量的专项技术+速度耐力训练内容。正式比赛阶段的训练内容结构模式为以专项技术+有氧耐力训练为主，少量的专项技术+身体素质训练内容，专项技术+速度/速度耐力训练比例大幅度增加。此外，张阜新教练根据正式比赛时间为下午单元，赛前一周将主课内容安排于下午单元，其目的是促进运动员机体产生更好地适应大赛的能力。

表 63　刘虹第二周期比赛期典型训练周训练安排一览表

训练日期	上午单元	下午单元
星期一	5 km热身 + 5 km场地走 = 22 min 10 s（4 min 26 s/km）	5 km热身 + 5 km场地走 = 23 min 07 s（4 min 37 s/km）
星期二	30 km公路走 = 2 h 29 min 28 s（4 min 59 s/km）	5 km慢跑
星期三	10 km公路走 = 52 min 28 s（5 min 15 s/km）	5 km放松走 + 30 min身体训练
星期四	5 km热身 + 5 km场地走 × 3组 + 2 km慢跑（间歇 3 min） 22 min 35 s（4 min 31 s/km）/ 22 min 25 s（4 min 29 s/km）/ 21 min 54 s（4 min 23 s/km）	5 km技术走
星期五	10 km慢跑	5 km技术走 + 30 min身体训练
星期六	25 km公路走 = 1 h 54 min 07 s（4 min 34 s/km）	5 km放松走
星期日	10 km公路走 = 52 min 41 s（5 min 16 s/km）	前往北京

注：2016年7月4日—10日，昆明

表 64　吕秀芝第二周期比赛期典型训练周训练计划一览表

训练日期	上午单元	下午单元
星期一	6 km慢跑	10 km公路走=52 min 04 s（5 min 12.4 s/km）
星期二	6 km慢跑=30 min	12 km公路走=60 min 14 s（5 min 01 s/km）
星期三	6 km慢跑=30 min	6 km=27 min 32 s（4 min 35 s/km）+ 1 km × 5组=4 min 13 s ~ 4 min 14 s（最后一组 3 min 54 s）

（续表）

训练日期	上午单元	下午单元
星期四	6 km慢跑=30 min	10 km公路走=53 min 51 s（5 min 23/km）
星期五	6 km慢走（例假）	休息
星期六	6 km慢跑=30 min	12 km=59 min 46 s（4 min 59 s/km）
星期日	12 km =59 min 25 s（4 min 57 s/km）	休息

注：2016年8月8日—14日，里约

二、比赛期训练负荷安排分析

（一）赛前高原强化阶段训练负荷安排分析

高原训练指借助高原低大气压和氧分压的自然环境，辅以优化组合的负荷实施，其目的是刺激机体对高原缺氧应激原产生抗缺氧能力的训练方法。高原训练主要包括能力主导型高原训练、状态主导型高原训练和恢复性高原训练，其主要目的是提高专项基础能力、赛前强化和积极性休息，并为下阶段做好充分准备[①]。高原训练产生的一系列生理学适应主要包括：呼吸系统方面，表现为呼吸频率加快、肺通气量增加；血液系统方面，表现为血红蛋白、红细胞数量、促红细胞生成素分泌增加、血液流变性和红细胞变形能力得以改善；心血管系统方面，表现为心率和心输出量增加；骨骼肌系统方面，表现为毛细血管增高、糖酵解酶活性降低、氧化酶活性升高、肌红蛋白浓度增加、肌肉缓冲能力得以改善、瘦体重和脂肪明显下降等；内分泌系统方面，主要表现为血清睾酮下降、皮质醇上升[②③④]。

---

① 崔大林. 高原训练的实践探索与理论思考[J]. 体育文化导刊，2008（1）：13-6.

② 温优良，徐国琴. 高原训练的生理适应与运动能力[J]. 广州体育学院学报，2001，21（2）：48-51.

③ 林洪，程燕，蒋川，等. 高原训练环境对我国优秀混合泳运动员叶诗文和汪顺技术影响的个案分析[J]. 中国体育科技，2017，53（6）：133-141.

④ 韩照岐，林微微，梁慧子，等. 优秀游泳运动员备战伦敦奥运会高原训练负荷及手段个案研究[J]. 中国运动医学杂志，2017，36（5）：437-442.

刘虹和切阳什姐备战里约奥运会全年进行了三次高原训练，吕秀芝进行了两次高原训练。第一次高原训练均安排在冬训集训开始阶段，训练地点均为丽江（海拔2366 m），高原训练的时间分别为21天和42天。该阶段高原训练的主要目的为借助高原环境调节心血管系统、强化有氧代谢能力以及提升骨骼肌代谢能力等。刘虹和切阳什姐的第二次高原训练为第二周期集训初，训练时间为7天，其目的是防止大赛后身体机能状态快速下降，为恢复性高原训练。最后一次高原训练安排于第二周期的正式比赛前阶段，鉴于本届奥运会比赛地点为里约热内卢，地处巴西高原，因此，第二周期比赛期（第35周），达米拉诺教练和张阜新教练均采取高原强化训练策略。赛前高原强化训练的目的：一是利用高原缺氧环境增加训练难度、加大刺激，以提高运动员回到平原比赛的机能状态和竞技状态，创造优异运动成绩；二是为了更好地适应在巴西高原上参加比赛而进行适应性训练。由于两位教练员训练理念的不同，以及特殊情况制约导致对高原训练的执行存在差异，三名运动员具体的训练情况分别为：刘虹高原训练地点为昆明（海拔1890 m），训练时长为32天（2016-6-18—2016-7-18），下高原之后在萨卢佐进行9天（2016-7-19—2016-7-28）左右的平原适应性训练；吕秀芝高原训练地点为青海多巴（海拔2366 m），训练时长为38天（2016-6-21—2016-7-28），下高原之后直接抵达里约进行适应性训练；切阳什姐高原训练地点为意大利利维尼奥（海拔1816 m），训练时长为23天（2016-6-18—2016-7-11），下高原之后在萨卢佐进行为期两周（2016-7-12—2016-7-28）左右的平原适应性训练。

三名运动员高原训练的时间、海拔高度以及下高原距离正式比赛的时间均存在差异。有研究认为不同项目高原训练持续时间最少为3周，但必须着重考虑项目特点，目前认为竞走高原训练的最佳周期时间为3周 ～7周[①②]。由此可知，三名运动员高原训练持续时间合理。高原训练海拔高

① 王清，冯连世，翁庆章. 高原训练[M]. 北京：人民体育出版社，2007.

② 马福海，冯连世. 高原训练实用问答[M]. 北京：人民体育出版社，2007.

度的选择应具备两个方面的条件，即：高度既能对机体产生深刻的缺氧刺激，又能承受较大的训练量和强度，一般认为1800 m ~ 2500 m的中等高度训练效果最好①②③。由此可知，三名运动员高原训练海拔高度的选择较为合理。对于下高原之后何时出现最佳训练效果，目前仍没有定论。根据项目特征、高原训练阶段训练负荷的实施状况、应激—适应能力以及运动员的个体差异而不同，三名运动员下高原至正式比赛的时间分别为30天、18天和37天，根据三名运动员的比赛成绩可知均获得较为理想的运动能力。

本研究主要从训练学视角对赛前高原强化阶段的训练负荷安排进行深入分析，目的为探析赛前高原强化阶段训练负荷安排的个性与共性特点。由表65可知，高原训练阶段中，刘虹因故影响系统训练，吕秀芝由于高原训练初期反应较大故训练频次低于平原训练阶段，而切阳什姐基本保持平原训练阶段的训练频次。三名运动员完成的负荷总量分别为542 km、640 km和457 km，日平均负荷量分别为16.94 km、16.84 km和19.87 km。其中，切阳什姐的日平均负荷量显著高于刘虹和吕秀芝且高于高原训练前阶段，其原因为切阳什姐为世居高原型运动员，其机体生理结构对高原训练的特殊环境具有较强的适应能力，故高原训练期间仍能够保持适应大负荷量刺激的能力。三名运动员该阶段完成的大负荷量课负荷总量分别为265 km、147 km和120 km，占该阶段负荷总量的48.89%、22.97%和26.26%；身体训练累积时间分别为255 min、42 min和100 min，日平均身体训练时间为7.97 min、11.05 min和4.35 min。由上述分析可知：刘虹仅以有氧能力的保持训练为主，故其大负荷量课占据主导；吕秀芝注重有氧

① 翁庆章，钟伯光. 高原训练的理论与实践[M]. 北京：人民体育出版社，2002.

② 刘柏，冯炜权. 耐力运动员高原训练的生理学基础综述[J]. 北京体育大学学报，1994，17（4）：29-34.

③ 夏培玲，王璟. 基于知识图谱的国外高原训练研究前沿与热点分析[J]. 体育科学，2011，31（4）：75-80.

能力提升的基础上强调混氧能力的拔高效应，故其大强度课负荷量占比最大；切阳什姐强调持续大负荷量刺激强化专项有氧能力，故其日平均负荷量最大。三名运动员高原训练阶段的身体训练时间均低于高原训练前，其中，切阳什姐赛前高原训练阶段身体训练时间最少，但其坡道走量占比大。三名运动员高原训练阶段的身体素质训练占比较少，且以力量素质训练为主，其原因为高原训练中强化某一系统的训练（有氧能力）总是以调整其他系统为代价的。高原环境中由于高强度的训练内容受到环境的制约，速度和速度耐力训练占比下降。因此，为了保持和提高速度与速度耐力，考虑选择力量训练来保持和发展肌肉力量，从而，一方面防止高原阶段力量损失过多，另一方面保持速度耐力水平。

表 65　三名运动员里约奥运年赛前高原强化阶段训练负荷总体特征一览表（*N*=3人）

训练负荷	刘虹	吕秀芝	切阳什姐
训练天数	32	38	23
训练课次	42	59	37
负荷总量（km）	542	640	457
日平均负荷量（km）	16.94	16.84	19.87
身体训练课次	7	4	2
身体训练时间（min）	255	420	100
日平均身体训练时间（min）	7.97	11.05	4.35
跑台走量（km）	0	0	0
坡道走量（km）	0	0	40
大负荷量课负荷总量（km）	265	147	120
大负荷量课总课次	11	6	5
大负荷量课平均强度（m/s）	3.389	3.381	3.441
大强度课负荷总量（km）	39	62	15

（续表）

训练负荷	刘虹	吕秀芝	切阳什姐
大强度课总课次	4	5	1
大强度课平均强度（m/s）	3.650	3.719	3.741

由图27可知：三名运动员赛前高原强化阶段基础有氧能力负荷量分别为183 km、256 km和135 km，占比分别为33.77%、40.01%和29.54%；专项有氧能力负荷量分别为290 km、340 km和235 km，占比分别为53.51%、53.13%和51.42%；混氧能力训练负荷量分别为69 km、44 km和47 km，占比分别为12.73%、6.87%和10.28%；切阳什姐坡道走量占比8.75%。三名运动员该阶段未安排无氧能力训练。

由前人研究结果可知，竞走运动员李春秀整个高原训练期间有氧、混氧和无氧能力训练比例为71%、22%和7%。王魁教练认为三者占比分别为60%～65%、25%～35%和5%～10%最适宜。而三名运动员备战里约奥运会赛前高原强化阶段有氧耐力训练占比分别为87.28%、93.14%、80.96%，高原前平原阶段有氧耐力占比分别为72.62%、94.76%和75.92%。与前人研究结果比较而言，显然该时期两位教练员更加注重低强度有氧耐力能力的厚度。

由高原前和高原训练阶段负荷强度的变化特点可知：刘虹和吕秀芝基础有氧能力占比递增，而切阳什姐小幅度递减；刘虹和切阳什姐专项有氧能力占比递增，而吕秀芝相反；刘虹和切阳什姐混氧能力训练占比降低，负荷总量仍高于吕秀芝，但吕秀芝混氧能力训练增幅明显；三名运动员无氧能力和跑台走量占比均递减，而切阳什姐坡道走量占比递增。由此说明，在高原训练阶段，刘虹和切阳什姐在注重有氧耐力强化的基础上仍强调混氧能力训练对有氧能力训练中实施更大负荷强度训练的效应，而吕秀芝则更倾向于有氧耐力厚度沉淀的基础上，小幅度增加大强度刺激。

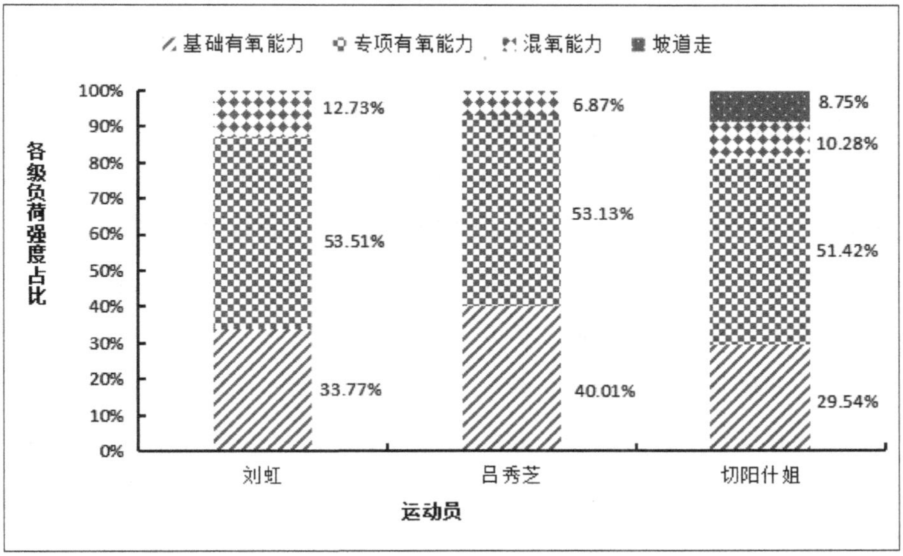

图 27　三名运动员里约奥运年赛前高原强化阶段各级负荷强度占比分布图

高原训练环境的特异性以及运动员机体生理适应的延迟性，导致高原训练阶段负荷结构安排具有显著的时序性特点。高原训练的安排一般分为三个阶段，即适应阶段、训练阶段和恢复阶段，其中训练阶段又包括大负荷量阶段和大强度阶段。根据图28可知：刘虹整个高原训练阶段负荷阶段模式为第35周适应周+第36周大负荷量周+第37周大负荷强度周+第38周下高原之前的调整周，负荷结构分布为以专项有氧代谢能力为核心的“两极化”模式，各级负荷强度变化表现出显著的平台式与阶梯式的先递增再递减的循序渐进性特征；吕秀芝整个高原训练阶段负荷阶段模式为第35—36周适应性训练+第37周大负荷量周+第38周大负荷强度周+第39周的大负荷量周+第40周调整训练，负荷强度由多样化渐趋集中，负荷强度总体呈现出以专项有氧能力为核心的“两极化”模式；切阳什姐的高原训练模式为第35周大负荷量周+第36—37周的大强度训练周，负荷结构分布为以专项有氧能力为核心的“两极化”模式，整个阶段负荷变化呈现阶梯式递增趋势。

在高原训练初期，由于训练环境的特异性导致运动员需要调整身体各项机能水平以产生适应性，故三名运动员完成的负荷量均相对较低，而对于高原训练的后期是否应适当安排接近或达到运动员本人最大强度的训练，不同教练员所持意见存在差异。如：世居平原的教练员认为，此阶段训练强度应比平原小一些；而世居高原的教练员认为，此阶段负荷强度的安排应大一些，甚至可以超过运动员本人最好成绩的强度。在高原训练的最后阶段，刘虹和吕秀芝负荷强度和负荷量均大幅度降低，均以专项有氧能力为主，以基础有氧能力为辅，未安排混氧能力训练；而切阳什姐负荷量递增，负荷强度仅小幅度调整。由于切阳什姐为世居高原型运动员，对所居住的低氧环境，其机体生理机能、某些组织结构及生化代谢已产生了适应性变化，红细胞等生理参数处于一种稳态。这些结构上的改变就使得切阳什姐对所生活的海拔高度缺氧影响不敏感，在承受与世居平原运动员相同的负荷量和强度时，机体所承受的刺激不够深，体内参与乳酸代谢酶的活性及血液缓冲能力提升幅度小。因此，切阳什姐高原训练具有不同于平原运动员的特点，其特殊之处主要表现为：高原训练初期和最后阶段不需要进行专门调整训练，能够自动调整身体机能状态以适应平原训练中能够完成的负荷量与强度。

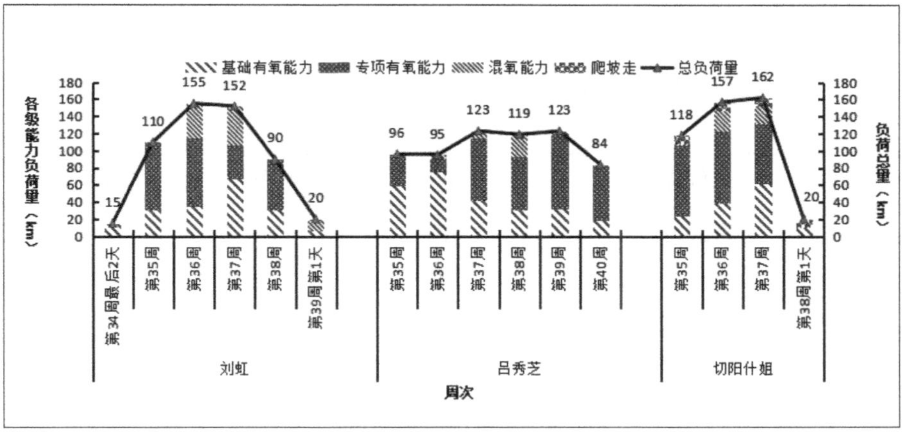

图 28　三名运动员里约奥运年赛前高原强化阶段各训练周负荷变化示意图

（二）正式比赛阶段训练负荷安排分析

由表66可知，第二周期正式比赛阶段，刘虹、吕秀芝和切阳什姐持续训练时间分别为30天、21天和37天，日平均负荷量显著低于高原训练阶段，而吕秀芝由于高原训练长达6周，高原训练之后直接抵达里约进行赛前适应性训练，故赛前大幅度降低负荷量，调整高原训练中累积的生理和心理疲劳。因此，吕秀芝正式比赛阶段日平均负荷量最低。刘虹、吕秀芝和切阳什姐长距离训练课分别完成3次、1次和3次，负荷量分别为75 km、25 km和75 km；强度课分别完成6次、4次和9次，负荷总量分别为47.5 km、10 km和64.5 km；身体训练累积时间为270 min、120 min和240 min；日平均身体训练时间分别为9 min、6 min和6.49 min。刘虹和切阳什姐赛前基本保持隔天进行持续时间为30 min左右的身体训练课，注重力量训练；而吕秀芝赛前阶段身体训练较少，共安排两次身体训练课。综上，正式比赛阶段，三名运动员的大负荷量课频次降低，大强度课比例增大，身体训练课次和时间大幅度下降。由此说明，三名运动员在正式比赛阶段的训练任务为通过负荷节奏的控制促使运动员的神经肌肉控制处于最佳激活状态，从而在提升运动员的专项竞技能力的基础上形成最佳竞技状态。

表 66　三名运动员里约奥运年第二周期正式比赛阶段负荷量总体特征一览表（*N*=3人）

训练负荷	刘虹	吕秀芝	切阳什姐
训练天数	30	21	37
训练课次	54	32	67
负荷总量（km）	455	288	574.5
日平均负荷量（km）	15.17	13.71	15.53
身体训练课次	8	2	8
身体训练时间（min）	270	120	240
日平均身体训练时间（min）	9.00	6.00	6.49
跑台走量（km）	0	4	0
坡道走量（km）	0	0	0
大负荷量课负荷总量（km）	75	25	75
大负荷量课总课次	3	1	3
大负荷量课平均强度（m/s）	3.375	3.610	3.348
大强度课负荷总量（km）	47.5	10.0	64.5
大强度课总课次	6	4	9
大强度课平均强度（m/s）	3.975	4.019	3.929

在对正式比赛阶段负荷量总体特征进行把握的基础上，为进一步探析负荷分布特征，本研究对该阶段各级负荷强度占比进行分析。由图29可知，刘虹和切阳什姐正式比赛阶段的负荷强度结构为以专项有氧能力为核心的“两极化”模式，而吕秀芝为“金字塔”模式。三名运动员整个阶段负荷量显著低于高原训练阶段，负荷强度变化主要表现为：基础有氧能力负荷量占比高于高原训练阶段，专项有氧能力负荷量占比小于赛前高原强

化阶段，混氧能力负荷量占比显著大于高原训练阶段，无氧能力负荷量占比直线递增至全年最大。

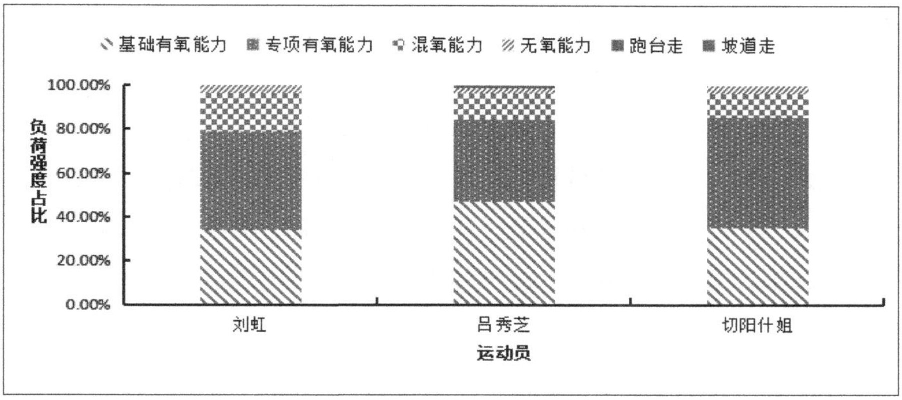

图 29　三名运动员里约奥运年第二周期正式比赛阶段各级负荷强度占比分布图

根据Lin 等人研究可知赛前实施高强度训练能够有效保持或者提高运动员的红细胞数量、肌糖原浓度、肌肉力量和抗疲劳的能力，有助于运动员形成理想的竞技状态和创造优异的运动成绩。反之，如果运动员的训练强度随着比赛的临近而逐渐降低，则会导致相关训练适应的消退①。因此，两位教练在正式比赛阶段注重速度耐力的训练，而整个正式比赛阶段负荷安排强调专项性和多样性，从适应理论可知，其目的在于通过增加应激原，促使机体产生适宜的代偿性适应反应，从而最大限度地调动中枢神经系统对肌肉的精确支配、高度协调以及运动单位的募集能力。

由图30可知，三名运动员第42周和第43周负荷量均递减，具体表现为，刘虹负荷总量由第41周的122 km直线递减至第43周的52.5 km，吕秀芝负荷总量由第41周的116 km递减至43周的51 km，切阳什姐负荷总量由第41周121 km递减至第43周的52.5 km。各级负荷强度负荷量变化

① LIN Y, CHANG C. Monitoring the training effect in different periods in elite athletes[J]. International journal of sports exercise science, 2009, 1（1）: 15–21.

具体表现为：刘虹基础有氧能力、专项有氧能力及混氧能力负荷量均呈直线递减，无氧能力保持较小比例；吕秀芝基础有氧能力由第41周的38 km递增至第42周的56 km再递减至第43周的24 km，专项有氧能力和无氧能力负荷量均呈直线递减，无氧能力保持较少比例；切阳什姐基础有氧能力由第41周的33 km递增至第42周的39 km再递减至第43周22 km，专项有氧能力、混氧能力及无氧能力负荷量均呈直线递减。

由此可知，三名运动员正式比赛阶段的负荷变化均表现为减量训练的特点，具体表现为负荷量和负荷强度变化两个方面。其中，刘虹和切阳什姐正式比赛阶段训练频率基本保持与准备期一致，符合前人研究中对训练频率的研究结论，即对于耐力项目而言只有通过高频率的训练才能优化运动水平和保持技术熟练度。而吕秀芝训练频率小幅度调整，其原因为高原训练结束之后直接抵达里约进行适应性训练，故教练员通过降低训练频次调整高原训练中累积的疲劳状态。

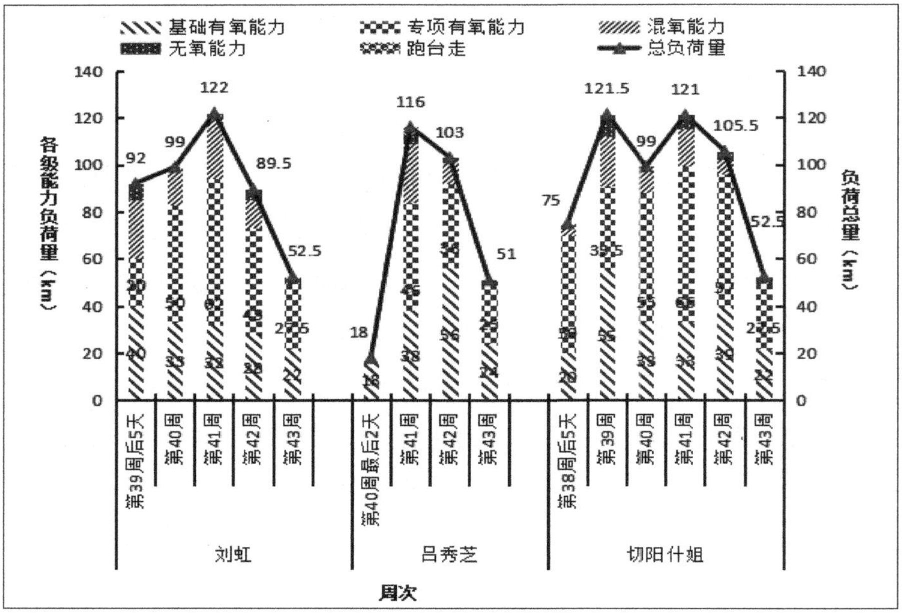

图30 三名运动员里约奥运年第二周期正式比赛阶段各训练周负荷变化示意图

由三名运动员赛前阶段负荷量完成情况可知，三名运动员赛前减量训练持续时间为2周，基本模式均为1周大负荷量大强度+2周减量减强度，这与前人研究结果一致，即赛前减量训练开始前通常安排大训练量阶段。该阶段的目的在于进一步加深训练负荷对机体的刺激，尽管机体产生深刻疲劳，但同时也产生适应，以便通过随后的减量阶段最大化地降低机体的疲劳，使得机体的适应表现更加突出，从而达到最佳的竞技状态①。减量模式整体呈现出直线式递减趋势，符合减量训练中渐进式快指数减量模式。刘虹赛前负荷量变化幅度分别为0、–26.64%和–41.34%，吕秀芝赛前负荷量变化幅度分别为0、–11.21%和–50.49%，切阳什姐赛前负荷量变化幅度分别为0、–12.81%和–50.24%。这与Mujika等人的研究结论一致，即减量幅度达到41%～60%能够取得较为理想的运动成绩。

根据三名运动员各级能力负荷强度减量训练特点可知，混氧能力递减幅度最大，且均保持一定比例的低强度有氧能力训练和少量的无氧能力训练。

混氧训练，即指有氧和无氧混合交替进行训练，其主要目的在于强化对运动员无氧阈刺激的幅度，增加有氧能力训练难度，从而便于有氧能力训练中实施更大负荷强度训练②。在竞走项目训练中，混氧能力的训练主要是通过长距离训练中段落交替、短距离段落中设定固定强度的组间交替以及课与课的交替，实现有氧和无氧混合供能能力的提升。混氧训练过程中由于一定比例的糖无氧酵解提供能量，故造成一定量乳酸的积累。乳酸是一种强酸，肌肉产生后迅速进入血液，血液中存在多种缓冲物质能中和进入血液的酸性物质，进而减弱酸度。但是，若进入血液的乳酸量过大，无法完全缓冲则导致血液酸化，血液酸度增加直接影响脑细胞的工作能

---

① 资薇. 我国优秀赛艇运动员年度训练负荷特点及关键问题研究[D]. 北京：清华大学，2010.

② 陆宗芳. 长跑、马拉松有氧与混氧训练的研究[J]. 天津师范大学学报（自然科学版），2002，22（1）：69-71.

力，导致神经肌肉接头即运动终板接头前膜处神经递质（乙酰胆碱）释放量减少，造成神经肌肉接点兴奋传递障碍，肌细胞因去极化过程减弱或不能去极化导致骨骼肌不能兴奋和收缩，从而引起运动能力下降，易发生运动性疲劳。因此，正式比赛阶段混氧能力下降幅度最大。

无氧能力是指机体处于缺氧情况下，或者说当不能获得充足氧以产生足够的有氧能量时，较长时间对肌肉收缩供能的能力[①]。无氧能力训练不产生乳酸，赛前阶段中该负荷强度主要用于发展运动员的速度能力。但是，速度能力需要神经系统最大化募集快肌运动单位的能力，而根据竞走项目特征可知，通过大量低强度有氧耐力训练仅提升慢肌纤维的募集能力，故为了促使运动员在大赛中具备较大的冲刺能力，则需要安排一定量的大强度训练。因此，参赛阶段在负荷量大幅度递减的前提下，无氧能力训练仍占据较少比例，其目的是：参赛阶段在通过降低负荷量缓解运动员生理和心理疲劳程度的基础上，仍需要通过适当的高强度训练保持或提升机体的应激能力。

第三节　研究小结

第一，第二周期准备期，三名运动员的训练内容均包括基础有氧能力、专项有氧能力、混氧能力、无氧能力、力量素质、速度素质、柔韧素质，以及身体功能训练、恢复再生训练、技术训练及心理和战术能力训练等。其中，达米拉诺教练重视通过参加国际性比赛增加训练强度的同时，检验训练效果（包括有氧耐力能力、变速能力、加速能力及技术规范性与

① 王清. 我国优秀运动员竞技能力状态诊断和监测系统的研究与建立[M]. 北京：人民体育出版社，2004.

实效性）；训练内容结构模式主要包括专项技术+有氧耐力、专项技术+身体素质、专项技术+速度和专项技术+速度耐力，训练内容结构的安排伴随不同训练阶段而不同。

第二，夏训集训初—世界杯阶段，三名运动员整个阶段均表现出赛前减量的特点。赛前减量过程主要表现为，负荷量和负荷强度的降低，训练频次基本保持相当，减量模式为快指数渐进式。在负荷变化的差异方面刘虹和切阳什姐负荷强度结构仍然表现出以专项有氧能力为核心的“两极化”模式，且切阳什姐整个阶段各级负荷强度占比具有显著的以赛事安排为节点的波浪形节奏特点；而吕秀芝该阶段负荷强度结构仍然为“金字塔”模式，即负荷强度越大负荷量占比越小。

第三，世界杯后—高原训练前阶段，训练实施特点表现为负荷量整体呈现递增趋势。其中，刘虹和切阳什姐负荷强度结构表现为，在提升运动员有氧能力储备的基础上，强调有氧代谢为主的混氧能力对有氧能力的“拉动”效应，同时注重加强下肢支撑和后蹬能力的力量耐力训练，而吕秀芝侧重提升专项有氧耐力。此外，达米拉诺教练在注重提升有氧能力的基础上强调循序渐进施加一定比例的高强度混氧能力刺激，从而避免机体长期对同一负荷刺激产生“耐受性”，有利于机体保持适应高强度刺激的能力，而张阜新教练更加注重专项有氧代谢能力的持续积累。

第四，赛前高原强化阶段，刘虹、吕秀芝和切阳什姐进行高原训练开始的时间均为第35周，高原训练持续时间分别为32天、42天和23天，下高原距离比赛的时间分别为30天、20天和37天。三名运动员该阶段的训练内容结构模式以专项技术+有氧耐力训练为主，少量的专项技术+身体素质和专项技术+速度耐力训练；身体训练时间均低于高原训练前，身体训练均以力量训练为主，兼顾其他身体素质的协调发展；训练方法、手段与准备期基本一致，其差异表现为根据高原训练不同阶段生理机能特征有针对性地把控实施难度。该阶段，刘虹、吕秀芝和切阳什姐的负荷强度结构均为以专项有氧能力为核心的“两极化”模式，注重中、低强度有氧耐力能力的厚度。由该阶段负荷实施特点可知，刘虹和切阳什姐在注重强化有氧能力的基础上，强调混氧能力对有氧能力训练中实施更大负荷强度训练的效应，而吕秀芝则更倾向于有氧耐力厚度的沉淀。具体表现为：刘虹整个高原训练阶段的负荷阶段模式为第35周适应周+第36周大负荷量周+第37周大负荷强度周+第38周下高原之前的调整周，各级负荷强度变化表现出显著的平台式与阶梯式先递增再递减的循序渐进性特征；吕秀芝整个高原训练阶段的负荷阶段模式为第35—36周适应性训练+第37周大负荷量周+第38周大负荷强度周+39周的大负荷量周+第40周调整训练，负荷强度由多样化渐趋集中；切阳什姐的高原训练的负荷结构模式为第35周大负荷量周+第36—37周的大强度训练周，整个阶段负荷变化呈现阶梯式递增趋势。

第五，正式比赛阶段三名运动员在训练内容和训练负荷安排上表现为：刘虹、吕秀芝和切阳什姐的训练内容安排模式均以专项技术+有氧耐力和专项技术+身体素质为主，专项技术+速度/速度耐力大幅度增加。训练内容结构差异主要表现为负荷内容配比和组合序列，赛前阶段刘虹和切阳什姐基本保持隔天进行持续时间为30 min左右的身体训练课，以力量素质训练为主，而吕秀芝赛前阶段较少安排身体训练内容。刘虹和切阳什姐训练内容安排的时间模式基本保持一天两练，而吕秀芝训练频率降低，但她们的训练方法、手段与前一阶段基本一致，差异表现为负荷量与强度的控制。三名运动员正式比赛阶段负荷结构变化整体均表现出“减量训练”特点，具体表现为负荷量和负荷强度的不同。刘虹和切阳什姐负荷强度结构整体呈现出“两极化”模式，吕秀芝为“金字塔”模式。刘虹和切阳什姐训练频率基本保持，而吕秀芝训练频率小幅度调整，减量持续时间为两周，模式为渐进性快指数模式。正式比赛阶段，三名运动员减量训练中混氧能力递减幅度最大，且均保持一定比例的低强度训练和少量的无氧能力训练。

第七章　里约奥运年训练效果检查评定

竞走是一项以有氧耐力能力为基础、以技术为关键、以速度为制胜因素的长距离竞速项目。集训初期从身体素质和运动技术两个维度对三名运动员的起始状态进行诊断，其目的是为教练员把握运动员的现实状态提供依据，从而客观、准确地为运动员设计和实施训练计划。那么，为了更科学地判定备战2016年里约奥运会训练安排的合理性，则需要对备战的训练效果进行检查和评定。对三名运动员里约奥运年全年训练安排的合理性和实效性进行分析，仍然从身体素质、技术训练效果两个维度并结合里约奥运会比赛成绩进行阐述。

一、身体素质训练效果的检查评定

（一）有氧耐力素质训练效果的检查评定

由三名运动员集训初和奥运会比赛前长距离有氧耐力训练课的训练效果（表67）可知，两次训练课的目的均为发展有氧耐力能力。奥运会比赛前测试成绩明显优于集训初，反映运动员承受运动负荷造成各器官系统变化的综合指标（心率）基本相当，而运动后即刻血乳酸均低于集训初。由此说明，通过全年的训练，运动员的动作协调性提高，助推能量节省化、心肌的收缩能力加强，从而促使运动员心血管系统适应能力提升。与此同时，运动过程中神经系统对慢肌纤维调动能力增强，引起血乳酸生成减少，慢肌纤维中毛细血管、线粒体和乳酸脱氢酶的增加加速乳酸的清除率等适应性反应均表明运动员适应能力提升。

表 67　三名运动员长距离有氧耐力训练效果一览表

运动员	测试日期	成绩	平均速度（/km）	平均心率（次/分）	血乳酸（mmol/L）
刘虹	2015–11–10	2 h 10 min 53 s	5 min 14 s	160 ± 1.58	3.8
	2016–08–08	2 h 04 min 34 s	4 min 59 s	159.8 ± 2.86	1.2
吕秀芝	2015–11–07	2 h 30 min 54 s	6 min 02 s	150 ± 1.76	3.2
	2016–07–27	2 h 07 min 10 s	5 min 05 s	162 ± 2.33	2.1
切阳什姐	2015–11–10	2 h 10 min 53 s	5 min 14 s	159 ± 1.06	1.6
	2016–08–08	2 h 05 min 47 s	5 min 02 s	160 ± 2.13	1.8

（二）速度素质训练效果的检查评定

由三名运动员集训前和奥运会正式比赛前的速度训练课测试成绩（表68、表69）可知，500 m和1000 m的速度均得以大幅度提升，且由血乳酸测试结果可知三名运动员糖酵解的能力均得以提升。其中，三名运动员中刘虹速度能力提升幅度最大，且骨骼肌代谢能力最强。她在里约奥运会中仅用53步完成最后冲刺走，以2 s优势夺取金牌，最后250 m用时55 s的竞技表现再次印证全年大强课的训练效果。此外，刘虹、吕秀芝和切阳什姐强劲的速度能力是里约奥运会中形成超越、控制和包夹团队作战的前提条件，三名运动员通过交替变速冲击墨西哥运动员冈萨雷斯企图求稳的比赛节奏，从而最终在竞争激烈的冲刺阶段获胜，说明三名运动员全年速度素质训练效果均较好。

表 68　三名运动员集训初速度素质测试结果一览表

测试指标	刘虹		切阳什姐		吕秀芝	
	500 m	1000 m	500 m	1000 m	500 m	1000 m
速度（m/s）	3.846 ~ 4.20	3.676 ~ 3.953	3.846 ~ 4.20	3.534 ~ 3.717	3.846 ~ 4.167	4.041 ~ 4.156

（续表）

测试指标	刘虹		切阳什姐		吕秀芝	
	500 m	1000 m	500 m	1000 m	500 m	1000 m
血乳酸（mmol/L）	3.5 ~ 5.3	3.8 ~ 5.0	3.7 ~ 5.0	3.5 ~ 4.9	3.5 ~ 4.6	4.2 ~ 5.2

表 69　三名运动员里约奥运会比赛前速度素质测试结果一览表

测试指标	刘虹		切阳什姐		吕秀芝	
	500 m	1000 m	500 m	1000 m	500 m	1000 m
速度（m/s）	4.065 ~ 4.424	4.065 ~ 4.410	3.969 ~ 4.326	4.065 ~ 4.396	3.976 ~ 4.305	3.984 ~ 4.357
血乳酸（mmol/L）	4.7 ~ 6.0	5.8 ~ 7.5	4.3 ~ 6.5	5.5 ~ 7.0	4.5 ~ 6.5	4.2 ~ 7.0

二、技术训练效果的检查评定

因条件限制无法对里约奥运会正式比赛进行现场定点定位三维拍摄，因此，对整个里约奥运会备战期间技术训练效果的评价主要借助里约奥运会比赛前的测试赛技术，选取速度与选拔赛无显著性差异的比赛段落进行分析，并结合对三名运动员选拔赛技术诊断中的主要问题进行训练效果评价。由前述分析可知，参加选拔赛时三名运动员低速走和高速走时膝关节规范性技术合理且大步技术风格已形成，技术存在的主要问题包括高速走时腾空时间长、前支撑时间短、头顶起伏距离较大、后摆幅度大、脚掌仰角小、横摆幅度大等。

（一）时间参数的检查评定

1.腾空时间参数

根据对三名运动员选拔赛的技术诊断结果可知，刘虹和吕秀芝高速走时腾空时间均超过模糊腾空时限，多次被判罚腾空警告。而两位运动员测试赛中的表现由图31可知：刘虹在速度为4.08 m/s时，其左、右单步腾空时间分别为0.058 s和0.067 s；吕秀芝在速度为4.0 m/s时，其左、右单步腾空时间均为0.067 s。可见，刘虹和吕秀芝测试赛中高速走时腾空时限均处于模糊时限内。在里约奥运会中两名运动员仅分别在第15 km和第19 km收到1次黄卡腾空警告的竞技表现，再次说明腾空规范性技术得以完善。

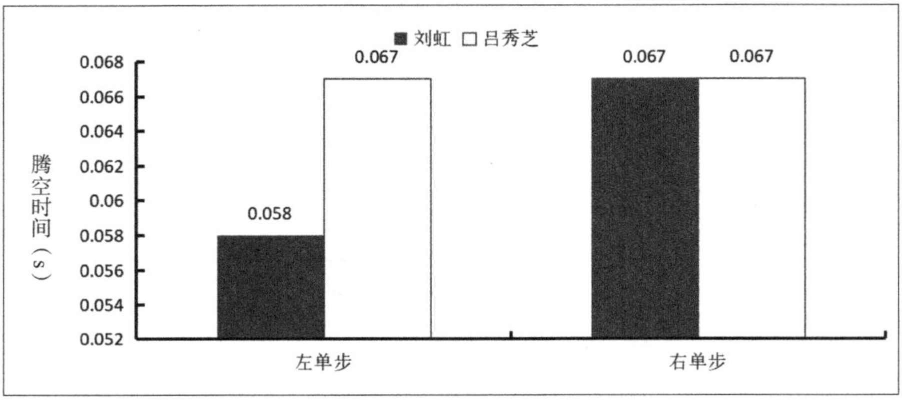

图 31　测试赛中刘虹和吕秀芝腾空时间参数示意图

2. 前支撑时间参数

前支撑时间短有利于减少水平速度损耗，但是易导致运动员膝关节形成错误用力顺序。由三名运动员选拔赛技术诊断分析结果可知，三名运动员均存在前支撑时间随着速度的增加而递减的趋势。而根据表70可知，三名运动员测试赛中虽仍存在前支撑时间随着速度的增加而递减的特点，但是三名运动员低速和高速度走时前支撑时间相对前期而言均有延长，由此说明三名运动员髋关节主动放松的能力均得以提升。

表 70　测试赛中三名运动员前支撑时间参数一览表

运动员	速度	左单步前支撑时间（s）	右单步前支撑时间（s）
刘虹	基础速度	0.042	0.042
	高速	0.042	0.033

（续表）

运动员	速度	左单步前支撑时间（s）	右单步前支撑时间（s）
吕秀芝	基础速度	0.042	0.058
	高速	0.042	0.033
切阳什姐	基础速度	0.058	0.050
	高速	0.042	0.050

注：左单步指左腿蹬地至右腿着地，右单步指右腿蹬地至左腿着地

（二）空间参数的检查评定

1. 头顶位移参数

头顶位移是裁判员判罚腾空犯规的最直接视觉指标。根据选拔赛技术诊断结果可知，三名运动员基础速度走和高速走的头顶位移均大于0.05 m的判罚上限，且刘虹和吕秀芝存在头顶位移随速度增加而增大的现象。由测试赛中三名运动员不同速度下的头顶位移参数（表71）可知，虽仍大于0.05 m的判罚上限，但是与选拔赛技术比较而言有小幅度改善，里约奥运会腾空警告判罚次数的下降再次印证三名运动员腾空规范性技术得以改善。

表 71　测试赛中三名运动员头顶位移参数一览表

运动员	速度	左单步头顶位移（m）	右单步头顶位移（m）
刘虹	基础速度	0.06	0.06
	高速	0.06	0.07
吕秀芝	基础速度	0.07	0.06
	高速	0.08	0.07
切阳什姐	基础速度	0.06	0.05
	高速	0.06	0.06

注：左单步指左腿蹬地至右腿着地，右单步指右腿蹬地至左腿着地

2. 脚掌仰角参数

切阳什姐技术问题的核心，即脚掌仰角小，导致她常年受膝关节和踝关节损伤的困扰。根据对选拔赛技术的诊断结果可知，切阳什姐脚掌仰角均值基础速度走时为18.7°，高速走时为18.1°，速度越快脚掌仰角越小。而根据测试赛中切阳什姐脚掌仰角参数（图32）可知，她的基础速度走脚掌柔和滚动技术有明显改善，但高速走时前摆后拍地动作仍明显。由此说明，改进后的技术仍未能与速度协调配合，她后续仍需要通过加强踝关节力量和前摆技术完善落地技术。

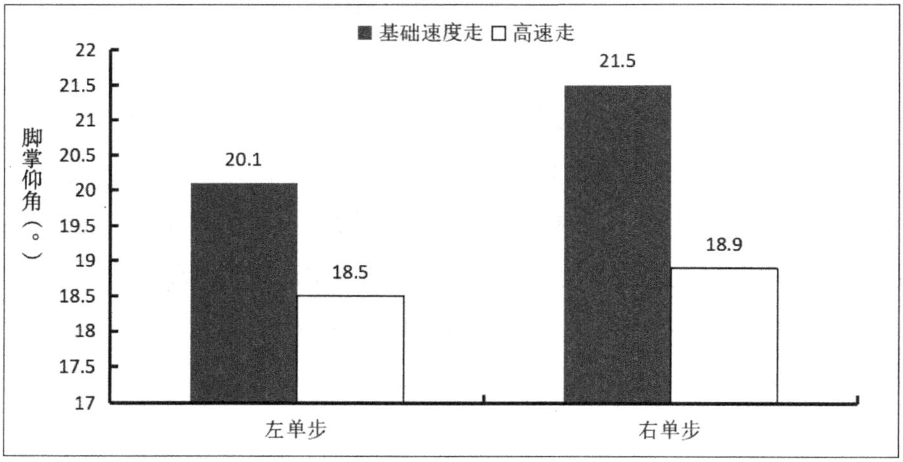

图 32　测试赛中切阳什姐脚掌仰角参数值示意图

3. 两大腿重叠时膝角参数

两大腿重叠时膝角越大，说明运动员髋关节放松长摆的能力越强，如相反，则容易给予裁判员跑的动作表象，导致技术判罚。根据对三名运动员选拔赛技术的分析可知，吕秀芝两腿“后撩”动作最明显，且随着速度越快，“后撩”幅度越大。“后撩”小腿动作导致吕秀芝常年受腰部劳损的影响，也直接导致系统性训练受限。因此，吕秀芝“后撩”小腿动作不仅是张阜新教练全年技术训练的核心关注点，康复师对其该技术症结也同样给予高度关注。而根据图33可知，吕秀芝测试赛中基础速度走时“后撩”小腿动作明显得以改善，而高速走时由于神经系统更侧重于对运动单位的快速募集，从而导致“后撩”小腿幅度增大。因此，后续训练中应注重将技术改进与速度协调配合，帮助运动员通过大强度多次重复练习建立稳定的动作动力定型，在此基础上通过低速走与高速走转换练习促使规范技术达到自动化。

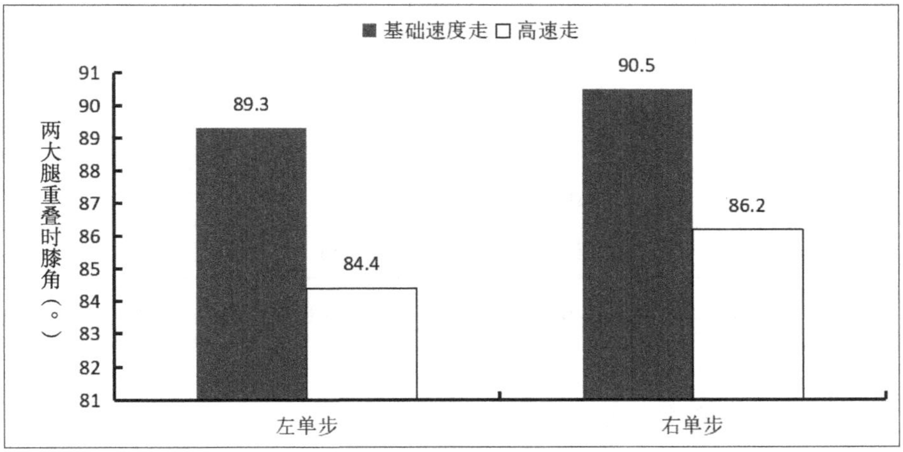

图 33　测试赛中吕秀芝两大腿重叠时膝角值示意图

4. 前摆大小臂夹角参数

由测试赛中三名运动员前摆大小臂夹角值（表72）可知：与选拔赛技术诊断结果比较而言，刘虹左、右单步摆臂幅度较为均衡，但是摆动幅度仍较小；吕秀芝左单步摆动幅度减小，右单步摆臂幅度增大，左、右单步摆动幅度的平衡性有所改善，但摆动幅度与国外优秀运动员比较而言仍较小；切阳什姐基础速度走时摆动幅度较大，且左右较均衡，而高速走时左、右摆臂幅度差异较大。总体而言，三名运动员前摆幅度仍较小，但是左、右摆幅差缩小。刘虹在里约奥运会比赛中第19 km时因加快步频受到腾空警告判罚的情况下，最后50 m超越阶段通过加大摆动幅度实现加速超越，保证了超越冲刺技术的规范性，再次印证其摆臂技术得以完善。但是，三名运动员摆臂幅度仍较小。由此说明，后续在摆臂技术方面仍需在规范技术前提条件下加大上肢力量训练，从而进一步改善摆动幅度较小的技术问题。

表 72　测试赛中三名运动员前摆大小臂夹角参数一览表

运动员	速度	左单步（°）	右单步（°）
刘虹	基础速度	38.6	45.9
	高速	47.8	52.6
吕秀芝	基础速度	56.6	46.7
	高速	59.3	40.2
切阳什姐	基础速度	68.9	65.7
	高速	64.6	46.7

注：左单步指左腿蹬地至右腿着地，右单步指右腿蹬地至左腿着地

三、奥运会参赛成绩的检查评定

由表73可知，三名运动员在里约奥运会中虽表现较好，但比赛成绩均为本年度最低水平，其影响因素主要包括项目特征、战术安排及比赛环境等。本研究主要从比赛环境角度对其予以解释。根据竞走20 km项目适宜比赛温度为18 ~ 20 ℃，并结合优秀运动员世界大赛比赛表现，可知环境温度越高则夺冠成绩水平越低。如大邱世锦赛比赛环境温度达32 ℃，刘虹以1 h 30 min夺得银牌，成绩影响程度达4 min 40 s。再如北京世锦赛温度为25 ℃，刘虹以1 h 27 min 45 s夺冠，该温度影响运动成绩为2 min 30 s。而里约奥运会环境温度达26 ℃，地面温度达28 ℃，高于最佳比赛环境温度6 ℃左右，且高于北京世锦赛。由此可知，里约奥运会竞走赛场温度对成绩影响至少在2 min 30 s。环境影响因素除此之外，还有两方面原因：

里约奥运会蓬塔尔竞走比赛赛道临海，环境湿度达到74%，高于北京世锦赛65%的湿度；加之比赛海风较大，环形赛道一半顶风一半顺风也增大了体能消耗。而主要竞争对手墨西哥的冈萨雷斯和巴西的德塞纳具有环境适应优势。由此可知，里约奥运会三名运动员均处于高水平竞技状态。

表 73　三名运动员奥运会正式比赛和选拔赛分段成绩

运动员	比赛名称	比赛成绩	2 km	4 km	6 km	8 km	10 km	12 km	14 km	16 km	18 km	20 km
刘虹	奥运会	1 h 28 min 35 s	9 min 15 s	9 min 13 s	8 min 59 s	8 min 58 s	8 min 59 s	8 min 47 s	8 min 51 s	8 min 42 s	8 min 40 s	8 min 11 s
	选拔赛	1 h 25 min 56 s	8 min 52 s	8 min 43 s	8 min 31 s	8 min 26 s	8 min 30 s	8 min 31 s	8 min 38 s	8 min 38 s	8 min 38 s	8 min 29 s
吕秀芝	奥运会	1 h 28 min 42 s	9 min 16 s	9 min 13 s	8 min 58 s	8 min 59 s	8 min 59 s	8 min 47 s	8 min 50 s	8 min 42 s	8 min 41 s	8 min 13 s
	选拔赛	1 h 28 min 07 s	8 min 52 s	8 min 43 s	8 min 33 s	8 min 40 s	9 min 00 s	8 min 54 s	8 min 45 s	8 min 53 s	9 min 01 s	8 min 46 s
切阳什姐	奥运会	1 h 29 min 04 s	9 min 16 s	9 min 12 s	8 min 59 s	8 min 58 s	8 min 59 s	8 min 51 s	8 min 46 s	8 min 42 s	8 min 44 s	8 min 37 s
	选拔赛	1 h 28 min 16 s	8 min 52 s	8 min 43 s	8 min 36 s	8 min 41 s	9 min 00 s	8 min 54 s	8 min 45 s	8 min 53 s	9 min 01 s	8 min 52 s

四、研究小结

根据对三名运动员有氧耐力素质和速度素质训练效果、技术训练效果以及奥运会参赛成绩进行检查评定可知，奥运年经过教练员的精心设计、运动员的刻苦训练和大赛历练，竞技能力均得以提升，且通过团队超越、控制和包夹战术最终实现“保八争三”的奥运备战目标。三名运动员全年及不同阶段训练安排合理性的经验和教训能够为我国高水平女子竞走科学化训练提供理论参考和借鉴。

第八章　里约奥运年年度训练安排特征

一、我国高水平女子竞走项目奥运年年度训练安排特征

第一，三名运动员开始专项训练的年龄合理，达国际健将年龄小、平均年限较短且保持最佳竞技水平的能力较强。身体形态条件未达到世界优秀运动员水平，集训初期速度、耐力等身体素质仍处于基础水平状态。膝关节技术规范且“反弓”技术突出，“大步”技术特点已形成，且“高频”技术风格依旧保持。但是，仍存在高速走时腾空时间长，技术稳定性有待完善，髋关节放松腿长摆能力有待提升，支撑腿蹬离地面出现脚旋内－髋外展、脚踝后翻－小腿“后撩”动作以及头在前髋在后“弓形”前倾姿势等技术症结。

第二，三名运动员在备战2016年里约奥运会年度训练安排中，全年以奥运会选拔赛和奥运会正式比赛为主要比赛期，实施双周期模式；每个训练周期根据运动员的实际情况，实行大小周期相结合的周期安排，具体阶段任务具有板块化特点，通过小周期的板块训练，实现全年训练负荷的平稳有序发展。

第三，三名运动员奥运年全年训练内容主要以专项有氧能力为核心，以技术为关键，以速度、柔韧性、身体功能、心理及战术能力训练为补充，强调有氧能力发展的同时提升技术能力，重视技术性小力量的基础作用。在训练内容安排上：一般准备阶段，以有氧能力和力量耐力训练为

主，重视技术的纠正与完善；专门准备阶段，在保证有氧能力的基础上，突出混氧能力训练，重视正确技术动力定型的建立；比赛期，强调专项耐力能力，即实现有氧与混氧能力向比赛转化，重视比赛技术的形成与稳定。有序的耐力与技术融合训练安排是决定运动成绩的关键。全年力量和速度训练安排具有明显的阶段特点，冬训初期力量训练占比大，临近比赛时力量训练安排较少，而速度训练相反。

第四，三名运动员奥运年专项能力发展的主要训练手段方面，以大负荷量课提高机体脂肪供能能力为核心，以大强度中短距离段落发展速度耐力能力的同时，以提高有氧代谢能力为突破口，以少量超大强度训练的“刺激+适应”作用为辅助，技术训练强调体能化、系统化以及技术与速度的协调发展。刘虹和切阳什姐注重核心力量和核心稳定性等功能性力量，技术训练中强调通过形式多样的变换练习提高运动员的整体技术协调能力。吕秀芝强调下肢力量训练，技术训练中突出技术矫正。

第五，从刘虹和切阳什姐全年负荷安排来看，第一周期负荷量明显大于第二周期，身体训练负荷量逐渐递减。在负荷强度方面，除一般准备阶段采用“金字塔”模式以外，其余阶段均为“两极化”模式。在大负荷量课和大强度课安排“练”与“调”节奏鲜明，负荷量与强度控制具有平台式递增特点。总体而言，教练员在常年坚持中低强度大负荷量积累下，两个阶段均重点发展专项有氧能力，并通过适当安排大强度负荷，促使机体完成“刺激—适应—再刺激—再适应”过程，进而实现运动能力的逐步提升。而从吕秀芝全年负荷安排来看，差异为身体训练负荷量呈波浪形特点，且比赛期大幅降低。冬训阶段负荷强度结构为“金字塔”模式，而夏训阶段负荷强度结构模式为“两极化”模式。大负荷量课和大强度课安排“练”与“调”节奏鲜明，负荷强度呈现递增的趋势。总体而言，教练员将中、低强度有氧训练作为全年训练主体内容，其中，冬训与夏训阶段分别侧重于发展基础有氧能力与提高专项有氧能力，在低强度、大运动量的累积效应基础上，通过适时穿插大强度内容，引起机体新异刺激，提高竞技能力。

第六，在全年训练中，三名运动员均具有在保证有氧能力厚度的基础上，通过适当安排大强度混氧和无氧能力训练来“拉动”有氧能力提升的特点。高原训练前均注重有氧能力的沉淀，高原训练过程中强调高原训练平原化的基础上循序渐进递增专项有氧耐力负荷强度。在赛前阶段，均安排两周时间的减量训练来进行调整，主要表现为减负荷量和负荷强度，训练频率保持相当，减量模式为快指数渐进式。但从负荷变化看，刘虹和切阳什姐的负荷强度逐渐递增，而吕秀芝呈现出“平台”与“阶梯”相结合的强度增加特点，即：第一周期为低强度基础有氧耐力平台，第二周期在此基础上阶梯式增至专项有氧耐力平台。

二、我国高水平女子竞走项目奥运年年度训练安排建议

第一，竞走项目是唯一一项对技术有特殊要求的田径项目，故应在重视技术训练的基础上强调能力的提升；且高水平运动员技术训练应强调通过一定负荷强度的多样化完整技术练习，提升高强度负荷下合规、经济且实效的技术协调能力。

第二，竞走项目是以有氧耐力为核心要素的长距离耐力项目，良好的有氧代谢供能能力仅能保证顺利完成比赛，其制胜关键为运动员以合规技术动作实现途中变速及终点加速冲刺的能力，故专项训练中以有氧代谢能力为主体的同时应注重大强度混氧能力的“拉动”效应。

第三，力量素质训练应以技术性小力量为主导训练理念。训练过程中，通过多样化手段以克服自身体重、注重专项性、上下肢均衡性以及动作质量前提条件下追求多次重复练习提高力量耐力为发展目标，强调核心力量和功能性力量对竞走姿态控制的重要性，处理好传统力量训练与核心力量训练或功能性力量之间的关系，且力量训练后注重恢复再生训练，关注预防运动损伤。

第四，全年训练根据各阶段的任务注重负荷结构循序渐进性调整，冬训阶段强调由“金字塔”模式向“两极化”模式转换，夏训阶段注重以专项有氧能力为核心的“两极化”模式的强化。负荷实施过程应注重循序渐进递增负荷，且强调各负荷强度平台中安排少量的大强度刺激避免机体产生不良“平台效应”，负荷强度拔高过程中各“节点”之间安排相应的恢复再生训练以防过度疲劳。

后　记

提笔致谢时，蓦然发现人生中又添一笔珍贵的回忆，作品的出炉并未带给我希冀已久的欣喜，却萌发了无限的感激。首先，我要感谢可亲可敬的博士生导师张英波教授，谢谢张老师孜孜不倦地教导我学习、工作和生活，将我由一个初生牛犊不怕虎的“女汉子”打造成一个可爱又可恨的女博士。其次，我要感谢首都体育学院博士生导师李厚林教授、武汉体育学院刘建国教授，两位如兄长一般的师者多年来给予我精心栽培，从下队服务、资料收集，到文章选题、文字撰写以及修改等每一个环节都倾注了两位老师大量的心血，在生活中对我的照顾更是无微不至。再次，我要感谢在论文资料收集以及论文写作过程中给我提供大量帮助的各位教练员、运动员及师弟、师妹们。最后，我还要感谢在我成长过程中给予我巨大支持帮助的北京体育大学、中国田径学院、武汉体育学院，感谢我的家人和团队，你们给予了我成长中的所有支持。

运动训练过程是一个复杂的系统运行过程，训练过程中资料收集难度较大，再加上个人精力有限，本书仅对备战里约奥运会的奥运年年度训练安排进行分析，主要包括训练周期、训练内容、训练方法手段以及训练负荷完成情况等。下一步，我将对三名运动员年度训练中各个训练阶段力量等身体素质训练负荷强度的变化以及训练负荷监控指标进行深入细致全面的研究。此外，备战里约奥运会各个年度训练安排相互影响、相互制约、互为存在基础，共同构成里约奥运会备战周期的整体。对整个周期训练安排的研究，有助于从纵向角度根据运动员的运动成绩整体宏观把握竞技状态。今后我将继续深化对整个备战周期训练安排的分析，进一步为我国专项训练理论的丰富与完善贡献自己的绵薄之力。

敬艳

2023年1月1日

参考文献

[1] 张佳佳．竞走运动的健身化改造与应用研究[D]. 北京：北京体育大学，2015.

[2] 敬龙军．中国优秀竞走运动员训练内容体系研究[D]. 北京：北京体育大学，2010.

[3] 许永波．我国男子20 km竞走运动员技术现状分析与对策研究[D]. 西安：西安体育学院，2014.

[4] 王林．竞走：现代竞走技术与训练[M]. 北京：北京体育大学出版社，2010.

[5] 王文平．我国女子20公里竞走运动员竞赛技术特征及对后备人才培养的训练启示[D]. 西安：西安体育学院，2013.

[6] 中国田径协会官网[EB/OL]. [2016-08-21]. www. athletics. org. cn/.

[7] 田麦久．运动训练学[M]. 北京：人民体育出版社，2000.

[8] 胡好．我国20公里优秀竞走运动员年度训练结构研究[D]. 北京：北京体育大学，2009.

[9] 陈小平，褚云芳．田径运动训练经典理论与方法的演变与发展[J]. 体育科学，2013，33（4）：91-97.

[10] 李志宏，周振华，沈信生．高水平竞走运动训练理念的再思考[J]. 沈阳体育学院学报，2009，28（4）：94-98.

[11] 南萍．中国和意大利竞走运动员小周期训练特征的分析及启示[J]. 体育成人教育学刊，2010，26（5）：45-47.

[12] 胡好，翟波宇，张英波，等．我国20 km竞走优秀男子运动员年度不同类型周期训练结构研究[J]. 中国体育科技，2012，48（1）：32-43.

[13] 杨明，佟彤，侯广庆，等. 国家竞走青年队冬训训练负荷特点研究[J]. 成都体育学院学报，2015，41（1）：1–6.

[14] 余维立. 体能训练中存在的若干问题与措施：以竞走项目为例[J]. 中国体育教练员，2008（2）：8–11.

[15] 张效良. 我国优秀女子竞走运动员专项身体素质指标体系的构建及其评价标准的研究[D]. 兰州：西北师范大学，2008.

[16] 胡好，骆学峰，王传平，等. 我国20 km优秀竞走运动员运动素质特征及评价研究[J]. 北京体育大学学报，2012，35（1）：125–130.

[17] 敬龙军，晏瑞琴，周瑾. 核心力量在竞走运动训练中的理论与实践研究[J]. 首都体育学院学报，2011，23（3）：263–266.

[18] 任贞玲. 竞走运动员力量训练研究[D]. 重庆：西南大学，2013.

[19] 文超. 田径运动高级教程[M]. 北京：人民体育出版社，2013，187.

[20] 中国田径协会. 田径竞赛规则（2014—2015）[M]. 北京：人民体育出版社，2014.

[21] 董海军，郝勇霞. 刘虹竞走技术分析[J]. 体育学刊，2008，15（9）：89–92.

[22] 敬龙军，王鹏，苑廷刚，等. 中、外优秀20 km竞走运动员运动技术分析[J]. 中国体育科技，2011，47（1）：21–28.

[23] 贾谊，严波涛，李厚林. 对中、外优秀竞走运动员关键动作技术特征的运动学分析[J]. 中国体育科技，2011，47（4）：8–13.

[24] 周浩祥. 女子20 km竞走全运会冠军吕秀芝技术动作特征研究[J]. 中国体育科技，2014，50（5）：12–18.

[25] 苑廷刚，周浩祥，李爱东，等. 中外优秀女子20 km竞走运动员运动技术的比较研究[J]. 北京体育大学学报，2014，37（12）：112–119.

[26] 王平. 备战2012年伦敦奥运会我国优秀女子20公里竞走运动员技术现状和训练对策研究[D]. 西安：西安体育学院，2012.

[27] 李建臣，吴玲敏. 我国优秀女子20 km竞走运动员后半程竞走技术的运动学研究[J]. 中国体育科技，2007，43（4）：53–59.

[28] 王文军. 我国女子20公里竞走运动员竞赛技术特征及对后备人才培养的训练启示[D]. 西安：西安体育学院，2013.

[29] 杨金田，张殿亮，杨银田. 对竞走技术中腾空犯规临界值的生物力

学研究[J]. 中国体育科技，1999，35（10）：24–25.
[30] 马特维也夫. 竞技运动理论[M]. 姚颂平，译. 哈尔滨：黑龙江科学技术出版社，2005：292–293.
[31] 过家兴. 运动训练学[M]. 北京：北京体育学院出版社，1986.
[32] 运动训练学编写组. 运动训练学（体育院校通用教材）[M]. 北京：人民体育出版社，1990.
[33] 徐本力. 运动训练学[M]. 济南：山东教育出版社，1990.
[34] 迪特里希·哈雷. 训练学[M]. 蔡俊五，郑再新，译. 北京：人民体育出版社，1985.
[35] 胡亦海. 竞技运动训练理论与方法[M]. 人民体育出版社，2014.
[36] 陈小平. 竞技运动训练实践发展的理论思考[M]. 北京：北京体育大学出版社，2008.
[37] TUDOR O, BOMPA G, HAFF G. Periodization theory and methodology of training 5th edition[M]. Champaign: Human Kinetics Publishers, 2009.
[38] 普拉托诺夫. 竞技运动理论[M]. 谢雪峰，唐宏贵，张江南，等译. 武汉：武汉体育学院编印，1990：123.
[39] 延峰. 训练中运动负荷的定性及度量[J]. 中国体育教练员，1999，（4）：8–10.
[40] 徐本力. 对负荷量、负荷强度和总负荷的概念、结构体系及科学调控中几个问题的再认识[J]. 体育科研，2004，25（6）：29–32.
[41] 张庆文. 从我国竞走队训练析耐力项群的负荷特征[J]. 上海体育学院学报，2007，31（3）54–58.
[42] 王丽萍. 王丽萍备战悉尼奥运会竞走比赛的训练特征研究[J]. 北京体育大学学报，2008，31（12）：1640–1643.
[43] 马硕. 对国家队高水平竞走运动员训练负荷安排的对比研究[D]. 北京：北京体育大学，2012.
[44] 陈栋. 我国参加伦敦奥运会的女子竞走运动员备战期间的专项负荷分析[D]. 北京：北京体育大学，2013.
[45] 向婷. 陕西女子竞走运动员12年准备期训练负荷的分析与研究[D].

西安：西安体育学院，2014.

[46] 周振华，冯树勇．高水平竞走运动员的训练负荷控制过程[J]. 体育学刊，2015，22（4）：121–124.

[47] 杨明，梁景超，王迪，等．刘虹备战2015年北京田径世锦赛年度训练负荷结构特点分析[J]. 成都体育学院学报，2016，42（6）：30–36.

[48] CAVAGANA G A, FRANZETTI P. Mechanics of competition walking[J]. Journal of physiology, 1981, 315: 243–251.

[49] CAINS M A, BURDETT R G, PISCIOTTA J C, et al. A biomechanical analysis of race walkinggait[J]. Medicine and science in sports and exercise, 1986, 18（6）: 446–453.

[50] DEANGELIS M, MENCHINELLI C. Times of flight, frequency and length of stride in race walking[C]//RODANO R, FRERRIGNO G, SAMTAMBROGIO C. Proceedings of the X international symposium of biomechanics in sports. Milan: Edi–Ermes, 1992: 85–88.

[51] NEUMANN H F, KRUG J, GOHLITZ. Coordinative threshold in race walking [C] //SCHWAMEDER H, SRTUTZENBERGER G, FASTENBAUER V, et al. Proceedings of the XXIV international symposium on biomechanics in sports. Salzburg: University Press, 2006.

[52] NEUMANN H F, KRUG J, GOHLITZ D. Influence of fatigue on race walking stability[C]//KWON Y H, SHIM J, SHIM J K, et al. Proceedings of the XXVI international symposium on biomechanics in sports. Korea: Seoul National University, 2008: 428–431.

[53] HANILEY B, BISSAS A, DRAKE A. Kinematic characteristic of elite men's and women's 20 km race walking and their variation during the race[J]. Sports Biomechanics, 2011, 10（2）: 110–124.

[54] HANILEY B, BISSAS A, DRAKE A. Kinematic characteristic of elite men's 50 km race walking[J]. European Journal of Sports Science, 2013, 13（3）: 272–279.

[55] PHILLIPS S J, JENSEN J L. Kinematics of race walking[C]//TERANDS

J, BAETHELS K, KRIEGHBAUM E, et al. Proceedings of the II international symposium on biomechanics in sports. Del Mar, CA: Academic, 1984: 71–80.

[56] KNICKER A, LOCH M. Race walking technique and judging–the final report of the International Athletic Federation research project[J]. New studies in athletics, 1990, 5（3）: 25–38.

[57] ZHANG D, CAI X. Analysis of lower limb movement in elite female race walkers under new rules[C]//Hong Y D, Johns P. Proceedings of the XVII international symposium on biomechanics in sports. Hong Kong: University of Hong Kong, 2000: 1009–1010.

[58] DONÀ G, PREATONI E, COBELLI C, et al. Application of functional principal component analysis in race walking: An emerging methodology[J]. Sports biomechanics, 2009, 8（4）284–301.

[59] HOGA K, AE M, ENOMOTO Y, et al. Mechanical energy flow in the recovery leg of elite race walkers[J]. Sports biomechanics, 2003, 2（1）: 1–13.

[60] PADULO J, ANNINO G, OTTAVIO D' S, et al. Footstep analysis at different slopes and speeds in elite race walking[J]. Jounal of strength and conditioning research, 2013, 27（1）: 125–129.

[61] PAVEI G, CAZZOLA D, TORRE A L, et al. The biomechanics of race walking: Literature overview and new insights[J]. European journal of sports science, 2014, 14（7）: 661–670.

[62] BRISSWALTER J, FOUGERON B, LEGROS P. Effect of three hours race walk on energy cost, cardiorespiratory parameters and stride duration in elite race walkers[J]. International journal of sports medicine, 1996, 17（5）: 18–186.

[63] BRISSWALTER J, FOUGERON B, LEGROS P. Variability in energy cost and walking gait during race walking in competitive walkers[J]. Medicine and science in sports and exercise, 1998, 30（2）: 1451–1455.

[64] PADULO J, ANNINO G, TIHANYI J, et al. Uphill racewalking at Iso–

efficiency speed[J]. Journal of strength and conditioning research, 2013, 27（7）: 1964–1973.

[65] MURRAY M P, GUTEN G N, MOLLINGER L A , et al. Kinematic and electromyographic patterns of Olympic race walkers[J]. The American journal of sports medicine, 1983（11）: 68–74.

[66] PREATONI E, LATORRE A, RODANO R. A biomechanical comparison between race walking and normal walking stance phase[C]//CHWAMEDER H S, STRUTZENBERGER G, FASTENBAUER V, et al. Proceedings of the XXIV international symposium on biomechanics in sports. Salzburg, Austria: University Salzburg, 2006: 143–146.

[67] BRISSWALTER J, FOUGERON B, LEGROS P. Effect of three hours race walk on energy cost, cardiorespiratory parameters and stride duration in elite race walkers[J]. International journl of sports medicine, 1996, 17（3）: 182–186.

[68] BRISSWALTER J, FOUGERON B, LEGROS P. Variability in energy cost and walking gait during race walking in competitive race walkers[J]. Medicine and science in sports and exercise, 1998. 30（9）: 1451–1455.

[69] TORRE A L, VERNILLO GIANLUCA, FIORELLA P, et al. Combined endurance and resistance circuit training in highly trained/top-level female race walkers: a case report[J]. Sports science health, 2008（4）: 51–58.

[70] RAKOVIĆ A, STANKOVIĆ D, JOKSIMOVIĆ A. Model of specific exercise in race walking[J]. APES, 2011, 1（2）: 243–247.

[71] PADULO J. The effect of uphill stride manipulation on race walking gait[J]. Biology of sport, 2015, 32（3）: 267–271.

[72] ABDELBAKY F M. Impacts of mental toughness program on 20 km race walking[J]. Science, movement and health, 2012, 7（1）: 67–71.

[73] 于奎龙，敬龙军. 29届奥运会田径项目运动员年龄结构与特征分析[J]. 首都体育学院学报，2011，23（5）：462–467.

[74] TUDOR O，BOMPA G，HAFF G. 周期：运动训练理论与方法[M].

李少丹，李艳翎，译. 熊西北，审译. 北京：北京体育大学出版社，2011：28–30.
[75] ISSURIN V. 板块周期：运动训练的创新突破[M]. 王乔军，毕业，陈飞飞，译. 陈小平，审译. 北京：北京体育大学出版社，2011，84–85.
[76] 王瑞元. 运动生理学[M]. 北京：人民体育出版社，2012.
[77] PAYNE G，耿培新，梁国立. 人类动作发展概论[M]. 北京：人民教育出版社，2008：305–307.
[78] 冯连世，冯美云，冯炜权. 运动训练的生理生化监控方法[M]. 北京：人民体育出版社，2006.
[79] 运动生物力学编写组. 运动生物力学[M]. 北京：北京体育大学出版社，2016：158.
[80] 孙南，熊西北，张英波. 现代田径训练高级教程[M]. 北京：北京体育大学出版社，2011：36–37.
[81] 李老民. 田径运动教程[M]. 北京：北京体育大学出版社，2008：45.
[82] 国际田径运动联合会. 跑RUN! 跳JUMP! 投THROW![M]. 张英波，孙南，译. 北京：北京体育大学出版社，2009：89.
[83] 卡拉廖夫. 竞走运动：培养高水平竞走运动员的理论与方法[M]. 田克敉，译. 北京：人民体育出版社，2009.
[84] 王志强. 技术模式与专项力量：短跑支撑摆动动作系统的生物力学研究[M]. 北京：北京体育大学出版社，2011：20–30.
[85] 苏明理，严波涛，许嵩高. 我国部分田径优势项目运动员专项技术生物力学分析与诊断[M]. 北京：北京体育大学出版社，2011：54.
[86] 宗华敬. 对世界冠、亚军刘宏宇、王妍竞走技术的研究[J]. 体育科学，2000，20（6）：38–40.
[87] 张德荣，魏统朋，陈亮. 我国优秀女子竞走运动员身体重心运动轨迹的生物力学研究[J]. 天津体育学院学报，2003，18（4）：78–80.
[88] 郎雪梅，纪仲秋. 我国优秀女子竞走运动员竞走技术的生物力学分析[J]. 中国体育科技，2003，39（4）：31–35.
[89] 敬艳，刘建国，蒋纯金，等. 刘虹竞走关键技术的运动学特征分析

[J]. 成都体育学院学报，2016，42（6）：37–43.
[90] 李厚林．“复合钟摆”运动生物力学原理在竞走技术创新中的应用研究[J]. 西安体育学院学报，2013，30（2）：196–203.
[91] 马晓娟．十一届全运会男子20公里竞走运动员摆动技术的三维运动学研究[D]. 北京：首都体育学院，2011.
[92] 纪仲秋，余峰，李旭龙．我国20 km女子优秀竞走运动员竞走技术的生物力学分析[J]. 北京师范大学学报，2013，49（6）：645–648.
[93] 李厚林，谭正则，敬艳，等．北京世界田径锦标赛男子竞走20 km冠、亚军技术对比研究[J]. 北京体育大学学报，2017，40（10）：106–112.
[94] 赵焕彬，李建设．运动生物力学[M]. 北京：高等教育出版社，2009：192.
[95] 李厚林，周晓龙，敬艳，等．我国20 km竞走项目优秀女子运动员技术运动学特征对比研究[J]. 西安体育学院学报，2017，34（6）：747–754.
[96] 宗华敬，蔡锡元，沈连国．我国现役优秀女子竞走运动员关键技术的运动生物力学研究[J]. 天津体育学院学报，2005，20（1）：19–20.
[97] 李厚林．中国田径高水平创新培训工程讲课稿[Z]. 2015.
[98] 田麦久．论运动训练过程[M]. 四川：四川教育出版社，1988：38.
[99] 田麦久.项群训练理论[M]. 北京：人民体育出版社，1988：20–25.
[100] 黎涌明，纪晓楠，资薇．人体运动的本质[J]. 体育科学，2014，34（2）：11–17.
[101] CISSIK J M. Srtentgh & conditioning principles for track and field athletes[J]. Moden athlete & coach, 2014（1）: 29–31.
[102] 尹军，袁守龙．身体运动功能训练[M]. 北京：高等教育出版社，2015：1–5.
[103] 杨涛，朱学雷．康复体能锻炼方法与评定[M]. 北京：北京体育大学出版社，2016：25.
[104] 李厚林．中国田径高水平教练员培训班讲义[Z]. 2015.

[105] 翁庆章，钟伯光. 高原训练的理论与实践[M]. 北京：人民体育出版社，2002：346–347.

[106] 陈小平. 德国训练学热点问题研究述评[J]. 体育科学，2001，21（3）：121–124.

[107] 刘英辉. 各种运动强度分类的比较研究[J]. 山东体育科技，2001，23（4）：20–22.

[108] 李厚林. 我国20公里竞走项目训练负荷的再认识[C]//2015年第十届全国体育科学大会论文摘要汇编，2015.

[109] COGGAN A R, RAGUSO C A, WILLIAMS D B, et al. Glucose kinetics during high–intensity exercise in endurance–trained and untrained humans[J]. Journal of applied physiology, 1995, 78: 1203–1207.

[110] 陈小平. 竞技运动训练实践发展的理论思考[M]. 北京：北京体育大学出版社，2008：34–35.

[111] 陈小平，资薇，于洪军. “乳酸阈模式”还是“两极化模式”：当前关于耐力训练强度的主要分歧[J]. 体育科学，2007，6.

[112] BILLAT V L, LEPRETRE P M, HEUGAS A M, et al. Training and bioenergetics characteristic of top–class marathon runners[J]. Medicine and science in sports and exercise, 2001, 33: 2089–2097.

[113] SEILER K S, KJERLAND G O. Quantifying training intensity distribution in elite endurance athletes: is there evidence for an “optimal” distribution?[J]. SCAND J MED SCI SPOR, 2006, 16: 49–56.

[114] LONDEREE B R. Effect of training on lactate/ventilatory thresholds: a meta–analysis[J]. Medicine and science in sports and exercise, 1997, 29（6）: 837–843.

[115] 余银. 国家皮划艇队重点项目奥运基础年训练模式特征研究[D]. 武汉：武汉体育学院，2015.

[116] 黎涌明. 周期性耐力项目的训练量与强度[J]. 体育科学，2015，35（2）：67–72.

[117] 黎涌明．竞技体育项目的专项供能比例：亟待纠正的错误[J]. 体育科学，2014，34（10）：93–96，封三.

[118] SALTIN B, GOLLNICK P D. Skeletal muscle adaptability: significance for metabolism and performance[J]. Comprehensive physiology, 2011, 27（19）: 555–631.

[119] WIBOM R, HULTMAN E, JOHANSSON M, et al. Adaptation of mitochondrial ATP production in human skeletal muscle to endurance training and detraining[J]. Journal of applied physiology, 1992, 73（5）: 2004–2010.

[120] BURELLE Y, HOCHACHKA P W. Endurance training induces muscle–specific changes in mitochondrial function in skinned muscle fibers[J]. Journal of applied physiology, 2002, 92（6）: 2429–2438.

[121] 黎涌明．周期性耐力项目的训练量与强度[J]. 体育科学，2015，35（2）：67–72.

[122] GIBALA M J, MCGEE S L. Metabolic adaptation to short–term high–intensity interval training: a little pain for a lot gain?[J]. Exercise and sport science reviews, 2008, 36（2）: 58–63.

[123] GIBALA M J. High–intensity interval training: a time–efficient strategy for health promotion?[J]. Current sports medicine reports, 2007（6）: 211–213.

[124] 刘小红，包修风，冯慎远．不同强度训练后大鼠脊髓前角细胞线粒体的定量研究[J]. 中国运动医学杂志，2002，21（4）：386–388.

[125] 陈伟．运动性疲劳与线粒体关系的研究进展[J]. 首都体育学院学报，2003，15（3）：104–107.

[126] 刘天逸，陆耀飞，江伯明．连续力竭性运动后大鼠血乳酸的持续升高[J]. 上海体育学院学报，1997，21（1）：33–36.

[127] BOMPA, T. Periodization: Theory and methodologytraining（4thed）[M]. Chanpaign, IL: Human Kinetics, 1999.

[128] WILMORE J H, COSTILL D L. Training for sport and activity[M]//

The physiological basic of the conditioning process. Champaign, IL: Human Kinetics, 1993.

[129] ISSURIN V. Block periodization versus traditional training theory: a review[J]. Journal of sports medicine and physical fitness, 2008: 226–234.

[130] ISSURIN V. New horizons for the methodology and physiology of training periodization[J]. Sports medicine, 2010, 40（3）: 189–206.

[131] 普拉托诺夫. 奥林匹克运动员训练的理论与方法[M]. 黄签名，张江南，郭鹏程，等编译. 天津：天津大学出版社，2014.

[132] 陈亮，李荣，刘成，等. 高水平个人项目运动员赛前减量训练阶段的负荷变化特征[J]. 天津体育学院学报，2017，32（1）：5–8.

[133] 刘俊一. 论赛前减量训练理论及其对竞技训练的策略[J]. 沈阳体育学院学报，2015，34（2）：120–125.

[134] MUJIKA I, PADILLA S. Detraining: loss of training–induced physiological and performance adaptations. Part I: short term insufficient training stimulus[J]. Sports med. , 2000, 30（2）: 79–87.

[135] WILSON J. A scientific application of tapering to maximize performance for the elite athlete part I[J]. Journal of hyper–plasia research, 2010.

[136] 郑晓鸿. 运动员赛前减量阶段常用训练监控指标的变化[J]. 中国体育科技，2008，44（6）：84–88.

[137] BOSQUET J, MONTPETIT J, ARVISAIS D, et al. Effectsof tapering on performance: a meta–analysis[J]. Medicine & science in sports and exercise, 2007, 39（8）: 1358–1365.

[138] HOUMARD W G. Impact of reduced training on performance in endurance athletes[J]. Sports medicine, 1991, 12（6）: 380–393.

[139] MUJIKA I. The influence of training characteristic and tapering on the adaption in highly trained individuals: A review[J]. International journal of sports medicine, 1998, 19（7）: 439–446.

[140] MUJIKA I, PADILLA S. Scientific bases for precompetition tapering

strategies[J]. Medicine and science in sports and exercises, 2003, 35（7）: 1182–1187.

[141] MUJIKA I, BUSSO T, CHATARD J, et al. Use of swim–training profiles and performances data to enhance training effectiveness[J]. Journal of swimming research, 1996, 11（3）: 23–29.

[142] THOMAS L, BUSSO T. A theoretical study of taper characteristics to optimize performance[J]. Medicine and science insports and exercises, 2005, 37（9）: 1615–1621.

[143] MUJIKA I, BUSSO T, LACOSTE L, et al. Modeled responses to training and taper in competitive swimmers[J]. Medicine and science in sports and exercises, 1996, 28（2）: 251–258.

[144] MUJIKA I, PADILLA S, PYNE D. Swimming performance changes during the final 3 weeks of training leading to the Sydney 2002 Olympic Games[J]. International journal of sports medicine, 2002, 23（8）: 582–587.

[145] WENGER H A, BELL G J. The interactions of intensity, frequency and duration of exercise training in altering cardiorespiratory fitness[J]. Sports medicine, 1986, 3（5）: 346–356.

[146] HOUMARD J A, JOHNS R A. Effects of taper on swim performance. Practical implications[J]. 1994, 17（4）: 224–232.

[147] MUJIKA I, PADILLA S. Scientific bases for precompetition tapering strategies[J]. Medicine and science in sports and exercises, 2003, 35（7）: 1182–1187.

[148] NEUFER P D. The effect of detraining and reduced training on the physiological adaptations to aerobic exercise training[J]. Sports medicine, 1989, 8（2）: 302–321.

[149] KUBUKELI Z N, NOAKES T D, DENNIS S C. Training techniques to improve endurance exercise performances[J]. Sports medicine, 2002, 32（8）: 489–509.

[150] 卜建华. 赛前减量训练的应用研究进展[J]. 武汉体育学院学报,

2013，47（9）：73–77.
[151] 胡海旭，邱锴，柳鸣毅. 赛前减量训练机制与应用研究进展[C]//2013年全国竞技体育科学论文报告会论文摘要集，2013.
[152] 周越，王瑞元. 赛前减量训练生理机制研究进展[J]. 武汉体育学院学报，2011，45（10）：47–51.
[153] BANISTER E W, CARTER W J B, ZARKADAS P C. Training theory and taper: validation in triathlon athletes[J]. EUR J APPL PHYSIOL, 1999, 79（2）: 182–191.
[154] HOPKINS W G, HEWSON D J. Variability of competitive performance of distance runners[J]. Medicine & science in sports & exercise, 2001, 33（9）: 1588–1592.
[155] STEWART A M, HOPKINS W G. Consistency of swimming performance within and between competition[J]. Medicine and science in sports and exercises, 2000, 32（5）: 997–1001.
[156] SHEPLEY B J, MACDOUGALL D, CIPRIANO N, et al. Physiological effects of tapering in highly trained athletes[J]. Journal of applied pyhsiology, 1992, 72（2）: 706–711.
[157] MUJIKA I, PADILLA S, GEYSSANT A. Hematological responses to training and taper in competitive swimmers: relationships with performance[J]. Archives of physiology and biochemistry, 1998, 105（4）: 379–385.
[158] MUJIKA I, GOYA A, PADILLA S, et al. Physiological responses to a 6–d taper in middledistance runners: influence of training intensity and volume[J]. Medicine and science in sports and exercises, 2000, 32（3）: 511–517.
[159] NEUFER P D. The effect of detraining and reduced training on the physiological adaptations to aerobic exercise training[J]. Sports medicine, 1989, 8（5）: 302–321.
[160] NEARY J P, MARTIN T P, REID D C, et al. The effects of a reduced exercise duration taper programme on performance and muscle

enzymes of endurance cyclists[J]. EUR J APPL PHYSIOL, 1992, 65（1）: 30–36.

[161] NEARY J P, MARTIN T P, QUINNEY A. Effects of taper on endurance cycling capacity and single muscle fiber properties[J]. Medicine and science in sports and exercises, 2003, 35（11）: 1875–1881.

[162] ACOUISTO D, BONE L J M, TAKAHASHI S, et al. Changes in aerobic power and swimming economy as a result of reduced training volume[C]. Swimming science. VI, 1992, 201–205.

[163] JOHANS R A, HOUMARD J A, KOBE R W, et al. Effects of taper on swim power, stroke distance, and performance[J]. Medicine and science in sports and exercise 1992, 24（10）: 1141–1146.

[164] HOUMARD J A, COSTILL D L, et al. Reduced training maintains performance in distance runners[J]. International journal of sports medicine, 1990, 11（1）: 46–52.

[165] HOUMARD J A, SCOTT B K, JUSTICE C L, et al. The effects of taper on performance in distance runners[J]. Medicine and science in sports and exercises, 1994, 26（5）: 624–631.

[166] WALKER J L, HEIGENHAUSER G J, HULTMAN E, et al. Dietary carbohydrate, muscle glycogen content, and endurance performance in well–trained women[J]. Journal of applied physiology, 2000, 88（6）: 2151–2158.

[167] SHEPLEY B, MACDOUGALL J D, CIPRIANO N, et al. Physiological effects of tapering in highly trained athletes[J]. Journal of applied physiology, 1992, 72（2）: 706–711.

[168] MUJIKA I, GOYA A, PADILLA S, et al. Physiological response to a 6–d taper in middle–distance runners: influence of training intensity and volume[J]. Medicine and science in sports and exercises, 2000, 32（2）: 511–517.

[169] ISSURIN V B, LUSTIG G. Classification, duration and practical components of the residual effects of training[J]. Leistungs sport, 2004,

34（3）: 55–59.
[170] 陶于．“以赛代练”：我国运动训练界需要科学认识的问题[J]. 西安体育学院学报，2007，24（4）：1–3.
[171] 陶于，周兵．“比赛训练法”与“以赛代练”的训练学阐述与思考[J]. 山东体育学院学报，2007，23（3）：85–88.
[172] 库慈明．运动强度与比赛成绩的关系[M]. 田径指南，1983：31–33.
[173] BARNESDA. Strength and conditioning survey[J]. Tack coach, 2000（16）: 150.
[174] 哈雷．训练学[M]. 北京：人民体育出版社，1985.
[175] 黄航，郭晓春，叶加宝．赛前训练研究[J]. 安徽体育科技，1997（3）：16–18.
[176] 李诚志．教练员训练指南[M]. 北京：人民体育出版社，1992：414–418.
[177] 郭蓓．我国优秀射箭运动员备战参赛若干训练理论与方法问题的研究[D]. 上海：上海体育学院，2006.
[178] 崔大林．高原训练的实践探索与理论思考[J]. 体育文化导刊，2008（1）：13–6.
[179] 温优良，徐国琴．高原训练的生理适应与运动能力[J]. 广州体育学院报，2001，21（2）：48–51.
[180] 林洪，程燕，蒋川，等．高原训练环境对我国优秀混合泳运动员叶诗文和汪顺技术影响的个案分析[J]. 中国体育科技，2017，53（6）：133–141.
[181] 韩照岐，林微微，梁慧子，等．优秀游泳运动员备战伦敦奥运会高原训练负荷及手段个案研究[J]. 中国运动医学杂志，2017，36（5）：437–442.
[182] 王清，冯连世，翁庆章．高原训练[M]. 北京：人民体育出版社，2007.
[183] 马福海，冯连世．高原训练实用问答[M]. 北京：人民体育出版社，2007.
[184] 翁庆章，钟伯光．高原训练的理论与实践[M]. 北京：人民体育出

版社，2002.

[185] 刘柏，冯炜权. 耐力运动员高原训练的生理学基础综述[J]. 北京体育大学学报，1994，17（4）：29–34.

[186] 夏培玲，王璟. 基于知识图谱的国外高原训练研究前沿与热点分析[J]. 体育科学，2011，31（4）：75–80.

[187] LIN Y, CHANG C. Monitoring the training effect in different periods in elite athletes[J]. International journal of sports exercise science, 2009, 1（1）: 15–21.

[188] 资薇. 我国优秀赛艇运动员年度训练负荷特点及关键问题研究[D]. 北京：清华大学，2010.

[189] 陆宗芳. 长跑、马拉松有氧与混氧训练的研究[J]. 天津师范大学学报（自然科学版），2002，22（1）：69–71.

[190] 王清. 我国优秀运动员竞技能力状态诊断和监测系统的研究与建立[M]. 北京：人民体育出版社，2004.